本书为国家社科基金青年项目"美国涉华北极政策与应对研究"
（项目批准号：24CGJ009）的阶段性研究成果

中国参与北极治理的能力研究

基于极地科技发展的思考

杨松霖 著

RESEARCH ON CAPACITY OF
CHINA'S PARTICIPATION IN ARCTIC GOVERNANCE

THINKING BASED ON SCIENCE AND
TECHNOLOGY DEVELOPMENT

社会科学文献出版社
SOCIAL SCIENCES ACADEMIC PRESS (CHINA)

序 一

中国参与北极事务由来已久。1925年，中国加入《斯匹次卑尔根群岛条约》，正式开启了参与北极事务的进程。此后，中国参与北极事务的主体逐步增多，涉及的活动领域不断拓展。从1999年起，中国以"雪龙"号科考船为平台，成功开展了多次北极科学考察。2004年，中国在斯匹次卑尔根群岛的新奥尔松地区建成"中国北极黄河站"。2018年，中国又在冰岛建成中冰联合极光观测台（后更名为"中－冰北极科学考察站"）。借助船站平台，中国在北极地区逐步建立起海洋、冰雪、大气、生物、地质等多学科观测体系。2013年5月，中国成为北极理事会正式观察员国，参与北极事务的步伐进一步加快。2018年，中国参与了《预防中北冰洋不管制公海渔业协定》的磋商与缔结。2018年1月26日，国务院新闻办公室发布了《中国的北极政策》白皮书。白皮书明确宣示了中国参与北极事务的立场主张，以北极事务的积极参与者、建设者和贡献者的姿态，本着"尊重、合作、共赢、可持续"的基本原则，积极应对北极变化带来的挑战，倡议共同认识北极、保护北极、利用北极和参与治理北极。

随着中国参与北极事务步伐的加快，中国的北极活动已由单纯的科学研究与合作拓展至北极事务的多个领域，涉及全球治理、区域合作、多边和双边机制等多个层面，涵盖生态环境、气候变化、经济合作和人文交流等多个领域。中国发起共建"丝绸之路经济带"和"21世纪海上丝绸之路"（"一带一路"）重要合作倡议，与各方共建"冰上丝绸之路"，给推动北极地区经济社会可持续发展带来合作机遇。

随着全球气候变暖趋势的持续增强，北极地区自然地理环境和地缘政治环境加速变化，引起了世界各国的关注和热议，客观上也为中国北极人文社科研究营造了发展环境。中国海洋大学是国内较早开展北极人文社科研究和北极人才培养的高等院校，相关研究成果为外交部、自然资源部、国家海洋局等涉极地事务部门的决策提供了智力支持。早在2009年，中国海洋大学就正式设立了"极地法律与政治研究所"，依托法学和政治学两个一级学科，开展对于南北极的国际法和国际政治的交叉研究。2017年初，极地与深远海研究团队获批教育部"国别与区域重点研究基地"，根据教育部对基地的规范要求更名为"中国海洋大学极地研究中心"。2020年12月24日，经教育部国别与区域研究工作内部评估，中心被认定为高水平建设单位备案Ⅰ类。在中国海洋大学"双一流"建设方案中，海大在文科唯一的重点建设学科群"海洋发展"的目标中提出"极地深远海问题研究"要达到"国内领先、世界先进水平"，并将其作为人才培养以及科学研究的重要内容。

本书作者杨松霖博士于2014年9月考入中国海洋大学攻读国际关系专业硕士学位，在孙凯老师的指导下研习北极政治与外交问题，研究方向聚焦美国北极政策、中国北极参与。我和杨松霖博士相识于海大，目睹他在极地研究领域勤奋耕耘的历程。在海大学习期间，围绕这一研究方向他撰写了多篇学术论文，并积极参加有关学术会议，不断提升自身的理论水平，积极开拓学术视野。硕士毕业后到进入华南农业大学任教，杨博士一直将极地问题作为他自己的研究方向之一，孜孜不倦，笔耕不辍。

近年来，中国企业、高校、非政府组织等多元主体参与北极事务的积极性不断提高，所涉及的北极事务领域也快速扩展，涵盖航道开发、环境保护、科学研究、教育合作等多个领域。与此同时，中国参与北极事务所面临的挑战也呈现出多样化的发展趋势，这些挑战包括但不限于：极地关键核心技术受制于人，极地人才数量亟待增多、质量亟待提升，部分西方国家鼓噪"中国北极威胁论"，等等。如果不能很好地回应上述挑战，将会对中国深度参与北极治理形成制约。在此背景下，如何提升中国参与北极治理的能力，有效解决来自北极政治、经济、外交、安全等多个层面的现实问题成为一项重要的时代课题。

《中国参与北极治理的能力研究——基于极地科技发展的思考》的问世，恰逢中国极地事业四十周年，实为四十周年庆典之作。这部著作从中国参与北极治理能力的基本概念入手，界定了中国参与北极治理能力的内涵、分类及特征，为读者充分认识中国参与北极治理能力的本质提供了有益参考。同时，本书还梳理了中国参与北极治理能力的主要进展、面临的现实挑战，并探讨了极地科技发展提升中国参与北极治理能力的可行性。本书还对美国、俄罗斯、日本、德国等发达国家通过发展极地科学技术提升本国参与北极治理能力的主要做法进行了总结，为中国参与北极治理能力的提升提供了有益借鉴。在此基础上，本书提出了通过极地科技发展提升中国参与北极治理能力的优化路径。

对于中国参与北极治理的能力，已有相关研究成果问世，但基于极地科技发展的角度对中国参与北极治理能力进行系统考察的研究著述还不多见。杨松霖博士的这部新作，其出版将有助于推进中国参与北极治理能力的相关研究，丰富中国极地研究成果，为进一步研究奠定新的基础并提供有价值的启示。

刘惠荣

2024 年 11 月

序 二

受学生之邀，应允为本书作序，通读书稿，为弟子的进步颇感欣慰。

本书作者杨松霖博士于2017年9月考入武汉大学，在我的指导下攻读极地治理与政策研究方向的博士学位，经过艰苦努力，于2020年6月完成博士学业，顺利获得博士学位。松霖博士是我在极地治理与政策研究方向培养的第六个博士，求学期间，他一直致力于北极问题研究，围绕这一主题产出了不少研究成果。《中国参与北极治理的能力研究——基于极地科技发展的思考》一书就是在其博士学位论文的基础上，经过进一步修改、补充与完善后的最新成果。

北极地理位置十分重要，军事战略地位的特殊性自不待言。作为迄今为止人类尚未进行大规模工业化开发的少数几个地方之一，北极地区拥有丰富的能源资源。近年来，随着全球气候变暖，北极地区的战略价值不断凸显，北极事务日益得到世界各国的广泛关注和重视。在此背景下，北极问题研究日益引起越来越多研究者的重视，其中包括自然科学研究者，也包括社会科学专家学者。

在中央外办、外交部、水利部、国家海洋局、国家测绘地理信息局等中央机构和国家部委的大力支持下，2012年9月，由武汉大学牵头，联合复旦大学、中国政法大学、外交学院、郑州大学、中国社会科学院中国边疆史地研究中心、水利部国际经济技术合作交流中心、国家海洋局海洋发展战略研究所等协同单位共同组建国家领土主权与海洋权益协同创新中心。作为协同创新中心的主要创新团队之一，由我负责的中国极地政策与极地权益研究创新团队主动响应国家重大战略需求，将研究重点确定为：极地地缘政治与国际关系、相关国家极地政策与法律问题、我国极地权益的保障和拓展、全球公域公共治理等议题领域。十多年来，我带领创新团队依托极地国家重大专项课题"极地国家政策研究"、教育部哲学社会科学研究重大课题攻关项目"中国参与极地治理战略研究"等系列课题，我不仅在高级专门人才培养方面做了不少工作，培养了包括杨松霖博士在内的十多名博士和硕士，他们在中联部、外交部等国家机关以及相关高等学校为我国的涉极地事务贡献着自己的智慧和力量，而且我们在科学研究和政策咨询等方面取得了包括学术专著、学术论文和政策研究报告在内的一系列标志性成果，这些成果不仅获得了中国高等学校科学研究优秀成果奖（人文社会科学）等多项科研奖励，而且为《国家安全法》《中国的北极政策》等我国极地事业相关法律、发展战略与政策的科学制定提供了智力支持，受到国家有关部门和领导的高度重视和充分肯定。

中国参与北极治理的能力是中国参与北极事务研究的重要议题之一，也是我所带领的创新团队的重要研究对象，应该说杨博士的研究正是这方面的可贵尝试。通读全书可以发现，本书最大的特点是将"中国参与北极治理的能力"系统化与概念化，对其内涵、特点、构成等要素进行了全面梳理和重点分析，为认识和理解中国参与北极治理的能力构建了一个初步框架，也为深入研究中国参与北极治理的能力提供了重要指引。此外，本书还深入探讨了极地科学技术在中国参与北极治理能力中的重要作用，以及运用极地科技提升中国参与北极治理能力的可行性和具体路径，为中国参与北极治理能力的进一步提升提供了有益借鉴。

北极治理的区域性特点是十分表象化的，因为北极治理从更多的内容看涉及的几乎都是全球性的公共难题，而非区域性问题。北极治理本质上更加关注全球性国际公共事务，因而它无疑是全球治理的一项重要内容。作为重要的利益攸关方，中国建设性地参与北极事务再自然不过。在《中国的北极政策》白皮书中，中国政府明确指出将本着"尊重、合作、共赢、可持续"的基本原则认识、保护和利用北极，提出"中国倡导构建人类命运共同体，是北极事务的积极参与者、建设者和贡献者，努力为北极发展贡献中国智慧和中国力量"。

本书的出版既是松霖博士的阶段性学术成果，也是他对北极问题研究的贡献。松霖在博士学位论文的基础上，历经数年认真修改、完善，本书终得以学术专著的形式面世,在此,作为作者的博士生导师,我要向松霖博士表示衷心的祝贺!随着美国在各领域、各地区不断强化对华战略竞争,中国参与北极事务面临的国际形势愈加复杂,面临的困难和挑战更加多元化,这对中国参与北极治理能力及其研究提出了更高的要求。中国参与北极治理能力的提升是一项系统性、综合性的工程,有许多问题值得深入研究和进一步探讨,需要政治学、管理学、法学、国际问题等相关学科提出对策建议,贡献学科力量。近日,欣闻松霖博士申报的研究课题"美国涉华北极政策与应对研究"获国家社会科学基金立项资助,希望他以此为契机,在已有研究的基础上,进一步深化中国参与北极事务的相关研究,奉献更多佳作,继续为中国极地事业发展和繁荣贡献自己的智慧和力量!

是为序。

丁 煌

2024 年 10 月 31 日

目 录

绪 论 ··· 1

第一章　相关概念界定与理论解析 ······································ 21
　　第一节　相关概念界定 ·· 21
　　第二节　相关理论基础 ·· 26
　　第三节　中国参与北极治理能力的构成与特征 ············· 32
　　第四节　提升中国参与北极治理能力的重要意义 ········· 39

第二章　中国参与北极治理的能力考察 ······························ 46
　　第一节　中国参与北极治理能力的建设成就 ················ 46
　　第二节　中国参与北极治理能力的薄弱环节 ················ 77

第三章　极地科技发展提升中国参与北极治理能力的可行性 ······ 99
　　第一节　中国参与北极治理的极地科技活动的主要特征 ······ 100
　　第二节　极地科技发展有助于提升中国参与北极治理的能力 ······ 111

第四章　美、俄、日、德极地科技发展提升北极治理能力的实践
　　　　　 及对我国的启示 ··· 122
　　第一节　美国极地科技发展提升北极治理能力的实践 ··· 122
　　第二节　俄罗斯、日本、德国极地科技发展提升北极治理
　　　　　　能力的实践 ··· 140
　　第三节　对中国的启示 ·· 150

1

第五章 极地科技发展提升中国参与北极治理能力的路径 ………… 158
第一节 基本原则 ………… 158
第二节 提升支撑中国参与北极治理的经济能力 ………… 162
第三节 完善认知与塑造北极事务变化的科技能力 ………… 169
第四节 加强维护中国北极合法权益的安全能力 ………… 177
第五节 推动设置北极事务议程的话语能力提升 ………… 185

结 论 ………… 194

参考文献 ………… 197

附 录 ………… 223
附录一 《中国的北极政策》 ………… 223
附录二 《中国极地考察数据管理办法》 ………… 234
附录三 《北极考察活动行政许可管理规定》 ………… 237
附录四 《中华人民共和国国务院令（第412号）》 ………… 246
附录五 《中国的南极事业》 ………… 247

后 记 ………… 261

绪 论

近年来，随着全球气候变暖的不断加剧，北极地区的自然环境和地缘政治环境发生重大变化，受到了国际社会的广泛关注和高度重视，北极事务也逐步进入全球公共治理的视野。北极地区的自然环境、地缘政治环境的变化对中国在国民经济发展、生态环境保护、安全利益维护等方面的国家利益产生了重大影响，中国成为北极事务的重要利益攸关方。以极地科学考察为基础，中国逐步加快参与北极治理的步伐，在维护国家北极利益的同时，推动北极地区的可持续发展。2018年1月，国务院发布《中国的北极政策》白皮书，向国际社会宣示中国参与北极事务的基本立场和原则，这标志着中国参与北极事务进入了一个新的历史阶段。

中国在北极地区开展的能源开发、贸易投资、航运合作等合法活动面临越来越严峻的安全威胁，中国在北极地区的合法权益面临的风险越发严峻，这对中国参与北极治理的能力提出了更高要求。中国作为地理意义上的北极域外国家，不断提升参与北极治理的能力，增强应对来自北极地区的多领域、多层次安全风险与安全威胁的本领，保护在北极地区的国家利益，推动北极地区的可持续发展，已经成为当前中国参与北极事务所面临的重大课题。

此外，随着北极利益攸关方参与北极治理领域的多元化，遇到的北极治理难题逐步增多，有关各方在解决北极治理难题的过程中，越来越清晰地认识到极地科学技术之于北极治理的重要性和独特作用。为此，北极八国（美国、俄罗斯、加拿大、丹麦、挪威、冰岛、芬兰、瑞典）纷纷加大极地科学技术领域的相关资金、人才等投入，推动极地科学技术快速发展。不仅如此，日本、韩国、印度、英国、新加坡、中国等参与主体均将发展极地科学技术置于本国北极政策的重要位置，为发展本国极地科学技术创造有利的政策、资金、人才条件。简而言之，极地科学技术之于各国参与北极治理的重要性已经得到了越来越多国家的重视，并且相关国家采取有效措施予以推动。

国内外学界陆续开展了中国参与北极治理能力的相关探讨，相关成果具有重要价值，为本书的写作提供了有益借鉴。不过，既有研究对中国参与北极治理能力内涵、构成、特征等的探讨尚不系统和深入，既有研究虽然认识到极地科学技术之于中国参与北极治理的重要性，但并未从理论层面对极地科学技术推动中国参与北极治理的可行性进行深入分析，客观上为本书写作预留了一定的学术空间。本书拟在科学界定中国参与北极治理能力内涵、构成、特征的基础上，系统梳理中国参与北极治理能力建设的成效、能力不足之处及其原因，梳理美、俄、日、德四国极地科技发展提升北极治理能力的主要经验及对我国的启示，提出极地科技发展提升中国参与北极治理能力的路径。以此为前提，探讨以极地科技发展推动中国参与北极治理能力提升的可行性，并据此提出推动中国参与北极治理能力提升的科技发展对策。

一　研究背景与研究意义

（一）研究背景

随着气候变化、经济全球化以及地缘政治的发展，北极事务无论是从规模还是特征来看都发生了前所未有的变化。冷战结束以后，北极治理逐步走上了快速发展的轨道。1991年，在美国、俄罗斯、挪威、芬兰、加拿大、丹麦等北极国家的推动之下，北极八国成立了北极理事会，将其作为推动北极治理进程的重要国际平台。北极理事会由北极八国成立，其他国家作为观察员国虽然也能参与讨论，但不具有决策权。北极八国一致认为北极主权全部为其所有，所有的争端都应该在其内部解决。对于包括中国在内的众多北极域外国家来说，承认北极国家的"努克标准"，等于事实上承认北极国家在北极治理中的特权，这将使北极八国谋取北极利益更加有恃无恐。[①] 北极域

---

① 杨振姣、周言：《中国参与北极理事会利弊分析及应对策略》，《理论学刊》2015年第12期，第81页。

外国家尽管可以加入北极理事会，却不能拥有与八个北极国家相同的决策权，难以有效利用北极理事会来捍卫其北极权利。这表明，虽然以北极理事会为代表的北极国际组织是北极治理的核心平台，但其监管设计最初是为了维护北极国家的特权地位。① 作为北极治理主导方的北极国家所推动的国际合作是一种"有限的国际合作"，合作对象、形式、目标等都是由这些国家的国家利益来决定的，尽管在某些议题领域，北极域外国家可以发表看法、表达意见，但很难影响北极事务议程的走向。

随着中国海外利益的不断拓展，北极事务的发展变化与中国的国家利益日益紧密地联系在一起，北极事务在国内逐步受到高度关注和重视。《中国的北极政策》白皮书指出，中国愿依托北极航道的开发利用，与各方共建"冰上丝绸之路"，推动北极地区的可持续发展。② "冰上丝绸之路"倡议将赋予北极事务的国际合作更多经济内涵，带动北极资源的开采和投资，给中国北极开发和北极地区的可持续发展带来机遇。

作为世界上最大的发展中国家，中国参与北极事务引发了国际社会的广泛关注，部分国家担心与中国的北极合作会损害其国家战略利益，对中国参与北极事务长期保持"战略猜忌"并采取竞争性北极政策，试图干扰中国参与北极治理的既定步伐。在部分国家看来，尽管中国在北极事务上表现出"低姿态"和"战略忍耐"，但中国参与北极事务本身就是对其国家利益的重大威胁。③ 以美国为例，美国希望借助中国日益扩大的对外投资促进北极地区的资源开发，加快和推动濒北极地区的基础设施建设和社会发展，实现美国的社会经济利益。然而，美国又不希望看到中国通过参与北极事务提升北极事务话语权，以及由此可能给美国北极治理主导权带来威胁。美国海军战争学院的戴维·赖特（David Wright）认为，中国正在采取协调一致的外交措施……最终在北极资源和航道上获得其认为公平的

---

① 赵先进、黄靖兹：《中国参与共建"冰上丝绸之路"的动力、制约与路径选择》，《对外经贸实务》2019年第11期，第32页。
② 国务院新闻办公室：《中国的北极政策（全文）》，国务院新闻办公室官网，2018年1月26日，http://www.scio.gov.cn/zfbps/32832/Document/1618203/1618203.htm，最后访问时间：2023年6月25日。
③ C. Campbell, "China and the Arctic: Objectives and Obstacles," *US-China Economic and Security Review Commission Staff Research Report*, 2012, pp.3-4.

份额。① 美国对中国的北极政策及"冰上丝绸之路"倡议抱有警惕，甚至存在偏见和误解。美国战略与国际研究中心研究人员发布的《中国推出冰上丝绸之路》报告指出，中国在北极的兴趣似乎是潜在的能源、商业和地缘政治利益驱动的，② 该报告认为中国在新时期提出的这一北极经济构想具有地缘政治和地缘经济等多重动机。

在此情势之下，如何提升中国参与北极治理的能力，应对中国参与北极治理面临的多方面挑战，有效实现和维护中国在北极地区的合法权益，成为中国参与北极治理过程中亟须解决的问题。

在经济全球化与科技全球化加快发展的时代背景下，主权国家在科技领域的领先地位将很快转化为综合国力和军事实力上的优势，有力地提升主权国家在国际政治中的地位和影响力。北极地区严酷的自然环境、日益激烈的地缘竞争，使极地科学技术的重要性不断凸显。极地科学技术不仅有助于推动北极科学考察的顺利实施，还是相关国家开展地缘竞争、争取北极权益的重要工具，更是推动北极治理演进的必要手段，受到了各国的高度重视，其战略意义越发凸显。科学技术的发展进步具有明确的目的导向，是为满足科技主体的利益需求服务的，不同的科技主体有不同的利益需求，这决定了科学技术的发展方向。极地科技发展在中国参与北极治理的议程设置、话语权提升等方面发挥着越来越重要的作用，成为中国进入北极治理场域的关键工具，对推动中国参与北极治理能力提升具有重要意义。在此背景之下，探讨以极地科技发展提升中国参与北极治理能力的重要意义、可行性和具体对策，对提升中国参与北极治理能力，以及推动中国深度参与北极治理具有重要意义和时代价值。

（二）研究意义

1. 理论意义

本书通过对中国参与北极治理能力的内涵、构成、特征进行界定，丰富和推进学界对中国参与北极治理能力的研究，为学界对中国参与北极治

---

① David Curtis Wright, "The Dragon Eyes the Top of the World: Arctic Policy Debate and Discussion in China," *China Maritime Study*, 2011, p. 1.
② Jane Nakano, William Li, "China Launches the Polar Silk Road," February 2, 2018, https://www.csis.org/analysis/china-launches-polar-silk-road, accessed: 2023-04-02.

理能力的研究的深入做出贡献。同时，在中国参与北极治理的过程中，极地科技发展扮演和发挥着重要的角色和作用，是中国参与北极治理的重要手段和路径。本书从理论层面探讨了以极地科技发展推动中国参与北极治理能力提升的重要性和可行性，分类讨论了极地科技发展提升支撑中国参与北极治理的经济能力、完善认知与塑造北极事务变化的科技能力、加强维护中国北极合法权益的安全能力、推动设置北极事务议程的话语能力提升，对学界当前的研究做了创新性补充，具有重要的理论价值。

2. 现实意义

随着中国参与北极事务步伐的加快，有效应对来自国内、国际层面的多方面挑战，维护和实现中国在北极地区的国家利益，推动北极地区的可持续发展，成为中国参与北极事务面临的时代课题。在此情势之下，提升中国参与北极治理的能力，丰富和完善应对北极安全、政治、经济等多领域战略风险的手段，有效维护中国北极权益，成为解决上述问题的重要手段。本书在系统梳理中国参与北极治理能力的现状、不足及其原因的基础上，在分析极地科技发展有助于提升中国参与北极治理能力的基础上，有针对性地提出科技发展对策，为推动中国深度参与北极事务，以及有效捍卫北极地区国家利益提出多元化的对策，为中国在今后一段时期更好地参与北极治理提供策略参考，具有重要的现实意义。

3. 创新性

（1）选题的创新。中国参与北极治理的能力是学界、政策界关注的重要问题，部分学者在研究过程中也论及中国参与北极治理能力的相关问题，具有重要价值。但总体而言，学界针对中国参与北极治理能力的专门研究尚不多见。本书对中国参与北极治理的能力进行理论剖析，对能力的构成进行科学分类，对能力发展进行考察和总结，提出科学和可行的对策，这些都是过往研究较少涉及的，具有重要的创新价值。

（2）研究视角的创新。从极地科技发展的视角探讨中国参与北极治理的能力提升是本书的重要创新点。如何推动中国参与北极治理能力的提升是中国参与北极事务面临的重要问题，已有部分研究提及科学技术的重要性，认识到发展极地科学技术有助于提升中国参与北极治理的能力，但并未就此充分展开论述。极地科学技术为什么可以提升中国参与北极治理的能力？如何发展极地科学技术？国外相关国家的实践经验有哪些？既有研究对于上述问题并未进一步展开研究。本书深入探讨了极地科技发展之于中国参与北极治理能力提升的重要性和可行性，进而为中国参与北极治理能力提升的科技发展路径提供对策，具有重要的创新意义和实践价值。

（3）研究观点的创新。本书界定了中国参与北极治理能力的内涵，并将中国参与北极治理的能力分为四类，包括支撑中国参与北极治理的经济能力、认知与塑造北极事务变化的科技能力、维护中国北极合法权益的安全能力和设置北极事务议程的话语能力，进而指出中国参与北极治理的能力具有综合性、复杂性、动态性和客观性特征。这些都是当前研究尚未涉及或展开的问题，本书提出的研究观点具有创新性。与此同时，本书明确提出"以极地科技发展提升中国参与北极治理的能力具有可行性"这一观点，并指出"要兼顾中国北极政策要求，尊重科学技术发展的客观规律，可持续推进极地科学技术的快速发展"，这些观点是既有研究较少提及的，具有一定的创新性。

二 研究文献综述

（一）国外文献综述

1. 有关中国参与北极治理能力的研究

国外专门就中国参与北极治理的能力进行研究的成果很少，散见于各种分析中国北极政策的文章之中。就这些研究成果而言，主要可分为以下几类。

第一，着重于对中国参与北极地区相关科考、开发等活动的"硬实力"的描述，其中尤其重视中国在北极地区展现出的基础设施建设能力。比如，"冰上丝绸之路"倡议提出以来，亚马尔项目成为中俄之间在北极地区进行油气资源开发的旗舰项目，中国在亚马尔项目上展现出的综合的开发能力，包括庞大的资金支持能力、先进的开采技术能力等，被认为是这一项目得以成功的关键因素之一。[①] 也有研究认为，中国具有参与北极

---

① Paul Stronski, Nicole Ng, "Cooperation and Competition: Russia and China in Central Asia, the Russian Far East, and the Arctic," February 28, 2018, https://carnegieendowment.org/files/CP_331_Stronski_Ng_Final1.pdf, accessed: 2023-06-25.

地区油气资源开发所需的充足能力，但是中国事实上采取了一种观望的姿态（wait-and-see approach），这导致中国在北极地区能源开发活动中取得的进展有限。①

众所周知，北极科学考察是各国北极事务的重要组成部分，而破冰船则是参与极地科考活动最重要的基础设施之一，一个国家破冰船的数量和质量甚至直接影响这个国家的极地参与能力。有关研究因此对于中国破冰船的使用和建造情况保持密切关注。有研究指出，20世纪90年代以来，"雪龙"号破冰船在中国参与北极活动能力建设中发挥了关键作用。② 也有学者指出，中国拥有的极地破冰船以及在北极地区建设的科考站、卫星地面站等在提升中国的北极科研能力的同时，也引起了部分国家的紧张情绪。③

与这种对中国在科研领域能力提升的紧张情绪相比，部分国家对中国在北极地区的军事活动的增多更加敏感，部分研究甚至认为中国日益强大的军事实力会影响到北极地区的战略环境。④

第二，对于中国参与北极治理的软实力的研究。同样，这方面的研究并没有形成专门化的研究成果，而是在涉及不同的问题领域时顺带提及。按照议题领域的不同，这些研究主要包括两方面。一是中国参与北极治理的政策能力。这方面的成果主要体现在对中国北极政策尤其是《中国的北极政策》白皮书的研究上。相关研究认为，中国已经制定了一整套的北极政策，参与北极治理的政策能力不断提升。沿着《中国的北极政策》白皮书和"冰上丝绸之路"倡议所指向的道路前行，中国将在北极地区发挥更

---

① Christopher Weidacher Hsiung, "China and Arctic Energy: Drivers and Limitations," *The Polar Journal*, 2016, pp. 243-258.
② Heljar Havnes, Johan Martin Seland, "The Increasing Security Focus in China's Arctic Policy," July 16, 2019, https://www.thearcticinstitute.org/increasing-security-focus-china-arctic-policy/, accessed: 2023-06-25.
③ Marisa R. Lino, "Understanding China's Arctic Activities," February 25, 2020, https://www.iiss.org/blogs/analysis/2020/02/china-arctic, accessed: 2023-06-25.
④ Andrew Hart, Bruce Jones, David Steven, "Chill Out: Why Cooperation Is Balancing Conflict Among Major Powers in the New Arctic," May 30, 2012, https://www.brookings.edu/research/chill-out-why-cooperation-is-balancing-conflict-among-major-powers-in-the-new-arctic/, accessed: 2020-04-02.

大的作用。① 二是中国参与北极治理的外交能力。这方面的研究主要关注中国针对北极国家所展开的合作关系的构建情况。比如有研究指出，中国参与北极治理的外交能力建设在不断完善过程中，中国正在通过多种渠道、多种方式，与北极国家建立双边的、多边的合作关系，其中既有经济合作，也有科研合作，而这会有效提升中国在北极事务上的话语权。②

2. 有关中国极地科学技术发展的研究

极地科学技术的发展既是中国参与北极活动的重要基础，也是中国参与北极活动的重要目标。国外研究对中国的北极科技发展保持密切关注，这些研究可以分为以下三类。

第一，对中国北极科技发展状况的研究。一是中国极地科研体制的建设情况。有关研究指出中国在重构整个极地科技体制过程中所做出的努力和前进方向，并尤其强调极地科学考察在中国参与北极治理过程中的重要地位。③ 二是对中国自身能力的建设与发展的关注。中国新的极地破冰船的建造，吸引了全世界的目光，也是有关研究者关注的重点话题。④ 中国正在筹划中的先进的飞行器、舰船等科考设备，也获得了相关研究的关注。中国的卫星导航技术等也被纳入关注范围，甚至被当作中国未来可能投射向极地领域的日益增强的军事实力的一部分。⑤ 三是中国的年度极地科学考察以及在北极地区斯瓦尔巴德群岛展开的长期实地科考活动，被视为中国北极科研事业的关键组成部分。⑥

第二，对中国极地科技合作的关注。近年来，中国积极促进与韩国、

---

① Kobzeva Mariia, "China's Arctic Policy: Present and Future," *The Polar Journal*, 2019.
② Marisa R. Lino, "Understanding China's Arctic Activities," February 25, 2020, https://www.iiss.org/blogs/analysis/2020/02/china-arctic, accessed: 2023-06-25.
③ Lulu Zhang, Jian Yang, Jingjing Zang, Yuhong Wang, Liguang Sun, "Reforming China's Polar Science and Technology System," *Interdisciplinary Science Reviews*, 2019, pp. 387-401.
④ Kamlesh K. Agnihotri, "Holistic Maritime Capacity Building: New 'Route' to China's Rise," *Maritime Affairs: Journal of the National Maritime Foundation of India*, 2013, pp. 30-44.
⑤ Heljar Havnes, Johan Martin Seland, "The Increasing Security Focus in China's Arctic Policy," July 16, 2019, https://www.thearcticinstitute.org/increasing-security-focus-china-arctic-policy/, accessed: 2023-06-25.
⑥ Sherri Goodman, Marisol Maddox, "China's Growing Arctic Presence," November 19, 2018, https://www.wilsoncenter.org/article/chinas-growing-arctic-presence,, accessed: 2020-04-02.

日本等国家的北极科研合作,① 不断提升极地科技水平。合作能够开展,是与中日韩三国在地理上的邻近,在涉及北极事务上共同的身份地位、相似的北极利益诉求密不可分的。中国也与部分北欧国家展开密切的极地科技合作,② 充分发挥双方在地缘条件、经济实力等方面的互补优势,实现合作共赢,共同推动对北极事务的深度参与。一部分研究尤其重视中俄北极科研合作的重要意义,认为中俄之间的极地科技合作是中国在北极地区增强存在感的重要步骤之一。不过,中国高度重视通过参与北极理事会等国际平台相关活动来提升北极话语权,而俄罗斯更为重视北极安全利益,双方北极利益侧重点的不同可能使中俄北极科技合作受到一定程度的制约。③ 另一部分研究则关注中国深化北极合作的途径问题。中国在参与北极治理的过程中往往采取多渠道、多途径全面推进的方式,充分利用强大的经济实力,从北极经济合作入手,扩大与有关国家的合作基础,④ 谋求更大范围、更广领域的北极合作。部分研究甚至对中国在北极地区的经济活动采取了泛政治化的态度,认为中国在极地地区的旅游事业的开展最终会导向政治上的野心,⑤ 助力中国在北极地区的地缘扩张。

第三,对中国北极科技发展影响的研究。部分研究认为,极地科技的迅猛发展会给中国提供参与北极事务的合法性,北极事务的特殊性使北极"科技外交"的开展成为可能,⑥ 而且更强的科研能力意味着在那些需要以相关研究成果为基础做出的重要决策上,中国会享有更多的发言权。当然,还有研究延续一贯的对抗性思维,认为中国北极科技实力的不断增长

---

① Sherri Goodman, Marisol Maddox, "China's Growing Arctic Presence," November 19, 2018, https://www.wilsoncenter.org/article/chinas-growing-arctic-presence, accessed: 2020-04-02.
② Jesse Guite Hastings, "The Rise of Asia in a Changing Arctic: A View from Iceland," *Polar Geography*, 2014, pp.215-233.
③ Tom Røseth, "Russia's China Policy in the Arctic," *Strategic Analysis*, 2014, pp.841-859; Lincoln E. Flake, "Russia and China in the Arctic: A Team of Rivals," *Strategic Analysis*, 2013, pp.681-687.
④ Marisa R. Lino, "Understanding China's Arctic Activities," February 25, 2020, https://www.iiss.org/blogs/analysis/2020/02/china-arctic, accessed: 2023-06-25.
⑤ Edward H. Huijbens, Dominic Alessio, "Arctic 'Concessions' and Icebreaker Diplomacy? Chinese Tourism Development in Iceland," *Current Issues in Tourism*, 2015, pp.433-449.
⑥ Lulu Zhang, Jian Yang, Jingjing Zang, Yuhong Wang, Liguang Sun, "Reforming China's Polar Science and Technology System," *Interdisciplinary Science Reviews*, 2019, pp.387-401.

会改变北极地区的稳定态势，① 对北极地区的和平与稳定产生不利影响。不过，也有学者对中国极地科学技术的发展持有相对理性的态度，认为科学研究本来就是中国参与北极活动的重要利益诉求之一，而中国加入北极地区的研究与治理之中，对北极地区来说，是有积极意义的。②

3. 国外相关研究述评

极地破冰船、科考站等基础设施建设是中国参与北极治理的基础条件，因而中国参与北极治理的基础设施建设能力得到了重点关注。随着《中国的北极政策》白皮书的发布，中国的北极外交政策更加明晰，在北极治理中的国际合作也得到加强，这同样引发了国外学界的关注，而中国参与北极治理外交能力的提升可能会带来中国在北极治理中话语权体系的构建和完善以及国际地位的提升。总体而言，国外对中国参与北极治理能力的研究比较零星，也尚未论及中国参与北极治理能力的内涵、类型等内容，并不系统和全面，多是在论述中国参与北极治理可能带来的影响时有所提及。

极地科学技术发展是中国参与北极治理的重要支撑条件，科学考察是中国参与北极治理的重要路径。国外学界对中国极地科学技术发展的关注大致可以分为两个方面：一方面是极地科学技术本身，尤其是极地破冰船、卫星导航技术、飞行器的发展；另一方面则是科技合作以及由此可能带来的北极治理话语权的提升。国外学者已经注意到极地科学技术发展对中国参与北极治理能力提升的积极影响，以及提升中国在北极治理中的国际话语权的积极意义。不过，关于极地科学技术对中国参与北极治理能力的影响的研究并不深入，相关问题如通过科学技术提升中国参与北极治理能力是否可行，以及如何通过科学技术发展提升中国参与北极治理能力等亟待深入研究。

（二）国内文献综述

1. 有关中国参与北极治理能力种类的研究

极地科技能力是中国参与北极治理能力的重要内容。丁煌等认为，极

---

① Sherri Goodman, Marisol Maddox, "China's Growing Arctic Presence," November 19, 2018, https://www.wilsoncenter.org/article/chinas-growing-arctic-presence, accessed: 2020-04-02.
② Per Erik Solli, Elana Wilson Rowe, "Coming into the Cold: Asia's Arctic Interests," *Polar Geography*, 2013, pp. 1-4.

地科技活动（尤其是科学考察）是国家战略意图和利益追求的体现，是国家用于追求极地国家利益的工具和手段，是极地国家利益实现的重要基础。① 白佳玉也持类似观点，认为中国只有不断提高参与北极治理的科研能力，对北极问题形成更加深入的把握，在北极问题的研究和调查中才会更具话语权。② 作为发展中大国，中国应该站在一个世界大国的角度参与北极事务，综合采取政治、组织、行政、技术、司法、教育和培训、公众宣传等措施提升中国参与北极事务的能力。邹磊磊还特别指出，加强技术措施，使我国的北极科学研究和考察更加系统、深入、广泛，在探索北极奥秘的同时能够获得足够的、确切的科学信息为政策制定提供科学意见。③ 在认识到极地科学技术对中国参与北极治理的重要性后，评估中国北极科技的发展现状也是部分学者关注的重点。丁煌等结合极地科技活动的特点，构建了由极地科学考察支撑能力、极地科技创新能力、极地科技可持续发展能力、极地科技转化能力四个维度组成的极地科技能力评估框架，④ 通过该评估框架对中国极地科技活动进行评估。

外交能力是中国参与北极治理能力的重要组成部分。孙凯指出，中国北极外交能力建设与提升是一项系统工程，中国需要从战略层面对北极外交进行设计，包括对北极外交进行综合性、前瞻性的筹划，在实践中构建多层面、多领域的中国北极利益共同体和北极责任共同体，加强中国北极"第二轨道"外交，促进北极外交参与行为体的能力建设，进而为北极地区的善治贡献中国力量。⑤ 谢晓光等则指出，中国在推动"冰上丝绸之路"建设过程中，在国际合作过程中应当重视对国际机制的重塑能力和执行能力，使所有参与者在享有权利的同时履行义务。⑥

就北极地区国际机制的具体参与来说，相关研究成果也很多。孙凯、张瑜认为，中国除了要重视政府层面的北极外交外，还需要重视社会行为

---

① 丁煌主编《极地国家政策研究报告（2013—2014）》，科学出版社，2014，第174页。
② 白佳玉：《北极多元治理下政府间国际组织的作用与中国参与》，《社会科学辑刊》2018年第5期，第126页。
③ 邹磊磊：《北极渔业及渔业管理与中国应对》，中国海洋大学出版社，2017，第207页。
④ 丁煌主编《极地国家政策研究报告（2013—2014）》，科学出版社，2014，第139页。
⑤ 孙凯：《中国北极外交：实践、理念与进路》，《太平洋学报》2015年第5期，第44页。
⑥ 谢晓光、程新波、李沛珅：《"冰上丝绸之路"建设中北极国际合作机制的重塑》，《中国海洋大学学报》（社会科学版）2019年第2期，第22页。

体在北极治理进程中的作用并加强其能力建设。① 孙凯同时认为，国内外官方、学者、智库和媒体等对于中国参与北极事务的不同解读和表达以及在多种场合中这些不同话语之间的相互影响、竞争与说服，影响与塑造着国内外对中国参与北极事务的国际认知。② 马得懿指出，就中国而言，应该深度介入国际海事组织的议事活动，提升中国治理北极航道的软实力，占据北极航道治理的"国际道义"制高点，展示中国的海洋叙事能力。③ 阮建平等认为，中国需采取有力措施努力争取与北极原住民合作，以认知共同体为第一梯队，增加有关北极原住民的知识存量，培养北极治理中的知识供给能力。④

2. 有关中国参与北极治理能力建设手段的研究

基于中国参与北极治理能力的多样性、综合性，相应的能力建设也必定是一项系统工程。综合现有的研究成果，对加强中国参与北极治理能力建设的相关论述主要集中在以下几个方面。

第一，加强中国自身的能力建设应当包括内部协调机制建设、相关人才培养、科技发展等。内部协调机制建设方面，2011年，由外交部牵头，包括国家海洋局、交通运输部等19家单位参与，形成了涉北极事务的部际协调机制。徐宏认为，中国在参与北极治理中内部协调机制的完善，将在加强北极相关工作的整体统筹和资源配置方面发挥重要作用，有助于提高中国参与北极治理的能力。⑤ 相关人才培养方面，杨剑指出，中国应当通过加强北极国际交流与合作，积累北极知识和经验，加紧引导和培养北极专门人才。⑥ 科技发展方面，程保志认为，中国若要更积极地参与北极治理，可以科学考察为突破口和立足点。北极域外国家在北极事务上的发言权和影响力，在很大程度上取决于该国以科研为主的北极知识储备的获取

---

① 孙凯、张瑜：《对北极治理几个关键问题的理性思考》，《中国海洋大学学报》（社会科学版）2016年第3期，第4页。
② 孙凯：《参与实践、话语互动与身份承认——理解中国参与北极事务的进程》，《世界经济与政治》2014年第7期，第48页。
③ 马得懿：《北极航道法律秩序的海洋叙事》，《社会科学战线》2018年第8期，第198页。
④ 阮建平、瞿琼：《北极原住民：中国深度参与北极治理的路径选择》，《河北学刊》2019年第6期，第204页。
⑤ 徐宏：《北极治理与中国的参与》，《边界与海洋研究》2017年第2期，第7页。
⑥ 杨剑：《北极航运与中国北极政策定位》，《国际观察》2014年第1期，第136页。

和转化能力。①

第二，提升对国际机制的利用能力。何光强等指出，中国应充分利用现有组织平台，以参加者兼组织者的双重身份参与北极多边合作。②宋黎磊认为，中国于2013年成为北极理事会的正式观察员国，在制度化地参与北极理事会活动过程中，应有针对性地开展国际合作，加强北极问题的自然科学研究，强化国际关系、国际法层面上的责任研究，厘清中国在北极治理机制中的国家利益和参与路径，探寻北极地区的善治以及中国与北极利益的契合点。③

第三，加强与有关国家的国际合作。杨剑指出，尽管北极域外国家在北极拥有正当的权益和合法的利益，但北极国家对北极域外国家谈及在北极的利益是非常在意的。中国在参与北极事务时，应对北极国家对中国的期待和定位、非北极国家对中国的期待和定位与中国自身定位三者之间的关系进行调适，在矛盾中寻求统一，寻找利益共同点，缩小利益冲突面，创造可分享的新利益。④

第四，在环境、航道、渔业管理等具体领域发力。丁煌等认为，中国在科技、经济和社会治理等领域中已经取得了较大成就，这使中国具备了北极环境治理的参与能力。⑤北极环境治理是北极地区综合治理体系的重要组成部分，环境问题直接关系到中国国家利益的实现。潘敏认为，中国应主动投身参与到北极能源开发和能源安全保护中，在策略上提升自己的能源供给能力。⑥孙凯等认为，中国应提升可持续管理北极可再生和不可再生资源的能力，开展积极有效的能源外交活动，不断加大中国在北极关键领域的参与力度，为中国北极能源供应创造稳定的国际环境和战略空间。⑦唐

---

① 程保志:《北极治理论纲：中国学者的视角》，《太平洋学报》2012年第10期，第70页。
② 何光强、宋秀琚:《创造性介入：中国参与北极地区事务的条件与路径探索》，《太平洋学报》2013年第3期，第56页。
③ 宋黎磊:《北极治理与中国的北极政策》，《国外理论动态》2015年第8期，第115页。
④ 杨剑:《域外因素的嵌入与北极治理机制》，《社会科学》2014年第1期，第12页。
⑤ 丁煌、褚章正:《基于公共价值创造的北极环境治理及其中国参与研究》，《理论与改革》2018年第5期，第26页。
⑥ 潘敏:《论中国参与北极事务的有利因素存在障碍及应对策略》，《中国软科学》2013年第6期，第13页。
⑦ 孙凯、吴昊:《北极安全新态势与中国北极安全利益维护》，《南京政治学院学报》2016年第5期，第74页。

尧等认为，中国可以通过加强与北极国家的合作以及提升本国履约能力等方式，充分利用相关国际法依据，积极参与北极航运治理。① 秦树东等也指出，国家要支持和鼓励国内企业研发能够适应高寒海域的洋运船舶，积累极地航运经验，提升高寒海域航运能力。同时，我国也需要研发能够适应极地条件的舰艇和潜艇以提高我国极地航运和护航能力。② 何剑锋等认为，随着北极航道的开通，各国纷纷做出反应并制定了相应的研究计划，中国应加强冰区安全航行保障技术研究与实验，提升中国在北冰洋冰区航行和保障的能力。③ 白佳玉等指出，中国有权利也有能力参与北冰洋核心区公海渔业资源的治理进程，具体来说，包括深化对北冰洋核心区公海的科学考察，可持续开发利用北冰洋核心区公海渔业资源，加强北极地区的生态环境保护。④

3. 有关中国参与北极治理路径的研究

近年来，中国如何参与北极治理的研究成为学界关注的热点。中国参与北极治理的路径，大致可以分为以下四类。

第一，通过以北极理事会为核心的国际制度平台参与的路径。⑤ 郭培清、孙凯认为，中国可以在充分利用包括北极理事会在内的所有北极相关国际组织的基础上，加强与其他观察员国的协调，多渠道开展合作，以开拓中国的北极道路。⑥ 肖洋进一步指出，针对北极理事会的不同议题，可分别采取认同、暂时搁置、积极参与等方式，巩固与北极国家在相关领域的共同利益。⑦ 第二，与原住民群体及其相关组织开展合作的路径。彭秋

---

① 唐尧、夏立平：《中国参与北极航运治理的国际法依据研究》，《太平洋学报》2017年第8期，第51页。
② 秦树东、李若瀚：《新时期中国参与北极治理：身份、路径和方式》，《华东理工大学学报》（社会科学版）2019年第5期，第61页。
③ 何剑锋、吴荣荣、张芳等：《北极航道相关海域科学考察研究进展》，《极地研究》2012年第2期，第195页。
④ 白佳玉、庄丽：《北冰洋核心区公海渔业资源共同治理问题研究》，《国际展望》2017年第3期，第151页。
⑤ 白佳玉：《中国北极权益及其实现的合作机制研究》，《学习与探索》2013年第12期，第87页。
⑥ 郭培清、孙凯：《北极理事会的"努克标准"和中国的北极参与之路》，《世界经济与政治》2013年第12期，第118页。
⑦ 肖洋：《排他性开放：北极理事会的"门罗主义"逻辑》，《太平洋学报》2014年第9期，第18页。

虹、陆俊元认为,中国不仅需要与北极国家及其相关组织打交道,而且必须处理好与原住民社群的关系。① 叶江指出,中国必须不断加强对北极原住民和原住民非政府组织各种动向的关注,主动把握北极区域治理的发展方向。② 潘敏认为,与努纳武特政府的合作不失为中国参与北极事务的最佳跳板,中国可以逐步更加有底气地全面参与到整个北极事务中去。③ 第三,由经济合作"外溢"至其他领域合作的路径。章成指出,北极国家无法从法理上否定和取消中国及其他域外非北极国家在整个北极地区的资源开采权益以及其他经济利益,与北极国家进行经济合作可以作为中国参与北极治理的方式之一。④ 在操作层面,程保志认为应通过加强与某些北极国家的双边经贸合作关系逐步扩大中国在北极的利益,尤其应深化与冰岛、挪威、瑞典等北欧国家的联系与合作。⑤ 第四,从科学考察、环境保护、疾病防治等"低政治"领域切入的路径。刘惠荣、孙善浩认为,中国应当着眼于积极参与科学考察以及航运、资源开发、可持续发展等北极事务。⑥ 杨剑认为,应当以科学考察和环境技术发展为先导,以航道和资源利用为主线,加快实现由单纯科考向综合利用、由局部合作向全面参与的转变。⑦ 罗毅、夏立平进一步指出,以北极气候变化及气候治理为切入点,利用这一全球共同关注事项展开北极治理。⑧

4. 有关中国极地科技发展战略的研究

极地科技发展是国际法、国际关系、国际政治等学科研究和各国政府关注的重要问题之一。一方面,国内同行对相关国家极地科技政策较

---

① 彭秋虹、陆俊元:《原住民权利与中国北极地缘经济参与》,《世界地理研究》2013年第1期,第32页。
② 叶江:《试论北极区域原住民非政府组织在北极治理中的作用与影响》,《西南民族大学学报》(人文社会科学版)2013年第7期,第23页。
③ 潘敏:《论中国参与北极事务的有利因素、存在障碍及应对策略》,《中国软科学》2013年第6期,第20页。
④ 章成:《北极的区位价值与中国北极权益的维护》,《求索》2015年第11期,第13页。
⑤ 程保志:《刍议北极治理机制的构建与中国权益》,《当代世界》2010年第10期,第68页。
⑥ 刘惠荣、孙善浩:《中国与北极:合作与共赢之路》,《中国海洋大学学报》(社会科学版)2016年第2期,第1页。
⑦ 杨剑:《北极航运与中国北极政策定位》,《国际观察》2014年第1期,第136页。
⑧ 罗毅、夏立平:《以共生治理观参与北极治理》,《南京政治学院学报》2015年第3期,第52页。

为关注，普遍认为中国在极地科技发展方面与欧美国家之间差距明显，有待加强。张禄禄、臧晶晶指出，美、俄、澳的极地科技体制的导向是实现和维护其国家利益。中国应当整合国内的极地管理机构，建立公平合理的极地科技评价体系和相对完善的极地科技体制。① 另一方面，如何推动极地科技发展，更好地实现中国北极权益是学者们最为关注的方面，涌现出四种代表性观点和对策建议。第一，加大科研投入，拓展研究方向。赵进平认为应当深入研究与气候变化、北极经济开发、科学发展战略有关的北极科学问题。② 何剑锋、张芳指出，要加强对北冰洋冰区观测和航行技术的研究，积极参与北冰洋陆架区勘探。③ 第二，开展国际合作，加强极地科技外交。陆俊元认为，要开展国际科学合作，在北极地区增加观察站点和研究基地。④ 肖洋认为，改善北极科考的国际环境，还要实施全方位北极科技外交。⑤ 杨剑总结了极地国际合作的重要作用，"科技外交是参与极地治理的有效路径，极地科技是中国与极地国家外交活动的重要内容"⑥。第三，探索极地科考的新模式，完善极地科技管理体制。孙立广提出，要探索极地科考的新模式和新机制，完善极地科技管理体制，确定我国极地研究的优先发展领域。⑦ 第四，加强极地知识普及和文化教育。廖佰翠等认为我国极地科普教育还处于起步阶段，在科普方式、手段以及政策机制等方面与发达国家之间差距明显。⑧ 苏勇军等进一步指出，要建立以政府投入为主体，社会组织、企业和个人参与的多元化极地科普教育

---

① 张禄禄、臧晶晶：《主要极地国家的极地科技体制探究——以美国、俄罗斯和澳大利亚为例》，《极地研究》2017年第1期，第135页。
② 赵进平：《我国北极科技战略的孕育和思考》，《中国海洋大学学报》（社会科学版）2014年第3期，第3页。
③ 何剑锋、张芳：《从北极国家的北极政策剖析北极科技发展趋势》，《极地研究》2012年第4期，第413页。
④ 陆俊元：《北极地缘政治与中国应对》，时事出版社，2010，第325页。
⑤ 肖洋：《地缘科学学与国家安全：中国北极科考的战略深意》，《国际安全研究》2015年第6期，第108页。
⑥ 杨剑：《中国发展极地事业的战略思考》，《人民论坛·学术前沿》2017年第11期，第10页。
⑦ 孙立广：《中国的极地科技：现状与发展刍议》，《人民论坛·学术前沿》2017年第11期，第18页。
⑧ 廖佰翠、蒋祺、陆月等：《极地科普教育：国际经验与中国借鉴》，《宁波大学学报》（教育科学版）2016年第6期，第69页。

机制，增强全民极地观念和极地意识。①

5. 国内相关研究特点与不足

一方面，国内学界十分重视极地科学技术在中国参与北极治理中的积极作用，普遍认为科学考察研究是中国参与北极治理的优先路径，应当引起高度重视，并且围绕如何推动极地科学技术发展展开了多个角度的研究，成果丰硕。另一方面，在中国参与北极治理的进程中，部分学者关注到中国参与北极治理的能力亟待提升，从机制建设、人才培养、科技发展等多个角度探讨如何提升中国参与北极治理的能力。与国外研究相比，国内研究更为细致，角度更为多元，研究的重点集中于进一步推动中国参与北极治理和维护中国在北极地区的合法权益。

然而，现有研究也存在诸多不足之处。其一，已有研究尽管看到了极地科学技术对于中国参与北极治理能力的积极意义，但并未就此深入挖掘，未进一步探讨极地科学技术对提升中国参与北极治理能力的可行性；其二，已有研究并未就极地科学技术在中国参与北极治理中的独特优势进行系统、全面的分析；其三，已有研究并未就中国参与北极治理能力的内涵、构成及特征等问题展开系统和深入的研究；其四，已有研究在明确了极地科技发展对于中国参与北极治理能力的积极意义后，对于如何以极地科技发展推动中国参与北极治理的能力提升并未深入展开。现有研究的不足之处，正是本书的研究起点和创新之处，本书就极地科技发展在中国参与北极治理中的独特优势进行系统阐述，在此基础上，系统、科学地探讨如何通过极地科技发展推动中国参与北极治理能力的提升。

三　研究目标、思路与方法

（一）研究目标

随着中国参与北极治理进程的加快，如何推动中国参与北极治理能力的提升，以有效地满足中国参与北极治理的实践需求，成为中国参与北极治理面临的时代课题。本书在系统分析中国参与北极治理能力的内涵、构

---

① 苏勇军、陆月、蒋祺：《加强我国极地文化科普教育的思考》，《海洋开发与管理》2016年第1期，第121页。

成及特征基础上,结合我国参与北极治理的能力现状及存在的突出问题,对其他国家参与北极治理能力提升的成功经验进行了分析。在此基础上,本书探讨通过极地科技发展推动中国参与北极治理能力提升的可行性和具体对策。

(二) 研究思路

本研究按照以下思路展开:第一,科学界定中国参与北极治理能力的内涵、类型;第二,系统梳理中国参与北极治理能力的发展现状、能力不足及其原因;第三,深入探讨通过极地科技发展推动中国参与北极治理能力提升的可行性;第四,有效借鉴美国、俄罗斯等北极大国以及日本等北极域外国家通过极地科技发展推动参与北极治理能力提升的成功经验;第五,有针对性地提出推动中国参与北极治理能力提升的极地科技发展对策。基于上述研究思路,本书的研究框架在章节安排上分为七章,含绪论、正文和结语三个部分,正文部分共计五章。

绪论部分先后介绍了本书的选题依据、研究背景,并对有关中国参与北极治理能力建设的文献进行综述,阐释了本书的研究思路及研究框架、方法,指明了本书的创新之处与不足所在。

第一章界定了中国参与北极治理的能力内涵、能力特征和能力构成。科学界定中国参与北极治理的能力内涵是本书研究得以进行的逻辑基础。中国参与北极治理的能力是指在中国参与北极治理的过程中,多元行为体发挥主观能动性和运用客观条件,支持和推动中国有效参与北极治理,实现和维护中国在北极地区的国家利益以及推动北极地区可持续发展的能力。中国参与北极治理的能力由支撑中国参与北极治理的经济能力、认知与塑造北极事务变化的科技能力、维护中国北极合法权益的安全能力、设置北极事务议程的话语能力构成,具有综合性、复杂性、动态性和客观性特征。推动中国参与北极治理能力的提升具有重要的现实意义,有助于维护中国在北极地区的国家利益,推动北极地区的可持续发展,助推北极治理走向完善。

第二章梳理了中国参与北极治理能力的建设成效、能力不足及其原因。随着中国参与北极治理的逐步深入,中国参与北极治理的能力不断提升,在加强北极科学考察研究、增强北极安全意识、丰富北极话语构建手段等方面取得了明显成效；不过，在北极科技经费投入、北极安全战略规划、北极话语运作等方面的能力仍有提升空间。极地资源配置模式、极地科技体制、北极安全政策规划、北极话语意识等方面存在的问题是导致中国参与北极治理能力不足的重要原因。

第三章探讨了以极地科技发展推动中国参与北极治理能力提升的可行性。在中国参与北极治理的进程中，极地科技发展的重要价值体现在：极地科技发展是中国参与北极治理的重要手段，极地科学研究具有较高的国际合作接受度，极地科学研究具有明确的国际法律依据，极地科技发展是中国参与北极治理的其他路径奏效的基础。极地科技发展所体现的重要价值使其在中国参与北极治理能力提升的过程中，能够发挥重要的支撑作用，有助于提升支撑中国参与北极治理的经济能力，完善认知与塑造北极事务变化的科技能力，加强维护中国北极合法权益的安全能力，推动设置北极事务议程的话语能力提升。

第四章对美国、俄罗斯、日本、德国四国通过极地科技发展推动参与北极治理提升的成功经验进行了分析。作为重要的北极国家，美国、俄罗斯将塑造和维护在北极治理中的主导地位作为其参与北极治理能力的重要内容，通过积极规划北极科学技术发展方向、着力开展极地科技合作、加强多元科技主体的协同等措施推动参与北极治理能力的提升。作为北极域外国家，日本、德国则将极地科技发展作为参与北极治理的重要路径，借助极地科技发展维护在北极地区的资源开发、环境保护等国家利益。值得注意的是，以在北极地区的国家利益为中心，通过极地科技发展推动参与北极治理能力的提升是上述四国北极实践的共同特点。

第五章提出了以极地科技发展推动中国参与北极治理能力提升的对策。在梳理中国参与北极治理能力的建设成效、能力不足及其原因的基础上，借鉴美国、俄罗斯、日本、德国四国通过极地科技发展推动参与北极治理提升的经验，把握极地科技发展之于中国参与北极治理能力提升的可行性的同时，本书提出了以极地科技发展推动中国参与北极治理能力提升的对策，为中国参与北极治理能力的提升提供策略参考。

最后，在结论部分对全书的主要观点进行归纳和总结，对中国参与北极治理能力的现状、问题及对策进行梳理，并指出本书的不足之处。

(三) 研究方法

中国参与北极治理的能力是一个涉及政治、经济、军事、环境等多领域的综合性概念，对这一问题展开学术研究需要借助多学科研究方法。本书采用的主要研究方法如下。

(1) 文献分析法。依托武汉大学、中国海洋大学、广东外语外贸大学、华南农业大学等高校、研究机构图书馆所提供的电子资源数据库，如中国知网、超星电子图书、Elsevier、Springer Link 等，查阅和掌握中国参与北极治理的能力建设领域的文献资料。与此同时，借助互联网对美国、俄罗斯、日本、德国等国参与北极事务的政策实践、能力建设等方面的相关文献资料进行搜集和分析。

(2) 实证分析方法。系统考察中国参与北极治理的能力现状，对中国参与北极治理能力建设的成效、不足及其原因进行统计分析，借助 CiteSpace 等分析软件对中国极地科技成果等进行系统分析，总结极地科技发展特点，并提出提升中国极地科学技术发展水平的对策建议。

(3) 比较分析法。学习和借鉴国外相关国家提升参与北极治理能力的举措，有助于中国参与北极治理能力的提升。本书对比了北极国家（如美国、俄罗斯）与北极域外国家（如日本、德国）提升参与北极治理能力的经验，分析上述四国发展极地科学技术的不同侧重点，着重分析了美国智库如何加强影响力建设，进而不断增强美国参与北极治理的领导力和影响力，相关分析为中国以极地科技发展提升参与北极治理的能力提供借鉴。

第一章 相关概念界定与理论解析

随着全球气候变化、经济全球化和北极地缘态势的变迁,北极治理在全球治理中的地位和作用越来越重要,北极自然环境、地缘政治环境的变化越来越多地与中国的国家利益联系在一起。作为北极域外国家,中国参与北极治理一直面临北极国家的质疑和身份排斥,这干扰和影响了中国对北极合法权益以及国际社会共同利益的维护。在此时代背景之下,不断提升中国参与北极治理的能力,推动中国深度参与北极治理,实现和维护在北极地区的国家利益成为中国参与北极治理面临的重要时代课题。

当前,学界对中国参与北极治理能力的研究尚处于起步阶段,亟待深入,对中国参与北极治理能力的内涵、类型、特征等相关问题的研究并未全面展开,这客观上为本书对上述问题的深入探讨预留了空间。对上述问题予以进一步明确,是探讨中国参与北极治理能力现状、不足及其原因的学理前提,也是推动中国参与北极治理能力提升的实践基础,具有重要的理论价值和现实意义。本章对中国参与北极治理能力的基本概念、理论基础予以厘清和梳理,作为本书行文的逻辑前提,为后文对于中国参与北极治理能力的考察、分析以及提出科学的应对之策奠定基础。

第一节 相关概念界定

毋庸置疑,对相关概念进行科学界定,是研究的前提和基础,有助于客观、系统地理解研究主题。"能力""参与能力""科学技术"等的基本内涵是本书的逻辑起点和重要基础。只有弄清其基本内涵、主要特征等基本问题，才能准确地揭示中国参与北极治理能力的概念及发展规律，深化对中国参与北极治理能力的认识和把握。在此基础之上，厘清现有研究的不足并探索深入研究的空间，增强理论指导的现实性、有效性和科学性。

一 能力

"能力"（ability）是本书的关键词和核心概念，对"能力"的科学理解有助于进一步界定"中国参与北极治理的能力"的核心内涵，为后文对中国参与北极治理能力的分析和考察奠定基础。事实上，有关"能力"这一概念，尽管学界已经开展了相关探讨，但目前并无公认的权威界定。中国社会科学院语言研究所词典编辑室编《现代汉语词典》将"能力"定义为"能胜任某些工作或事务的主观条件"[①]。该定义强调了能力主体所具备的主观条件。有学者认为："能力通常是指完成一定活动的本领，包括完成一定活动的具体方式以及顺利完成一定活动所必需的心理特征。"[②]

一般而言，社会实践具有一定的复杂性，以此为载体和基础的能力相应也具有多层次性和复杂性。能力主体既存在已经展现出来的能力，也存在已经具备但尚未展现出来的能力。能力主体可能在这一方面具有较强的能力，而在另一方面能力较弱。能力主体的能力，在时间、地点、环境等条件发生变化的情况下，可能会有所不同，这种不同既包括能力强弱的不同，也包括能力形式的不同。结合《现代汉语词典》对"能力"概念的阐释，本书认为，能力是指可以完成或胜任某些工作、事务的主观条件，具有多重性和复杂性，既可以是已经展现出来的实际能力，也可以是尚未展现出来的潜在能力，既可以是实践、物质层面的能力，也可以是认知、理念层面的能力。能力的形成和发展要依托能力主体和社会实践才能实现，对能力的划分要根据一定的标准进行，标准不同，所展现的能力类型也有所不同。

[①] 中国社会科学院语言研究所词典编辑室编《现代汉语词典》（第6版），商务印书馆，2012，第942页。

[②] 刘会民：《战略指挥能力研究》，海潮出版社，2019，第21页。

二 北极治理

1995年，全球治理委员会发表的《我们的全球伙伴关系：全球治理委员会报告》指出，治理是各公共机构或个人处理其共同事务的总和，是一个调和冲突或不同利益并采取共同行动的持续过程，其中不仅包括有权迫使人们遵守的正式制度和规则，还包括人们同意或认为与他们利益相一致的非正式制度安排。① 美国学者库伊曼（J. Kooiman）和范·弗利埃特（M. van Vliet）认为，治理能够发挥作用，主要依靠多种进行统治的以及互相发生影响的行为者的互动。② 英国学者罗伯特·罗茨（Robert Rhodes）认为，治理是一种新的管理过程，对治理的研究应着重于对治理过程的研究。③ 俞可平认为，治理包括四个基本特征：治理不是一整套规则，也不是一种活动，而是一个过程；治理过程的基础不是控制，而是协调；治理既涉及公共部门，也包括私人部门；治理不是一种正式的制度，而是持续的互动。④

一般而言，"治理"（governannce）是指多主体协同参与，对事务进行有效应对的一系列管理活动。蔡拓教授对全球治理做了一个概括，全球治理是以人类整体论和共同利益论为价值导向，多元行为体平等对话、协商合作，共同应对全球变革和全球问题的一种新的管理人类公共事务的规则、机制、方法和活动。⑤ 北极治理本质上是全球治理的重要组成部分。⑥ 尽管有些北极事务从表面上看似乎属于主权国家管辖范围内的区域性事务，但是，随着国际政治经济形势的风云变幻和全球气候变暖等自然环境的深刻变化，大部分貌似区域性的北极事务越来越显现出全球公域的属

---

① The Commission on Global Governance, *Our Global Neighborhood: The Report of the Commission on Global Governance*, Oxford University Press, 1995, pp. 29-33.
② J. Kooiman, M. van Vliet, "Governance and Public Management," in K. A. Eliassen, J. Kooiman, eds., *Managing Public Organizations: Lessons from Contemporary European Experience*, SAGE Publishing, 1993, p. 64.
③ 〔英〕罗伯特·罗茨：《新的治理》，木易编译，载俞可平主编《治理与善治》，社会科学文献出版社，2000，第87页。
④ 俞可平：《治理和善治引论》，《马克思主义与现实》1999年第5期，第37页。
⑤ 蔡拓：《全球化与政治的转型》，北京大学出版社，2007，第288页。
⑥ 丁煌等：《极地治理与中国参与》，科学出版社，2018，第11页。

性，北极事务的影响及应对不再局限于域内国家，而是需要世界各国携手合作、共同应对，这日益成为北极国家乃至国际社会的共识。北极事务的治理已经超越了北极国家垄断北极事务决策的时代，北极由过去被人们主要视为美国与苏联对抗的战略前沿逐渐演变成当今需要各利益攸关方参与的全球治理新疆域。①

三 中国参与北极治理的能力

中国是北极事务的重要利益攸关方，中国在北极地区的国家利益与北极事务变化密切关联。《中国的北极政策》白皮书指出，中国愿意同国际社会一道构建北极领域的"人类命运共同体"，实现北极地区的可持续发展。② 要实现中国参与北极治理的治理愿景，需要依靠中国参与北极治理能力的不断提升。中国参与北极治理的能力是一个内涵十分丰富的概念，涉及政府、企业、科学家、非政府组织等多个行为体，涵盖中国参与北极治理的资源开发、航道利用、环境保护、安全维护、科技发展以及话语构建等多个领域。本书认为，中国参与北极治理的能力是指在中国参与北极治理的过程中，多元行为体发挥主观能动性和运用客观条件，支持和推动中国有效参与北极治理，实现和维护中国在北极地区的国家利益以及推动北极地区可持续发展的能力。

对于"中国参与北极治理的能力"的内涵，可以从四个方面进行理解和把握。

第一，中国参与北极治理的能力是政府、企业、科学家、非政府组织等能力主体在参与北极治理的过程中表现出来的能力，是有效参与北极治理活动所必需的诸种能力要素的组合。中国参与北极治理的能力存在于参与北极资源开发、环境保护、科学研究等领域事务的治理活动之中，在上述领域事务的治理活动之中得以体现。离开了中国参与北极治理的实践，

---

① 阮建平：《北极治理变革与中国的参与选择——基于"利益攸关者"理念的思考》，《人民论坛·学术前沿》2017年第19期，第52页。
② 国务院新闻办公室：《中国的北极政策（全文）》，国务院新闻办公室官网，2018年1月26日，http://www.scio.gov.cn/zfbps/32832/Document/1618203/1618203.htm，最后访问时间：2023年6月25日。

中国参与北极治理的能力也就成为无源之水、无本之木。

第二，中国参与北极治理的能力是推动中国参与北极治理的主观条件。中国参与北极治理进程的顺利推进受到治理对象、治理环境等客观条件以及治理主体自身的主观条件的共同影响。主客观条件共同作用于中国参与北极治理的进程之中，对参与能力的生成、提升产生重要影响。尽管客观条件变化对中国参与北极治理能力的提升具有重要影响，但中国参与北极治理的能力强调和关注的是能力主体自身的主观条件。

第三，中国参与北极治理的能力是指治理主体所具有的能力，中国参与北极治理的主体按照不同的分类方法可以分为多个类别。以参与领域划分，可分为中国参与北极经济治理的主体、中国参与北极环境治理的主体、中国参与北极科技治理的主体、中国参与北极安全治理的主体等；以主体性质划分，可分为中国参与北极治理的官方主体、中国参与北极治理的非官方主体等。划分标准不同，中国参与北极治理的主体分类亦不同。

第四，中国参与北极治理的能力是正确认识和把握治理规律，运用科学的治理手段，认识和改造北极事务的能力。面对来自北极地区自然环境变化和地缘态势变迁的双重挑战，中国在参与北极治理的过程中，要在科学认知北极事务变化的基础上，运用正确的政策、策略，采取科学的领导方式、治理手段以及参与路径，实现和维护中国在北极地区的国家利益，推动北极地区的可持续发展。

四 极地科学技术

科学技术是知识的最主要形态，科学研究和技术进步是知识生产的重要来源。"科技"通常被当作一个术语来解释。实际上，"科技"本身是由"科学"（science）和"技术"（technology）两个部分构成的。根据《现代汉语词典》的解释，"科学"是指反映自然、社会、思维等的客观规律的分科的知识体系；[①]"技术"是指人类在认识自然和利用自然的过程中积累

---

① 中国社会科学院语言研究所词典编辑室编《现代汉语词典》（第6版），商务印书馆，2012，第731页。

起来并在生产劳动中体现出来的经验和知识,也泛指其他操作方面的技巧,也指技术装备①。一般而言,所谓"科学",是对未知世界或领域的探索、认知,立足于揭示研究对象的本质和运动规律,以生产知识为行为特征的社会活动。根据研究对象的不同,科学研究又可以分为自然科学研究和人文社会科学研究。"技术"则是指控制、改造和利用自然界的活动,技术进步须基于已有的科学知识和个体经验,主要解决"怎么做"的问题,其重要特征在于生产实践性。科学研究所获得的知识需要"技术"纽带才能转化为直接效益,推动生产力的提高。科学创造也离不开技术的参与以及对技术的吸收,科学研究与技术进步呈现出一种共生关系。

随着极地事务在各国外交政策议程中地位不断提升,各国逐步加快了参与极地治理的步伐,通过颁布极地政策、资源开发等多种形式实质性地参与到极地治理进程中。在此过程中,科学技术扮演着举足轻重的角色,不仅是各国国家利益的重要组成部分,还是实现其他国家利益的基础所在。②极地科学技术强调科技发展的目标是解决与极地领域事务相关的问题。伴随着全球气候变暖趋势的加强,极地地区自然资源的开采难度日益降低,极地地区蕴藏的丰富的自然资源成为参与极地治理的各国争夺的重要对象,加之各国在极地地区的政治、安全、环境、科考等多方面利益存在冲突,推动极地科技发展成为各国维护自身在极地地区的国家利益的必然选择。值得注意的是,科学技术系统不是孤立存在的,而是受到科技人员数量与质量、科技体制、科技投资、仪器与设备等政治、经济、社会环境的多方面影响。本书认为,极地科学技术不仅包括直接用于极地领域的科学技术,还包括科技体制、科技规划、科技投资、科技人才等对科学技术发展有重要影响的其他相关因素。

第二节　相关理论基础

一方面,随着国际政治经济形势和全球气候等自然环境的变化,区

---

① 中国社会科学院语言研究所词典编辑室编《现代汉语词典》(第6版),商务印书馆,2012,第613页。
② 丁煌主编《极地国家政策研究报告(2013—2014)》,科学出版社,2014,第136页。

域性的北极事务越来越显现出全球公域的属性,实现北极事务的有效治理越来越需要包括中国在内的国际社会的共同努力。在此背景之下,"治理理论"为本书对中国参与北极治理能力的探讨奠定了理论基础。另一方面,极地科学技术是主权国家参与北极治理的重要手段,极地科学技术可以提供参与北极治理所必需的科学知识和技术设备,为争取北极事务话语权提供战略支撑,实现和维护各国在北极地区的政治、经济、安全等国家利益。本书借助"科技生产力论""地缘科技学"的相关理论观点,深入分析极地科学技术之于中国参与北极治理的重要意义,探讨以科学技术提升中国参与北极治理能力的重要性和可行性。

一 治理理论

全球治理如何有效运作是治理理论的核心问题。全球治理作为一种制度安排,其理想目标是使各行为体在寻求自身利益最大化的同时,不断逼近集体理性的均衡点,并最终实现治理均衡。① 詹姆斯·罗西瑙(James Rosenau)认为,通过跨界行为体的目标、多层治理结构与过程、有关的掌舵机制以及多元行为主体以平等合作、相互依赖的方式来提供公共产品能够有效提高全球治理的水平。② 基于此,保罗·赫斯特(Paul Hirst)总结了五种治理类型,包括作为善治的治理、国际制度领域的治理、作为公司管理的治理、与20世纪80年代新公共管理战略有关的治理、非国家行为体协调网状治理。③ 罗伯特·罗茨也将治理类型划分为六类。④ 总的来说,只有协调好个体利益的差异,才能将全球治理引向良性

---

① 张宇燕、任琳:《全球治理:一个理论分析框架》,载张蕴岭、高程主编《改革开放以来的中国与世界》,社会科学文献出版社,2018,第217页。
② James Rosenau, "Strong Demand, Huge Supply: Governance in an Emergent Epoch," in Ian Bache, Matthew V. Flinders, eds., *Multi-level Governance*, Oxford University Press, 2004, pp. 31-48.
③ Paul Hirst, "Democracy and Governance," in Jon Pierre, ed., *Debating Governance*, Oxford University Press, 2000, pp. 13-35;王诗宗:《治理理论及其中国适用性——基于公共行政学的视角》,博士学位论文,浙江大学,2009,第37~38页。
④ 罗伯特·罗茨对"治理"类型的划分如下:作为最小国家的管理活动的治理,作为公司管理的治理,作为新公共管理的治理,作为善治的治理,作为社会——控制体系的治理,作为自组织网络的治理。参见〔英〕罗伯特·罗茨《新的治理》,木易编译,载俞可平主编《治理与善治》,社会科学文献出版社,2000,第87页。

发展的轨道。

就治理主体的类型而言，治理理论的主要创始人之一詹姆斯·罗西瑙认为，全球治理主体是由主权国家、国际组织、非政府组织和其他非国家行为体组成的。[①]他认为全球治理处于主权国家占主导地位，非国家行为体作用日趋显著的"两枝世界"（bifurcated world）的状态中。治理理论指出，政府不是公共管理的唯一主体，非政府组织依靠其自身资源参与治理主体共同关心的社会事务的管理，在某些领域甚至比政府更具优势，可以扮演比政府更重要的角色。事实上，主权国家和非国家行为体都致力于推动有效解决全球问题，在参与全球治理的目标上是具有一致性的。主权国家需要同时参与多个领域的治理，在全球治理进程中承担制定规则和落实行动的责任。非国家行为体只需要关注某个或某些特定领域的治理，在全球治理进程中更多地扮演议题倡导者和行动监督者的角色。随着多元网络治理格局的形成，全球治理的各个领域、各个环节都需要多元行为体共同施加影响。此外，全球治理理论还认为，多元化的行为主体之间存在着相互依赖和互动的伙伴关系，包括信息共享、责任共担和行为协调。

北极所面临的自然环境和社会环境的变化是人类所面临的全球问题的缩影，这些问题需要全球层面多元行为体借助有效的国际合作及治理机制才能解决。[②]全球治理理论的逐渐发展和成熟，为北极事务治理的落实和治理机制的建立提供了理论指导。

二 科技生产力论

随着18世纪中期工业革命的开展，传统工场手工业制度逐渐被工厂制度取代，大机器生产在棉布纺织部门和其他轻工业部门得到推广，社会生产力得到极大的提升。在此背景下，马克思提出科学技术是生产力的观点。这一观点包括两个方面的内容。其一，科学技术是社会发展的革命力量。马克思认为，机器是从资本主义生产方式出发的，是一般生产方式发生革命的起点，随着一旦发生的、表现为工业革命的生产力革命的进行，

---

① 〔美〕詹姆斯·罗西瑙：《面向本体论的治理》，载俞可平主编《全球化：全球治理》，社会科学文献出版社，2003，第55~58页。
② 杨剑等：《北极治理新论》，时事出版社，2014，第11页。

还将实现生产关系的革命。① 也就是说,科学、技术、机器都是生产力的要素,通过促使生产力发展来使社会工业化,并对社会进行革命,工业的革命化促使生产关系也革命化。其二,科学技术是社会发展的伟大动力。马克思认为,中国古代发明的火药、印刷术、指南针预告了西方资产阶级的到来。以印刷术为例,它成为新教的工具,变成科学复兴的手段,变成为精神发展创造必要前提的最强大的杠杆。② 没有科学技术进步就没有机器的更新、发展,就没有机器体系的完善,就没有生产力的提高,也就没有资本主义社会的产生与发展。

邓小平是科技生产力理论在中国的实践者,其关于科学技术的重要性特别是科学技术是第一生产力的思想可概括为:社会主义的首要任务是发展生产力。贫穷不是社会主义,共产党人的重要任务就是发展生产力,否则就违背马克思主义理论。③ 在生产力方面,中国要赶上世界先进水平,必须从科学和教育两个方面入手。教育可以培养社会主义现代化建设所需要的人才、发展生产力和科学技术所需要的人才。同时,教育还可以进行生产和科学研究,作为发展科技和生产力的重要力量。而科学技术的发展和作用是无穷无尽的。④ 要实现"四个现代化"⑤,关键是科学技术的现代化。包括科技人员在内的知识分子是主要从事脑力劳动的劳动者,是工人阶级的一部分。在快速发展的全球化时代,国家实力的强弱越来越取决于劳动者素质的高低,取决于知识分子的数量和质量。为了最大限度地解放生产力,必须相应地改革经济体制和科技体制,⑥ 以此为科学技术进步和生产力发展提供有利的政策环境和社会环境。邓小平明确指出,能不能把我国的科学技术尽快地搞上去,关键在于我们党是不是善于领导科学

---

① 马克思:《机器·自然力和科学的应用》,人民出版社,1978,第111页。
② 马克思:《机器·自然力和科学的应用》,人民出版社,1978,第67页。
③ 《邓小平文选(一九三八——一九六五年)》,人民出版社,1989,第148页。
④ 邓小平:《建设有中国特色的社会主义》(增订本),人民出版社,1987,第7页。
⑤ "四个现代化"指的是工业现代化、农业现代化、国防现代化和科学技术现代化。1954年召开的第一届全国人民代表大会,第一次明确提出要实现工业、农业、交通运输业和国防四个现代化的任务。1964年底召开的第三届全国人民代表大会第一次会议提出"四个现代化"的宏伟目标,并宣布:把我国建设成为一个具有现代农业、现代工业、现代国防和现代科学技术的社会主义强国。
⑥ 李庆臻、安维复:《科技生产力论》,山东大学出版社,1998,第62页。

技术工作。① 只有制定有益于科技发展的政策方针，理顺党政工作与科研工作的关系，才能为各级科研队伍做好"后勤工作"，领导我国的科技事业蓬勃发展。

科学技术还与国力兴衰有着密切的联系，科学技术的发达，意味着生产力水平的提高，意味着更强的综合国力，这也是现代主权国家在科技研发方面不断加大投入的关键原因。事实上，科学技术是第一生产力，这一原理在北极地区同样适用。北极地区蕴含丰富的煤矿、石油、渔业等资源，能够为世界经济发展提供重要的资源支持。然而，北极地区恶劣的气候、脆弱的生态，严重阻碍人类对北极地区资源的开发与利用。科学技术可以加快资源开发方式、手段的升级换代，提升资源开发效率，更好地兼顾资源开发与环境保护，推动北极地区可持续发展。例如，中国在实施俄罗斯北极地区亚马尔项目的过程中，不断创新技术，采取了包括永冻土保护、环境污染防治、生物多样性监测等在内的多项环境保护技术措施，保护北极地区脆弱的自然生态环境，最终实现了3条LNG（液化天然气）生产线提前一年投产，创造了良好的社会效益和经济效益。② 这就是科学技术在北极开发与治理中发挥重要作用的典型案例。

三 地缘科技学

对"地缘科技学"的解读，国内有几种不同的看法。一是强调自然地理环境因素对科技发展具有影响作用，自然地理环境的不同对科技发展所产生的影响不同。例如，朱亚宗认为，地理环境通过恩赐、挑战、地缘、远因等四种方式，对人类科技创新产生了深刻的影响。③ 二是集中关注当前世界科技发展的现状和结构，对不同地方的科技发展、应用的具体现实

---

① 中共中央文献研究室编《新时期科学技术工作重要文献选编》，中央文献出版社，1995，第31页。
② 姜民：《亚马尔项目北极生态环境保护探索与实践》，《中国安全生产科学技术》2019年第S2期，第93页。
③ 朱亚宗：《地理环境如何影响科技创新——科技地理史与科技地理学核心问题试探》，《科学技术与辩证法》2003年第5期，第63页。

予以跟踪研究。① 以上两种看法代表了国内学界解读"地缘科技学"的重要视角，除此之外，对"地缘科技学"的解读还存在第三种视角，即以地缘政治的研究视角分析科学技术在国家间关系中的作用，这也是本书开展研究集中关注的视角。

地缘政治本质上是一种现实主义的研究视角，它以民族国家为国际政治中的基本行为体，假定每个国家都在寻求自身利益的最大化，在此基础上研究不同国家间的竞争与合作关系。地缘科技学则是在此基础上，进一步研究科学技术在地缘政治竞争中的核心作用。总体而言，地缘科技学的研究切入点是科学技术与综合国力之间的关系，即科学技术对综合国力的影响。它探究的核心问题是，科学技术作为一个决定性因素，如何决定和影响一个国家在国际格局中的地位和作用，换言之，科技革命如何影响国际格局。②

地缘科技学认为，科学技术构成现代社会中民族国家综合国力的核心来源之一。在无政府的国际社会中，民族国家之间为了国家利益的最大化不断相互竞争，因此科学技术的竞争就成为民族国家竞争的关键环节。一旦掌握科学技术竞争的主导权，民族国家在综合国力竞争中也必将占据主动地位。民族国家，一方面以科学技术实力为准绳来评估自身的综合国力和国际地位，另一方面围绕科学技术进行国家决策，展开科学技术的国际竞争。那些在科技革命中能够获得领导和前沿地位的国家，最终也能够在国际体系中获得领导和前沿地位，进而有效地实现和维护国家利益。

伴随着北极地区资源开采难度的逐步降低，北极利益有关各方加快了参与北极治理的脚步，意图实现对北极治理的有效参与，甚至主导北极治理秩序的建构。在此过程中，科学技术的重要性越发凸显，成为各国参与北极治理，进而实现北极地区国家利益的重要手段和工具。通过明确科技优势形成北极治理中的权利优势，逐渐成为各国参与北极治理的新特点。③ 就中国的实际情况而言，中国在日益激烈的北极科技竞争中，总体实力偏弱，科学技术对中国参与北极治理的支持力度有待加大。中国应清醒地认

---

① 徐金球：《中国科技风险企业发展的制度治理路径与机制设计》，《中国科技产生》2012年第4期，第63页。

② 赵刚：《地缘科技视角下的国家科技安全研究》，博士学位论文，华中科技大学，2007，第104页。

③ 肖洋：《北极科学合作：制度歧视与垄断生成》，《国际论坛》2019年第1期，第105页。

识到科学技术在中国参与北极治理中的重要作用,高度重视北极地缘科技竞争的国家利益属性和国家安全属性,不断提升自身的北极科研能力。[①] 总的来说,"地缘科技学"的逻辑决定了各国在北极治理中的科技竞争将会更加激烈,科技实力的强弱将在很大程度上决定各国在北极治理中的地位和话语权。积极发展极地科学技术,是在未来的极地科技竞争中占得先机、维护中国在北极地区国家利益的必要途径。

第三节　中国参与北极治理能力的构成与特征

"中国参与北极治理的能力"是一个尚未明确框定的概念,尽管受到学界的广泛关注,但学界并未对中国参与北极治理能力的构成进行明确分类。根据不同的分类方法,中国参与北极治理能力的类型有所不同。本书将中国参与北极治理的能力分为支撑中国参与北极治理的经济能力、认知与塑造北极事务变化的科技能力、维护中国北极合法权益的安全能力、设置北极事务议程的话语能力这四种能力。在此基础上,本书进一步分析中国参与北极治理能力所具有的综合性、复杂性、动态性、客观性等特征。通过对中国参与北极治理能力的构成、特征的考察分析,深化对于"中国参与北极治理的能力"的研究。

一　中国参与北极治理能力的构成

对中国参与北极治理能力的构成进行科学分类,有助于深入考察中国参与北极治理的能力现状、存在的问题及发展规律,为提升中国参与北极治理的能力奠定基础。按照不同的分类标准,中国参与北极治理能力的类型有所不同。按治理领域划分,中国参与北极治理的能力可划分为中国参与北极环境治理的能力、中国参与北极安全治理的能力、中国参与北极资

---

① 肖洋:《地缘科技学与国家安全:中国北极科考的战略深意》,《国际安全研究》2015年第6期,第112页。

源治理的能力、中国参与北极科技治理的能力、中国参与北极航道治理的能力等；按能力主体划分，中国参与北极治理的能力可划分为政府主体参与北极治理的能力、非政府主体参与北极治理的能力等；按照中国参与北极治理能力的等级来划分，可以分为中国参与北极治理的一般能力和中国参与北极治理的特殊能力。中国参与北极治理能力的具体形式有多种，上述分类也只具有相对意义，难以穷尽各种能力形式。

如果严格按照上述某一种分类标准对中国参与北极治理的能力进行划分，尽管可以反映能力的内涵和基本属性，但无法充分反映和体现中国参与北极治理所面临问题的复杂性、中国北极政策目标的动态变化等具体实际，因而上述分类方式具有一定的局限性。近年来，国内许多学者开始涉足中国参与北极治理能力的研究，不同的学者基于不同的视角开展了相关研究，但总体来看，"中国参与北极治理的能力"是一个尚未明确框定的概念，学界并未对中国参与北极治理能力的构成进行明确分类。《中国的北极政策》白皮书明确指出，中国在北极地区的国家利益涉及环境保护、科学研究、资源开发、航道利用、安全维护等多个领域。因此，中国的北极政策目标是：认识北极、保护北极、利用北极和参与治理北极。[①] 此外，中国参与北极事务起步晚、底子薄，不仅面临北极地区严酷的自然环境的挑战，还面临部分国家对华战略猜忌、北极地缘态势加速变迁等问题的困扰。因此，中国参与北极治理是一项系统性的综合工程，面临的问题日益多元化，迫切需要国民经济的物质支持予以保障，才能顺利推进。结合国民经济发展对中国参与北极治理的资源支撑作用，根据《中国的北极政策》白皮书对中国参与北极治理主要领域的分类以及对中国北极政策目标的设定，本书将中国参与北极治理的能力分为：支撑中国参与北极治理的经济能力、认知与塑造北极事务变化的科技能力、维护中国北极合法权益的安全能力、设置北极事务议程的话语能力（见图1-1）。[②]

---

① 国务院新闻办公室：《中国的北极政策（全文）》，国务院新闻办公室官网，2018年1月26日，http://www.scio.gov.cn/zfbps/32832/Document/1618203/1618203.htm，最后访问时间：2023年6月25日。

② 对中国参与北极治理能力的上述分类，得益于武汉大学阮建平教授的指导和启发，在此表示衷心感谢。

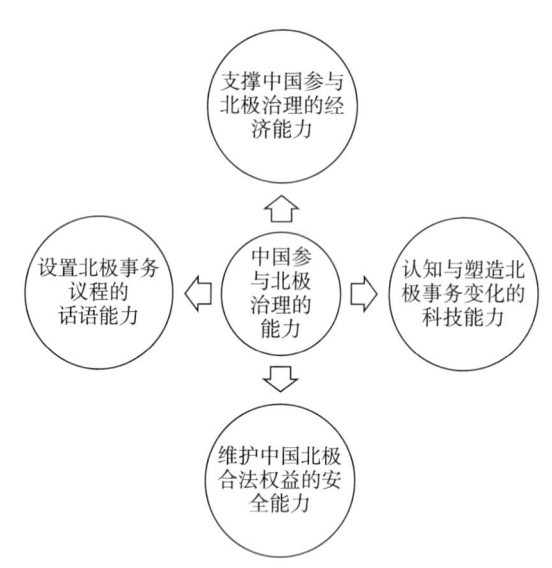

图 1-1 中国参与北极治理能力的构成

资料来源：作者自制。

第一，支撑中国参与北极治理的经济能力。中国参与北极治理涉及领域广、主体多，包括国内和国外两个层面，需要国民经济的大力支持才能顺利推进。毋庸置疑，经济发展可以为我国参与北极地区的科考、生态保护、能源开采及航道开发提供有力保障。[①] 在中国参与北极治理逐步提速、"冰上丝绸之路"倡议顺利推进的时代背景之下，支撑中国参与北极治理的经济能力体现在，继续全面深化改革，推动国民经济高质量发展，统筹协调各类资源为中国参与北极治理提供必要的物质支持、经费保障、后勤支持，推动中国以"尊重、合作、共赢、可持续"的理念参与北极治理，支持中国对北极环境治理、安全维护、议程设置等事务的深度参与。

第二，认知与塑造北极事务变化的科技能力。近年来，随着全球气候变暖日益明显，北极地区的自然环境和地缘政治环境发生重大变化，对中国在北极地区的国家利益产生影响。科学认知北极事务变化，有效辨识来自北极地区的安全威胁是中国参与北极治理、维护北极合法权益的前提与

---

① 杨振姣、齐圣群、白佳玉：《我国增强在北极地区实质性存在的障碍与挑战》，《山东社会科学》2015 年第 8 期，第 137 页。

基础。此外，科学技术是中国参与北极治理的有效手段，实现中国对北极资源开发、环境保护、气候改善等领域的有效治理，必须依托极地科学技术、设备的不断更新和进步才能实现。

因此，认知与塑造北极事务变化的科技能力是指通过科学技术的不断进步，对北极地区自然环境、政治环境作出清晰、科学的认知，探索北极地区变化和发展的客观规律，为增强人类保护、利用和治理北极的能力创造有利条件。在此基础之上，不断提高北极技术的应用水平，为促进在环境保护、资源利用、航道开发等领域的北极活动提供支撑。

第三，维护中国北极合法权益的安全能力。中国是北极事务的重要利益攸关方，在北极地区资源开发、环境保护、科学研究、航道利用、渔业治理等领域拥有重要的国家利益，中国在上述领域的北极权益得到了《联合国海洋法公约》《斯瓦尔巴德条约》等国际法律文件的承认和保护。维护中国北极合法权益的安全能力强弱直接关系到中国是否有能力以独立自主的方式处理在北极地区的相关事务，不受其他国家、实体或力量的干涉和影响，维护在北极地区的投资、贸易、航运等北极事务中的合法权益，实现在北极地区的国家利益，为北极地区的可持续发展做出中国贡献。

第四，设置北极事务议程的话语能力。在参与北极治理的过程中，不断提高对北极事务议程的设置能力，提升中国在北极事务中的国际话语权，引导北极治理朝着有利于中国北极利益实现的方向发展，是实现和维护中国在北极地区国家利益的重要方式。事实上，无论是维护中国在北极地区的国家利益，还是推动中国北极政策的执行和落实，都需要以中国在北极事务的话语权为保障和支持。[①]

设置北极事务议程的话语能力体现在，提出有价值的北极治理议案，加强与国际社会的北极话语互动，提升中国在北极事务议程设置中的地位和作用，争取中国在北极事务中的国际话语权，促进国际社会对中国参与北极事务的认可与支持，改善中国参与北极治理的国际环境（见表1-1）。

---

① 张佳南：《中国北极话语权构建研究》，硕士学位论文，山东大学，2018，第21页。

表 1-1　中国参与北极治理能力的类型和内容

能力类型	能力主体	能力内容	
		国内层面	国外层面
支撑中国参与北极治理的经济能力	政府主体	保障国民经济稳步发展，统筹协调各类北极资源	为中国北极经贸、投资创造良好环境
	非政府主体	积极参与极地市场经济建设	参与北极经贸合作、海外维权
认知与塑造北极事务变化的科技能力	政府主体	为极地科技发展创造良好的政策、经济、社会条件，科学认知北极各领域事务变化	利用极地科技手段提升中国在北极地区的国际地位
	非政府主体	提升极地知识素养，掌握科学的北极知识观念	参与北极事务治理，发出中国北极科技声音
维护中国北极合法权益的安全能力	政府主体	健全维护北极合法权益的手段	加强北极安全风险防范和应对
	非政府主体	增加知识储备，提升防风险意识、能力	提升应对北极风险的水平
设置北极事务议程的话语能力	政府主体	设定北极政策框架，引导舆论走向	提升中国北极事务国际话语权
	非政府主体	影响公众认知，参与北极事务传播	讲好中国北极故事、传播中国北极声音

资料来源：作者自制。

总体而言，支撑中国参与北极治理的经济能力、认知与塑造北极事务变化的科技能力、维护中国北极合法权益的安全能力、设置北极事务议程的话语能力有机构成了中国参与北极治理的能力，上述四种能力也是中国参与北极治理亟须重点强化、完善的能力。在科学划分中国参与北极治理的能力基础上，通过对中国参与北极治理能力的强化和完善，确保国民经济发展对中国参与北极治理的支撑作用得到发挥，推动中国进一步明确北极地区自然环境、地缘政治环境变化及其对中国国家利益影响。以此为基础，采用先进的科学技术、设备、战略、策略等实现和维护中国在北极地区的合法权益，提升中国在北极事务中的国际话语权，提升中国在北极治理中的国际地位。只有如此，才能推动中国参与北极治理逐步走向深入，实现中国对北极治理的深度参与，实现和维护中国在北极地区的国家利益。

二 中国参与北极治理能力的特征

在科学界定中国参与北极治理能力内涵的基础上，客观把握中国参与北极治理能力的特征，有助于深刻认识中国参与北极治理能力的本质，增强对中国参与北极治理能力的理解。中国参与北极治理的能力并不是一个可以从单一的角度衡量和审视的问题，它具有高度的系统性，具体如下。

（一）中国参与北极治理的能力具有综合性

中国参与北极治理的主体和客体均具有多元化、广泛性特征。从中国参与北极治理能力作用的客体上看，涉及资源开发、航道利用、环境保护、秩序建构等多个北极事务领域，涵盖地理学、工程学、生态学、政治学、军事学等多个学科领域；从能力的主体上看，政府、企业、科学家、社会公众等主体均是参与北极治理能力建设的主体，这些主体借助现代化科技手段不断加强彼此之间的合作关系。不仅如此，从中国参与北极治理能力发挥的手段上看，包括经济投资、安全维护、国际合作、科学研究、话语构建等多种方式。中国参与北极治理能力的提升必须使多元化的主体适应北极地区政治、经济、环境、安全等领域事务的动态变化和要求，科学驾驭政治、军事、经济、外交、科技、文化等手段，并且使这些手段密切配合、协调，使中国参与北极治理形成一个立体化的能力整体，最大限度地形成中国参与北极资源开发、航道利用、环境保护等多领域治理的能力合力。因此，从能力的主体、客体和手段出发，中国参与北极治理的能力必然具有一定的综合性，不是由单一要素组成的，而是多种要素合作形成的。

（二）中国参与北极治理的能力具有复杂性

中国参与北极治理能力的生成不是一朝一夕、一蹴而就的事情，既是一个长期发展的过程，也是一项极其艰巨的系统工程。影响中国参与北极治理能力生成和作用发挥的因素众多，既有来自国内经济发展情况、政治体制运作、社会公众支持力度等因素的影响，也有来自北极地缘政治态势变迁、国家间关系调整、外交政策变化等国际因素的影响。以乌克兰危机为例，俄罗斯与西方国家的战略博弈不断升级，双方关系不断恶化导致在北极地区的战略对抗持续升级。西方国家对俄罗斯的经济制裁也逐步延伸至北极事务领域,受此影响,中国与俄罗斯正常开展的北极经济合作也受到了严重影响,这对中国在北极地区进行资源开发的能力形成了制约。总体而言,影响中国参与北极治理能力生成和作用发挥的因素既包括主观条件,也有客观条件,既有中国内部的因素,也有国际层面的因素,还包含人和环境等方面的因素。这些因素之间相互作用、相互影响,有的互为因果,有的互为条件,在参与北极治理的不同阶段表现的程度不同,并且不同的因素在一定条件下会互相转化,既具有抽象性,① 又具有复杂性,随着社会经济发展和国际环境的变化而不断变化,最终作用到中国参与北极治理的能力上。

(三) 中国参与北极治理的能力具有动态性

中国参与北极治理的能力并不是一成不变的,而是处于不断发展变化、动态调整的过程之中,它潜移默化地形成并发挥作用。中国参与北极治理的能力需要长期的、日积月累的建设,不能在短时间内收到立竿见影的成效。北极地区自然环境、地缘政治环境的改变以及社会公众的极地科学素养、国民经济发展水平等都对中国参与北极治理的能力产生了重要影响,这些影响因素始终处于变化的状态中,对中国参与北极治理能力的影响也始终处于动态变化过程,这就使中国参与北极治理的能力具有鲜明的动态性特征。

(四) 中国参与北极治理的能力具有客观性

影响中国参与北极治理能力的因素众多,作用机理复杂,这就导致对中国参与北极治理能力的评估变得极为困难。不过,中国参与北极治理的能力具有客观性特征,即中国参与北极治理的能力是客观真实存在的,并且遵循固有的发展规律,这就为能力评估的实现提供了可能性。可以从三个方面理解中国参与北极治理能力所具有的客观性特征:其一,中国参与北极治理能力的主体是客观存在的;其二,中国参与北极治理能力的提升遵循固有的发展规律;其三,中国参与北极治理能力的作用对象是客观存

---

① 徐庆超:《北极安全战略环境及中国的政策选择》,《亚太安全与海洋研究》2021年第1期,第123页。

在的。中国参与北极治理能力所具有的客观性特征为评估和把握其发展状态奠定了基础,要以科学的态度对待中国参与北极治理的能力,客观地把握中国参与北极治理能力的发展现状,综合考量中国参与北极治理的实际情况,如经济和社会发展水平、极地科学技术发展水平、中国参与北极治理的政策目标等,全面评估中国参与北极治理能力提升面临的国内外多方面现实挑战,在自主、自立、自强的基础之上,通过科学的方法有针对性地提升中国参与北极治理的能力。

总体而言,客观性是中国参与北极治理能力的本质属性,也是分析、把握能力发展规律的前提基础。复杂性和动态性是中国参与北极治理能力的显著特征,贯穿能力形成、发展的全过程,也是把握能力变化规律的核心属性。综合性是认识中国参与北极治理能力的关键、必然要求,只有运用系统、综合的思维才能正确认识中国参与北极治理的能力(见图1-2)。

图1-2 中国参与北极治理能力的特征

资料来源:作者自制。

第四节 提升中国参与北极治理能力的重要意义

近年来,俄罗斯与西方国家在北极地区的地缘博弈与对抗不断升级,北极地区的安全环境持续恶化,这给中国北极权益带来严重威胁,进一步凸显出提升中国参与北极治理能力的重要性。

对中国而言,既要妥善处理来自北极地区的严峻挑战,推动北极治理走向善治,又要维护和实现中国在北极地区的国家利益,为国内经济、社会发展创造有利条件。因此,积极推动中国参与北极治理能力的提升成为中国参与北极事务的必然选择。

一　有助于满足维护中国北极利益的客观需求

全球气候变暖导致北极地区自然环境与地缘政治环境的双重变迁，不仅对北极域内国家产生重要影响，也给包括中国在内的北极域外国家带来政治、经济、环境等多方面影响。《中国的北极政策》白皮书指出，中国是北极事务的重要利益攸关方，在北极资源开发、航道利用、环境保护等领域拥有重要的国家利益。[①] 积极参与北极事务，有效认知并科学回应来自北极地区的挑战，是维护中国国家利益的历史必然。

一方面，北极地区是全球气候变化的"显示器"和"放大镜"，气候变化与北极航道、渔业、原住民生活等问题息息相关，是引发北极自然环境、地缘政治环境变迁的重要变量。[②] 由气候变化引发的北极地区政治、经济、环境、安全等领域的事务具有复杂性，对其进行科学认知和有效识别是一项综合工程，涉及气象学与大气科学、地质学、环境科学与生态学、海洋学、地球化学与物理学、微生物学、工程学、古生物学、国际法学、国际关系、公共管理学、人类学等多个学科。北极地区和北极事务的特殊性对于中国参与北极治理的能力提出特殊要求，如果不具备相应能力，则难以满足维护北极地区国家利益的客观需求。

另一方面，中国作为北极治理的"后来者"和地理意义上的北极域外国家，在参与北极治理过程中前期准备不足并具有先天的"身份劣势"。"冰上丝绸之路"倡议的提出和商业化运营进一步引发了部分西方学者对中国参与北极事务动机的臆测和误解。例如，伍德罗·威尔逊国际学者中心撰文指出，中国希望更大范围地提高其在极地事务上的发言权，这可以通过增加中国在极地地区的科学和经济活动来实现。[③] 中国已于2013年5月正式成为北极理事会的观察员国，但中国在北极治理议程中的话语权十

[①] 国务院新闻办公室：《中国的北极政策（全文）》，国务院新闻办公室官网，2018年1月26日，http://www.scio.gov.cn/zfbps/32832/Document/1618203/1618203.htm，最后访问时间：2023年6月25日。

[②] 刘惠荣、陈奕彤：《北极法律问题的气候变化视野》，《中国海洋大学学报》（社会科学版）2010年第3期，第5页。

[③] Anne-Marie Brady, "China in the Arctic," June 13, 2017, https://www.wilsoncenter.org/article/china-the-arctic, accessed：2020-04-02.

分有限，在北极治理的议程设置、规则制定等方面的能力严重不足，难以满足维护中国北极合法权益的客观需求。

北极事务的复杂性迫切要求中国提升参与北极治理的能力。在北极自然环境和地缘态势快速变迁的现实情况之下，提升中国参与北极治理的能力不是个别领域的修修补补，而是需要根据北极治理的现状以及中国的北极实践，有针对性地进行整体性完善，不断提高政府、企业科学家、社会公众等主体参与北极治理的能力，共同推进中国参与北极事务的治理进程。中国参与北极治理能力的提升将有力地凝聚多元行为体致力于中国参与北极治理的历史进程，提升各类行为体参与北极治理的能力，进而提供完备的、有价值的治理理念、治理方案和方式，增强对北极治理议题的设置能力和对国际舆论的影响能力，构建和提升中国在北极事务中的国际话语体系和国际话语权。

二 有助于为北极可持续发展贡献"中国方案"

北极大部分地区终年为冰雪所覆盖，是全球气候变化的主要驱动器。[①]北极地区自然生态系统的特殊性使其生态环境系统极为脆弱，一旦破坏，难以修复。随着全球气候变暖的加剧，北极地区资源的开采难度日益降低，这引发了国际社会的广泛关注，各国纷纷采取措施"进军"北极，意图在北极资源开发热潮中分一杯羹。在此背景之下，北极地区自然环境的脆弱性与资源开采之间的矛盾日益凸显，成为北极地区可持续发展面临的棘手问题。无论是北极国家还是其他国家，在参与北极治理的过程中，都必须考虑和处理北极脆弱生态环境所带来的影响，对北极地区的环境保护、可持续发展承担相应的责任，做出积极贡献。

作为重要的发展中大国和北极利益攸关方，中国对北极事务的参与有助于推动北极地区的可持续发展。随着中国国家实力和国际影响力的显著增强，中国参与北极治理能力的提升将有力地推动国际社会深化对北极地区自然环境变化的认知，优化和完善各国参与北极治理的手段和工具，为

---

① 吴荣荣、何剑锋、王建国：《我国极地科考事业发展与第26次南极科考成果》，《上海地质》2010年第3期，第83页。

北极地区的可持续发展提供有价值的"中国方案",为北极地区的可持续发展贡献中国力量。

推动国际社会深化对北极地区环境变化的科学认知。基于北极科学调查的数据才能有效评估北极当前自然状况,形成长期观测和科学推演北极未来变化的能力,拓展认知和利用北极的深度与广度。[①] 中国连续开展了多次北极科学考察,持续对北极地区进行多学科考察和研究,考察北极海—冰—气环境变化和相互作用过程,[②] 深入认识北极在全球自然环境变化中的作用。在此过程中,持续向国际社会贡献科技类公共产品,推动国际社会不断深化对北极环境变化的有效认知,为北极地区的可持续发展奠定认知基础。科学认知北极事务是参与北极治理的前提基础。国际社会对北极环境认知的完善有助于加快各国参与北极治理手段、工具的更新换代,创造更多有利于北极地区环境保护的资源开发方式,化解资源开发与环境保护之间的矛盾。在中国参与北极治理的过程中,中国向国际社会贡献国际公共产品的能力也会不断提升,推动极地科学技术的快速发展,进而优化各国参与北极资源开发活动的方式,丰富和完善各国进行北极资源开发的"工具箱",以更加环保、可持续的方式推动北极地区的发展。

为北极地区可持续发展提供有价值的"中国方案",贡献中国力量。作为负责任的发展中大国,中国期待与国际社会共同推动北极治理朝着更加公正、合理的方向发展,推动北极地区资源、能源的可持续开发利用,推动北极地区经济、社会的可持续发展。中国参与北极治理能力的提升意味着,中国有能力提出平衡北极环境保护与资源开发的治理方案,有助于协调北极国家与北极域外国家在北极事务上的复杂利益关系,在促进北极地区可持续发展的同时,推动北极事务的有效治理。2018年1月,《中国的北极政策》白皮书发布,中国倡议与国际社会一道,共建"冰上丝绸之

[①] 郑海琦、胡波:《科技变革对全球海洋治理的影响》,《太平洋学报》2018年第4期,第40页。
[②] 陆龙骅、卞林根、效存德等:《近20年来中国极地大气科学研究进展》,《气象学报》2004年第5期,第686页。

路",推动北极地区的可持续发展。① 作为"一带一路"倡议的有机组成部分,"冰上丝绸之路"建设将进一步推动北极地区资源开发、航道利用、经贸合作等领域的可持续发展,为北极地区政治、经济、安全的繁荣与稳定做出有益贡献。②

三 有助于推动北极治理机制优化和完善

冷战结束后,随着全球气候变化加剧,北极海冰呈现出大范围的季节性消融,为北极航道的商业性通航提供了可能,也带来了资源开发、生态环境、科学研究、地缘政治、社会生活等领域的新变化,引发了国际社会对北极事务的高度关注。为争取和维护在北极地区的国家利益,各国纷纷发布北极政策,③ 采取措施增强北极行动能力。例如,2018年,美国在北极地区开展了代号为"北极边缘""北极鹰""冰原"等的多场军事演习。相关国家也纷纷加快了参与北极事务的步伐,积极参与资源开发、航道利用、环境保护等领域的相关事务,维护在北极地区的国家利益。有学者指出,北冰洋正处于一个环境变化的关键时期和快速变化阶段,这种环境变化唤起了国际社会对北极能源、渔业、航运、旅游的关注,北极可能滑向一个以管辖权冲突为特征的时代。④

由于地缘政治和地理环境的影响,北极国家在北极治理中占据主导地位,相当部分的北极国家将北极治理视为一种排他的、仅由北极区域各国

---

① 国务院新闻办公室:《中国的北极政策(全文)》,国务院新闻办公室官网,2018年1月26日,http://www.scio.gov.cn/zfbps/32832/Document/1618203/1618203.htm,最后访问时间:2023年6月25日。
② 姜胤安:《"冰上丝绸之路"多边合作:机遇、挑战与发展路径》,《太平洋学报》2019年第8期,第77页。
③ 挪威于2009年3月发布《北方新构件:挪威政府下一步的北极战略》,加拿大于2009年7月发布《加拿大北方战略:我们的北方,我们的遗产,我们的未来》,丹麦于2011年8月发布《丹麦王国北极战略:2011—2020》,冰岛于2011年3月发布《关于冰岛北极政策的议会决议》,芬兰于2013年8月发布《芬兰北极地区战略2013》,美国于2013年5月发布《北极地区的国家战略》,瑞典于2015年10月发布《瑞典北极地区国家战略》,等等。
④ Paul Arthur Berkman, Oran R. Young, "Governance and Environmental Change in the Arctic Ocean," *Science*, May, 2009, 324 (5925), p.339.

参与的治理行为，强调以北极国家为中心，排斥域外行为体的参与。① 然而，北极地区气候变化应对、环境保护等事务并非仅依靠北极八国就可以完成，而是需要国际社会的共同努力。同时，北极地区自然环境和社会环境的变化不仅影响北极地区，对北极域外国家同样产生重大影响。例如，北极气候变化所带来的破坏性影响以北极为中心向北极以外地区扩散，北极域外国家的生态环境安全与北极地区的自然环境变化密切相关。因此，北极治理不仅是区域性问题，更是全球性问题，离不开域内外国家的共同参与。这就需要在北极治理演进过程中，进一步协调各类参与主体之间的利益，通过有效的国际合作推动北极治理的演进。

作为联合国安理会常任理事国和地理意义上的北极域外国家，中国倡导和平发展与互利共赢理念，是众多环境保护国际制度的重要建设者，在合理保障国家主权、运用人类共同遗产、平衡北极国家与非北极国家利益上，可以发挥有益作用。

中国参与北极治理能力的提升有助于增强中国在北极事务中的国际话语权，增强对北极治理议程的设置和引领能力，为北极治理机制的完善提出有价值的方案，推动北极治理机制的优化和完善，进而为北极域外国家、非国家行为体等争取更多参与北极治理的机会，实现对北极资源、环境、航道、渔业等领域的广泛参与。

同时，随着中国参与北极治理能力的提升，中国将为国际社会提供更多科技类公共产品，加快极地科学技术的发展。这将有助于各类行为体获得参与北极治理所必要的知识和技能，进一步优化参与北极治理的方式和手段，提升参与北极治理的能力，有效地参与北极航运、环保、旅游、资源开发等领域的治理。北极域外国家和非国家行为体参与北极治理能力的提升，可以为北极各领域治理提供多元化的治理方案，提高北极治理的效率，推动北极事务治理走向完善。

综上所述，中国参与北极治理的能力是一个内涵十分丰富的系统性概念，涉及中国参与北极治理的经济开发、安全维护、科技发展以及话语构建等多个领域。笔者认为，中国参与北极治理的能力是指在中国参与北极

---

① 杨剑等：《北极治理新论》，时事出版社，2014，第52页。

治理的过程中，多元行为体发挥主观能动性和运用客观条件，支持和推动中国有效参与北极治理，实现和维护中国在北极地区的国家利益以及推动北极地区可持续发展的能力，包括支撑中国参与北极治理的经济能力、认知与塑造北极事务变化的科技能力、维护中国北极合法权益的安全能力、设置北极事务议程的话语能力。中国参与北极治理的能力并不是一个可以从单一的角度衡量和审视的问题，它具有综合性、复杂性、动态性和客观性特征。在全球气候变暖加剧的时代背景下，中国在北极地区的政治、经济、安全、科技等国家利益与北极自然、地缘政治环境变化的关系日益紧密，中国迫切需要合法、有效的手段参与北极治理，实现和维护在北极地区的国家利益。积极回应来自北极地区的多方面挑战，推动中国参与北极治理能力的提升，推进中国深度参与北极治理成为中国北极事务参与的历史必然。毋庸置疑，中国参与北极治理能力的提升在维护北极利益的同时，将有利于实现北极地区的可持续发展，推动北极事务治理走向完善。

第二章 中国参与北极治理的能力考察

界定中国参与北极治理能力的内涵，对中国参与北极治理的能力进行科学分类，归纳中国参与北极治理能力的特征，为进一步考察中国参与北极治理能力的现状奠定理论基础。如前文所述，能够对中国参与北极治理能力产生影响的因素众多且相互作用，这就使中国参与北极治理的能力始终处于动态变化之中，对中国参与北极治理能力进行全面、精确的评估变得极为困难。但是，中国参与北极治理的能力具有客观性，其生成、发展遵循固有的科学规律，这就为对中国参与北极治理的能力进行阶段性、客观的考察和梳理提供了可能。考察发现，中国参与北极治理的能力在取得建设成效的同时，在极地资源的统筹协调、极地科技发展水平、"高政治"领域合法权益的维护、北极事务议程的设置等方面还存在诸多不足之处，对中国参与北极治理能力的提升形成严重制约。究其原因，极地科技管理体系有待完善、极地科技自主创新相对薄弱、北极合法权益的维护手段亟待更新、北极话语构建能力有所欠缺等问题的存在，是中国参与北极治理能力不足的重要原因，应当引起高度重视。通过对中国参与北极治理能力的建设成效、不足及其原因的阶段性考察，找到可能影响中国参与北极治理能力提升的突出问题，能够为探讨提升中国参与北极治理能力的对策奠定基础。

第一节 中国参与北极治理能力的建设成就

总体而言，随着参与北极事务步伐的加快，支撑中国参与北极治理的经济能力、认知与塑造北极事务变化的科技能力、维护中国北极合法权益的安全能力和设置北极事务议程的话语能力获得了较快发展。在国民经济发展的有力支持下，中国北极科学考察事业的物质基础不断夯实，北极科学考察事业有序开展，中国对北极事务变化的科学认知优化，中国在北极地区的合法权益逐步受到重视。与此同时，参与北极治理的行为体持续增多，积极参与构建中国的北极事务话语体系，实现和维护中国在北极地区的国家利益。通过对中国参与北极治理能力的建设成效进行梳理，可以增进对中国参与北极治理能力现状的把握。

一 北极科考后勤保障不断完善

改革开放后，我国经济总体上保持平稳较快增长，2010年我国国内生产总值首次超过日本，成为世界第二大经济体。经济的快速发展为我国北极科学考察事业的顺利开展提供了有力的经济支撑，北极科学考察呈现出快速发展的态势。1999年7月，我国首支北极科学考察队乘坐"雪龙"号考察船驶向北极，拉开了我国北极科学考察事业的序幕。伴随着国民经济的持续、快速发展和中国参与北极治理步伐的有序加快，中国向极地科学考察提供的硬件设施、项目支持和后勤保障不断增强，极大地推进了中国参与北极治理的进程。

第一，支撑北极科学考察的硬件设施不断完善。随着国民经济发展对中国参与北极治理的支撑能力的逐步提升，中国的北极科学考察事业有序开展。迄今为止，中国已连续开展了10余次北极科学考察，北极科学考察的考察站、极地考察船等基础设施不断完善。2004年7月，中国建立了首个北极科考站——黄河站。2018年10月，在冰岛北部凯尔赫村，中冰联合极光观测台升级而建成中-冰北极科学考察站，占地面积约158公顷。中国参与北极事务起步虽晚，但发展较快，目前已基本形成了"两船（'雪龙'号、'雪龙2'号极地考察船）、两站（北极黄河站、中-冰北极科学考察站）"的北极科学考察运行格局。

国民经济的发展进步为中国参与北极治理提供了可靠的技术支持和后勤保障，为中国北极科学考察的物资补给、人员轮换等提供了有力的支撑。国家极地科学数据中心①、极地之门②、极地科学数据共享平台③、极地标本资源共享平台④、极地考察队员网上报名服务系统⑤等陆续进入业务化运行阶段，推动极地科学信息的交流、共享，提高管理部门的管理效率，方便极地考察队员的业务操作。基于已有的数据基础和极地科考需求，相关部门于2014年就设计实现了我国南北极考察数据浏览与互动的移动信息平台——"掌上两极"，为极地管理部门、科研人员和社会公众便捷、快速地获取极地相关信息提供了新通道。对极地破冰船航行动态的语义识别模型研究，初步实现了走航特征提取算法化，开发了相应的软件模块，实现了从GPS数据到破冰船动态语义信息的转化，为破冰船走航过程中的重要节点提供信息播报。与此同时，稳步推进后勤基础设施建设。为加强极地事业档案资料的保管、整理，国家极地档案馆的建设完善进入决策议程。2014年10月，国家极地档案馆业务楼建设项目初步设计获得国家海洋局批复。为加强对极地地区雪冰、动植物、陨石、沉积物、岩矿化石等样品和标本的管理和研究，以及提高极地珍贵样本资源的利用效率，2014年10月，依托国家科技基础条件平台，"极地标本资源共享平台"在中国极地研究中心正式挂牌。另外，"雪龙"号科考船作为中国开展极地考察的重要基础设施，也是极地后勤保障的重要对象。结合"雪龙"号的现状和海洋事业发展的机遇，为适应国际极地航行污染物排放标准的要求，自2013年4月至10月，"雪龙"号开展了恢复性维修改造工程，更新了主机、副机、锅炉和吊车等主要设备，调整了液舱布局并重新校核船舶稳定性，同时对轴系系统、机舱管系、部分甲板设备和科考环保设备进行了维修改造。

第二，北极科学考察制度体系愈加完善。我国北极科学考察的组织管理工作主要由国家海洋局尤其是国家海洋局极地考察办公室和国家海洋局中国极地研究中心负责，初步形成了一套针对南北极科学考察、研究事务的管理机制。⑥

---

① https://datacenter.chinare.org.cn/data-center/dindex，最后访问时间：2024年6月1日。
② https://www.polar.gov.cn，最后访问时间：2020年4月2日。
③ https://www.chinare.org.cn，最后访问时间：2023年6月27日。
④ https://birds.chinare.org.cn，最后访问时间：2020年4月2日。
⑤ https://member.chinare.cn，最后访问时间：2020年4月2日。
⑥ http://chinare.mnr.gov.cn/catalog/organization，最后访问时间：2023年6月27日。

在极地科学考察过程中，中国极地科学考察咨询机制逐步建立起来，1994年10月，经国家科委批准，成立了中国极地考察咨询委员会①，其作为中国极地科学技术发展的咨询机构，旨在推动极地科学考察水平的提升。

一方面，国家海洋局组织编制了《南、北极考察活动审批事项受理单（通知书）》《南、北极考察活动审批事项服务指南》《南、北极考察活动审批事项审查工作细则》等极地考察管理规范、标准，对开展南、北极考察活动的行政许可审批的办理依据、办理机构、办理流程、办理条件、办理时限、人员职责等进行了规范。②为加强中国北极黄河站的规范化、科学化管理，2015年4月，国家海洋局极地考察办公室编纂印制了《中国北极黄河站科学考察工作文件汇编（暂行）》，对北极科学考察工作进行科学指导。同时，极地专项技术规程及标准制定工作也相继开展，《极地空间环境观测指南》《极地冰冻圈观测技术指南》《极地动植物保护规定》《极地考察人员营养与食品保障标准》《极地天文观测指南》等一系列规程相继发布。另外，由中国极地研究中心主办的学术期刊——《极地研究》（中）、Advances in Polar Science（英），涉及极地冰川学、极地海洋科学、极地大气科学、极区空间物理学、极地地质学、极地生物与生态学、极地医学、极地工程技术、极地信息、极地政策研究等多个领域，是极地科学观点、思想交流、争鸣和碰撞的重要学术平台。国家海洋局还根据《极地科学优秀论文奖励办法（试行）》定期组织开展中国极地科学优秀论文评选活动，对优秀论文进行表彰奖励。

另一方面，经济水平的提升使中国政府在积极改善民生以及促进经济转型的同时，有能力分配更多资金以课题项目的形式支持极地科学研究事业发展。国家发改委、自然资源部（国土资源部）、科技部和国家自然科学基金委等部门出资资助部分极地科研课题项目，推动极地科学研究事业的发展。以涉北极问题社会科学研究为例，自2008年至2024年，共计开展了39项涉北极问题的国家社科基金项目，其中，重大项目1项，重点项

---

① 主要职责有：向政府主管部门提供专业技术咨询，组织科学考察领域的学术交流，评价科学技术成果，指导科学考察活动。
② 国家海洋局极地考察办公室：《2015年度中国极地考察报告》（中文版），国家海洋局极地考察办公室官网，2016年5月20日，http://ipolar.org/caa/gb_news.php?modid=05001&id=1806，最后访问时间：2020年4月2日。

目6项，一般项目21项，青年项目10项，后期资助项目1项，有力地推动了极地社会科学研究。从学科分类来看，国际问题研究3项，法学9项，区域国别学和国际问题研究3项，政治学2项，管理学2项，外国文学、跨学科、应用经济、新闻学与传播学各1项（见表2-1）。另外，还单独设立了针对南北极问题的极地研究专项。2011年7月，国家海洋局设立南北极环境综合考察与评估专项（简称"极地专项"），由国家海洋局和财政部联合成立极地专项领导小组，并设立极地专项办公室，出台了《"南北极环境综合考察与评估专项"管理办法》《"南北极环境综合考察与评估专项"经费管理办法》《"南北极环境综合考察与评估专项"质量控制与监督管理办法》《极地专项考核和验收管理办法》等相关规范性文件，进一步加强极地专项质量监督与控制工作，规范极地专项考核和验收工作。2011年，极地专项先期启动了"极地环境综合考察技术规程及标准制定"专题及"极地国家利益战略评估"专题①。另外，国家海洋局于2006年利用极地考察社会赞助经费设立了中国极地科学战略研究基金，用于支持极地基础科学和技术研究。资助项目种类包括：自然科学重点项目、社会科学重点项目、自然科学青年基金项目、社会科学青年基金项目。中国极地科学战略研究基金的设立，鼓励和带动了国内各有关单位的学科发展和人才队伍建设，推动了极地科学研究的快速发展。

表2-1 涉北极问题的国家社科基金项目（2008~2024年）

序号	项目类别	学科分类	项目名称	立项时间
1	重点项目	区域国别学和国际问题研究	全球公域治理的国际协调机制研究	2024年10月
2	青年项目	区域国别学和国际问题研究	极地全球治理与国家治理互动研究	2024年10月
3	青年项目	区域国别学和国际问题研究	美国涉华北极政策与应对研究	2024年10月
4	一般项目	国际问题研究	北极航道开发与中俄海权合作研究	2022年9月

① "极地国家利益战略评估"专题研究属于极地专项的组成部分，各子课题有：极地地缘政治研究、极地资源利用战略研究、极地科技发展战略研究、极地法律体系研究、极地国家政策研究。

续表

序号	项目类别	学科分类	项目名称	立项时间
5	一般项目	国际问题研究	俄罗斯北极新战略及其对中国的影响与对策研究	2021年9月
6	后期资助项目	国际问题研究	国际实践理论视角下的中国北极科技治理研究	2020年10月
7	青年项目	国际问题研究	基于大国协调推动"北极命运共同体"构建的中国外交	2020年9月
8	一般项目	国际问题研究	可持续发展视角下中美俄在北极的战略竞合研究	2020年9月
9	一般项目	国际问题研究	"冰上丝绸之路"倡议下北极经济发展的国际协调	2019年7月
10	一般项目	国际问题研究	俄罗斯北方海航道开发法律文献收集整理与中俄北极合作法律问题综合研究	2019年7月
11	一般项目	政治学	基于弹性视角的北极航道安全风险治理研究	2019年7月
12	一般项目	外国文学	19世纪英国文学中的北极探索与国家认同研究	2019年7月
13	重点项目	国际问题研究	俄罗斯北方海航道开发历史档案文献收集与中俄北极合作研究	2019年7月
14	青年项目	新闻学与传播学	中国应对北极气候变化问题的传播对策研究	2019年7月
15	一般项目	国际问题研究	中俄北极可持续发展合作研究	2019年7月
16	一般项目	政治学	"命运共同体"视角下的北极海洋生态安全治理机制研究	2017年7月
17	一般项目	国际问题研究	"北极航道"与世界贸易格局和地缘政治格局的演变研究	2017年7月
18	一般项目	法学	《斯瓦尔巴德条约》与中国北极权益拓展研究	2017年6月
19	一般项目	法学	北极航道利用的国际法问题研究	2016年6月
20	一般项目	法学	中国参与北极治理的国际合作法律规则构建研究	2016年6月
21	一般项目	国际问题研究	中俄北极合作开发研究	2015年6月
22	一般项目	国际问题研究	北极治理新态势与中国应对策略研究	2015年6月
23	青年项目	国际问题研究	北极航道的发展前景、经济影响与中国的参与机制	2015年6月
24	青年项目	国际问题研究	北极治理范式与中国科学家团体的边缘治理路径研究	2015年6月

续表

序号	项目类别	学科分类	项目名称	立项时间
25	青年项目	国际问题研究	北极地区国际组织建章立制及中国参与路径研究	2014年6月
26	一般项目	法学	北极航线与中国国家利益的法学研究	2014年6月
27	一般项目	国际问题研究	中国参与北极地区开发的理论与方略研究	2014年6月
28	一般项目	法学	中国北极权益的国际法问题研究	2014年6月
29	重点项目	国际问题研究	北极治理与中国参与战略研究	2014年6月
30	重大项目	跨学科	中国北极航线战略与海洋强国建设研究	2013年11月
31	重点项目	管理学	国际法视角下的中国北极航线战略研究	2013年11月
32	重点项目	管理学	维护中国北极航线安全的战略筹划研究	2013年11月
33	青年项目	法学	北极国际法律秩序的构建与中国权益拓展问题研究	2013年6月
34	青年项目	法学	中国增强在北极实质性存在的法律路径研究	2013年6月
35	重点项目	国际问题研究	建立北极"保障点"法律问题研究	2012年5月
36	一般项目	应用经济	北极航道通航背景下北极资源开发的中国战略研究	2012年5月
37	青年项目	法学	我国权益视角下的北极航行法律问题研究	2012年5月
38	一般项目	法学	海洋法视角下的北极法律问题研究	2008年6月
39	一般项目	国际问题研究	北极航线问题的国际协调机制研究	2008年6月

资料来源：国家社科基金项目数据库，http://fz.people.com.cn/skygb/sk/index.php/Index/index，最后访问时间：2024年11月24日。

第三，极地科学知识传播与普及工作有序推进。极地科学知识传播与普及工作是科学考察组织管理工作的重要组成部分，① 有利于中国参与北极治理的多元行为体增强极地意识，为中国参与北极治理能力的提升奠定社会基础。极地科普教育基地是推动极地科学知识传播与普及的重要基础设施，当前，除中国极地研究中心的极地科普馆外，还有合肥海洋世界、青岛极地海洋世界、成都极地海洋世界、南京海底世界、北京富国海底世界、海昌武汉极地海洋世界、黑龙江极地科普教育基地、大连老虎滩极地动物馆、天津极地海洋世界、长隆集团这10个极地科普教育基地。这10

---

① 国家海洋局极地考察办公室历年度的极地考察报告均将"中国极地考察科普宣传教育"作为重要事项进行归类统计，本书在写作过程中参考了报告中的相关资料。

个极地科普教育基地以当地海洋馆设施为基础,通过极地动物展、极地考察成果展和极地考察人员现场讲述等方式开展极地科普教育与宣传活动。[①]为规范和明确科普基地作为国家科普教育基地的职责和义务,2014年5月,国家海洋局极地考察办公室召开极地科普教育基地工作会议,研究讨论《极地科普教育基地管理办法》,该办法对各科普教育基地之后的科普宣传工作起到了重要的指导意义。

同时,围绕中国历次北极科学考察的科考目标、科考进程等,通过电视、报刊、网络等渠道开展宣介工作。中央电视台多个栏目,如《朝闻天下》《东方时空》《新闻直播间》等积极开展相关报道工作。中国海洋报社、新华社等媒体的记者多次随船参与北极科学考察各阶段,及时进行全面跟踪报道,发表新闻稿件、图片等,取得了良好的舆论效果。此外,还开展了形式多样的极地科普教育活动。2010年11月,中国极地研究中心与上海科技馆共同举办了"极地探索"科普展,介绍极地知识。国家海洋局极地考察办公室、中国极地研究中心和国家海洋局宣传教育中心、中国海洋报社等单位还共同组织开展了"'魅力极地'——纪念我国极地科学考察30周年摄影大展"等宣传教育活动,宣传和展出我国极地科学考察的重要历史事件和主要成果。另外,海洋出版社等出版机构陆续出版了《风雪极地人》《奋斗冰雪中》《极至》《中国极地考察三十年》《地球之冠:北极》等图书,介绍了北极自然状况和社会生产、生活状况,记录了我国极地考察取得的历史成绩。另外,极地邮品是我国极地考察在科学考察成果以外的一大亮点,有助于引起社会公众对我国极地考察的关注。目前,已发行了中国第六次北极科学考察纪念封、中国北极黄河站建站十周年纪念封等多套极地纪念封。

二 北极科技发展成果丰硕

近年来,中国北极科学考察事业有序推进,成果丰硕。自然科学考察研究稳步推进,不断更新对北极自然环境变化的认知。北极人文社会科学

[①] 国家海洋局极地考察办公室:《2011年度中国极地考察报告》(中文版),国家海洋局极地考察办公室官网,2012年3月16日,http://ipolar.org/caa/gb_news.php?modid=05001&id=1153,最后访问时间:2020年4月2日。

研究快速发展，对北极地区政治、经济、社会、文化等领域的研究逐步铺开。与此同时，北极科学考察管理工作顺利推进，极地科学知识传播与普及工作有序开展，不断增强认知与塑造北极事务变化的科技能力。

第一，初步建立多学科立体观测体系。对北极自然环境变化进行全面、清晰的认知和了解是做出正确的北极决策的前提。目前，中国已经连续开展了13次北极科学考察活动，武汉大学、北京师范大学、中国科学技术大学、中国海洋大学、吉林大学、复旦大学、同济大学、厦门大学、大连海事大学、国家海洋局、中国科学院、中国气象科学研究院等多所高校、科研机构积极参与其中，北极科学考察区域不断拓展，延伸至白令海、楚科奇海、挪威海、格陵兰海、加拿大海盆、门捷列夫海脊、北欧海等，所涉及的学科包括气象学、地质学、环境科学、海洋学、地球化学与物理学、微生物学、工程学等（见表2-2），研究的侧重点集中于北极震荡、海上浮冰、冰川监测研究、生态环境本底考察、大气空间环境监测、鱼类浮游生物调查、植被样方的维护与复查、建筑技术等，研究覆盖北极气候变化、海洋环境变化和海—冰—气变化系统等关键要素，科技成果特别是论文数量呈现出快速增长的发展趋势。初步建立多学科立体观测体系，为评估北极航道和北冰洋资源与气候环境变化提供了基本的条件保障。2023年7月12日，由自然资源部组织的第十三次北极科学考察从上海港出发，历时78天，总航程1.5万余海里，顺利完成各项预定任务，在自主装备研发、新型技术应用等方面取得重要进展，进一步提升了我国对北冰洋快速变化及其生态响应的认识，为有效应对全球气候变化对我国的影响提供重要数据支撑。9月27日，中国第十三次北冰洋科学考察队乘"雪龙2"号极地科考破冰船返回上海，标志着中国第十三次北冰洋科学考察任务圆满完成。

在中国知网"中国学术期刊（网络版）"数据库中，以"北极"为篇名，以"CSCD"为期刊来源类别进行高级检索，获得有效文献725篇（见图2-1）。可以发现，有关北极问题研究的论文于2009年首次出现在CSCD数据库中，论文数量仅有25篇。2009年至2013年的5年间，论文数量处于缓慢增长的状态，这5年论文总量为176篇。2014年，论文数量出现短暂的下滑，当年论文数量为34篇。自2014年之后，论文数量呈现出快速增长的趋势，2021年发表91篇，为历年最多，2022年有所下降但依然处于高位。可以看出，北极领域的自然科学问题得到了学界越来越多的关注。

表2-2 中国北极科学考察概况

单位：天，人

次数	日期	历时	总人数	考察区域	主要任务
第一次	1999年7月1日~9月9日	71	91	楚科奇海、白令海、加拿大海盆、北冰洋浮冰区	研究北极地区在全球气候变化中的作用和对中国气候的影响、北冰洋与北太平洋环流变化的影响、北太平洋及其邻近海域生态系统与生物资源对中国渔业发展的影响等重大课题
第二次	2003年7月15日~9月26日	74	84	白令海、楚科奇海、加拿大海盆	了解北极对全球变化的响应与反馈，了解北极变化对中国气候环境的影响；开展海洋、冰雪、大气、生物、地质等多学科立体综合观测
第三次	2008年7月11日~9月24日	76	121	白令海、楚科奇海、楚科奇海台、加拿大海盆	深入开展北冰洋相关海洋环境的海洋学、海冰学和大气科学的综合观测与研究，进一步认识北冰洋海洋环境与气候变化的相关特征与作用机制，为揭示北极变化对全球气候和中国气候、环境的影响提供科学依据
第四次	2010年7月1日~9月20日	82	121	白令海、楚科奇海、楚科奇海台、加拿大海盆、北冰洋海区	开展与海冰大范围融化相关联的大气、海冰和海洋过程观测，研究海冰大范围融化的机理，为预测海冰变化趋势提供依据；开展生态系统多学科综合考察，研究与海冰变化密切相关的海洋生态系统结构和功能变化，阐明北极海洋生态系统调控机制，为进一步预测北极生态系统变化趋势提供科学依据
第五次	2012年7月2日~9月27日	88	119	白令海、楚科奇海、挪威海、格陵兰海、冰岛周边海域、北冰洋中心区、加拿大海盆	考察海洋环境变化和海—冰—气系统变化过程的关键要素、北极地区海洋环境快速变化的地质记录及对中国气候的影响，进行北极地区地球物理场关键要素调查与构造特征分析和北极海域生态系统功能现状及其对全球变化的响应考察
第六次	2014年7月11日~9月24日	76	129	白令海、白令海峡、楚科奇海、楚科奇海台、加拿大海盆等	了解北冰洋重点海域以及北太平洋边缘海重点海域海洋水文、海洋气象、海冰等基本环境信息，获取调查海域海洋环境变化的关键要素信息，设置重点海区的环境基线，为全球气候变化研究、北极航道利用和极地海洋数据库的完善等提供基础资料和保障

续表

次数	日期	历时	总人数	考察区域	主要任务
第七次	2016年7月11日~9月26日	78	128	白令海、楚科奇海、加拿大海盆区域、楚科奇海台区域、北冰洋高纬海域、门捷列夫海岭海域	完成84个海洋综合站位作业，考察内容涉及物理海洋、海洋气象、海洋地质、海洋化学和海洋生物；完成5套锚碇潜浮标的收放工作；完成1个长期冰站、6个短期冰站考察，系统掌握北冰洋海洋水文与气象、海洋化学、海洋生物与生态、海洋地质、海洋地球物理、海冰动力学和热力学等相关要素的分布和变化规律，为北极地区环境气候等综合评价提供基础资料
第八次	2017年7月20日~10月10日	83	96	白令海、楚科奇海、加拿大海盆、北欧海	实现我国首次环北冰洋科学考察，开展气象、大气成分、海气通量、海表皮温、海水pH、大气和海表CO_2分压、人工核素、海漂垃圾和海底地形地貌等要素的走航监测/观测/勘测，系统掌握北冰洋海洋基础环境、海冰、生物多样性、海洋脱氧酸化、人工核素和海洋塑料垃圾等要素的特征
第九次	2018年7月20日~9月26日	69	131	白令海峡、加拿大海盆、楚科奇海台、楚科奇海	首次实施业务化监测和科研项目考察相结合的调查，完成13项业务化项目、9项国家科研计划支持项目和3项国际合作等科学考察任务；首次成功布放我国自主研发的"无人冰站"、水下滑翔机、爬升式海洋剖面浮标等无人值守观测设备，使我国的北冰洋考察从夏季延续到了冬季
第十次	2019年8月10日~9月27日	49	78	白令海、白令海峡、楚科奇海、巴罗海	紧密围绕北极海域在全球气候变化中的作用和地位等科学前沿问题，实施长期原位观测与科研项目考察相结合的海洋综合调查，为9项常规海洋环境观测和22项科技计划提供支撑；获取物理海洋与海洋气象、海洋地质、地形地貌、海洋生物与生态、海洋化学等环境要素相关数据；深入开展北极相关海域生态环境和生物资源、新型环境污染物等调查；开展针对全球变化背景下的北极冰盖和海洋环境响应过程与机理等重大前沿科学问题的调查

续表

次数	日期	历时	总人数	考察区域	主要任务
第十一次	2020年7月15日~9月27日	75	86	楚科奇海台、加拿大海盆、北冰洋中心区	中国首艘自主建造的极地科学考察破冰船"雪龙2"号,首次承担北极科学考察任务;围绕应对全球气候变化、北极综合环境调查和北极业务化观监测体系构建等内容,在楚科奇海台、加拿大海盆和北冰洋中心区等北极公海海域,以走航观测、断面综合调查及冰站考察等方式,重点开展北冰洋中心区综合调查、北冰洋生物多样性与生态系统调查、北冰洋海洋酸化监测与化学环境调查、新型污染物监测和北冰洋海—冰—气相互作用观测等调查工作
第十二次	2021年7月12日~9月28日	79	62	白令海峡、楚科奇海台、东西伯利亚海、加克洋中脊区域	围绕应对气候变化、保护北极生态环境,在北极公海区域采取走航观测、断面调查、卫星遥感等方式,开展海洋、海冰、大气以及微塑料、海洋酸化等监测,获取北极海洋水文、气象、生物等数据资料;聚焦国际科学前沿问题,在北冰洋加克洋中脊区域开展科学调查,揭示超慢速洋中脊岩石和岩浆形成等过程,了解加克洋中脊构造地貌特征,以进一步提升我国对北极自然环境的认知
第十三次	2023年7月12日~9月27日	78	不详	中北冰洋太平洋扇区和加克洋中脊两大区域	执行环境关键要素长期观监测、洋中脊地质和地球物理调查、国家科技计划项目和国际合作四大任务;实施大气、海冰、海洋和底质环境调查、生物群落和资源调查以及污染物监测,在冰区择机开展海冰综合调查

资料来源:作者搜集相关资料整理而得。

以核心期刊数据库Web of Science(包括SCI、ESI数据库)中2023年及以前的科技论文为研究对象,以"Acrtic"为主题,将作者国家设定为"PEOPLES R CHINA"进行高级检索,1982年至2023年的42年里,中国学者北极研究的国外发文总量为5754篇。在2001年之前,每年的发文数量均未突破7篇,自2001年开始,发文数量快速增长,至2022年达到最多,为763篇(见图2-2)。

图 2-1　2009~2022 年北极问题国内自然科学研究发文量

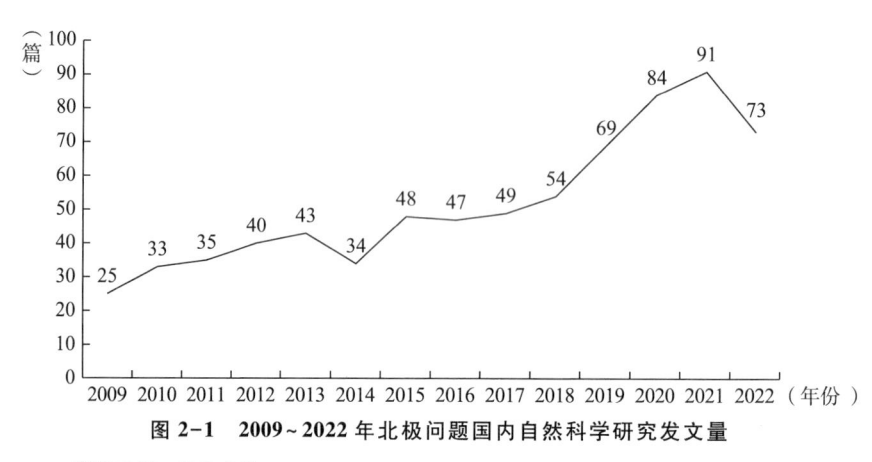

资料来源：作者自制。

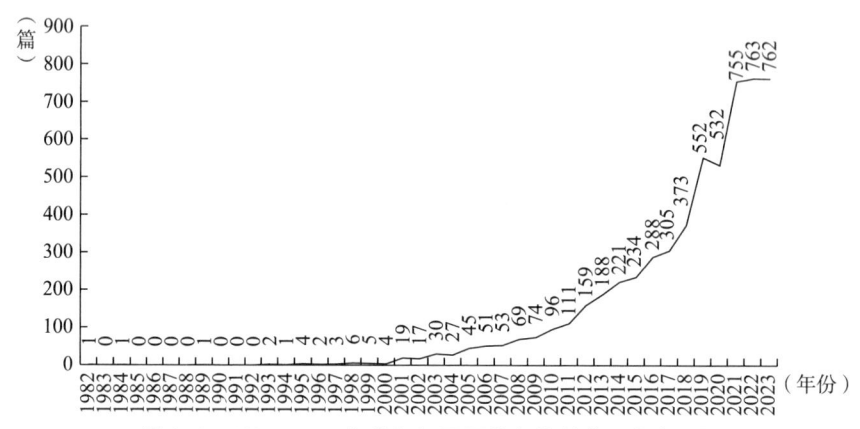

图 2-2　1982~2023 年北极问题国外自然科学研究发文量

资料来源：作者自制。

从研究领域和研究范围看，中国北极研究涉及的学科包括气象学、地质学、环境科学、海洋学、地球化学与物理学、微生物学、工程学等。研究的侧重点包括北极震荡、海上浮冰、白令海等，覆盖北极气候变化、海洋环境变化和海—冰—气系统变化等关键要素。北极科学考察所涉及的海域涵盖白令海、楚科奇海、挪威海、门捷列夫海脊、北欧海等。

第二，北极社会科学研究快速发展。近年来，北极社会科学领域的研究快速发展，涵盖北极地缘政治及其发展态势、北极法律适用及完善、北极资源及航道开通、中国的定位及参与路径等多个领域，涉及国际政治、国际法学、世界史、公共管理、民俗学等学科，全方位、多角度地探究北极事务发展演变的客观规律，为中国有效参与北极事务提供决策咨询。社会科学领域的研究论文呈现快速增长态势，著作、研究报告等研究成果持续增多，对北极地缘态势变迁的认知更为系统、全面。例如，北京第二外国语学院、上海国际问题研究院等的专家学者出版《管理规制视角下中国参与北极航道安全合作实践研究》《北极治理新论》等著作，系统地分析北极地缘政治对中国北极利益的影响及中国对策。武汉大学丁煌教授主编出版《极地国家政策研究报告》，全面分析中国在南北极地区的国家利益。中国海洋大学极地法律与政治研究所为主要承担单位，多家北极社科研究机构共同编写《北极地区发展报告》等，分析北极地区的地缘态势变化，为中国参与北极治理提供动态信息参考和决策支持。相关学者还申请并完成教育部、自然资源部、外交部、司法部、国家海洋局等省部级、市厅级、校级相关课题。除此之外，专家学者还为外交部、国家海洋局等部委决策部门撰写内部咨询报告、建议，为北极决策出谋划策。

在中国知网"中国学术期刊（网络版）"数据库中，以"北极"为主题，以"CSSCI"为期刊来源类别进行高级检索，获得有效文献672篇（见图2-3）。可以发现，有关北极问题研究的论文于2006年首次出现在CSSCI数据库中，自此之后，论文数量整体上呈现出增长的趋势，仅在少数年份出现回落。2019年发表75篇，为历年最多。

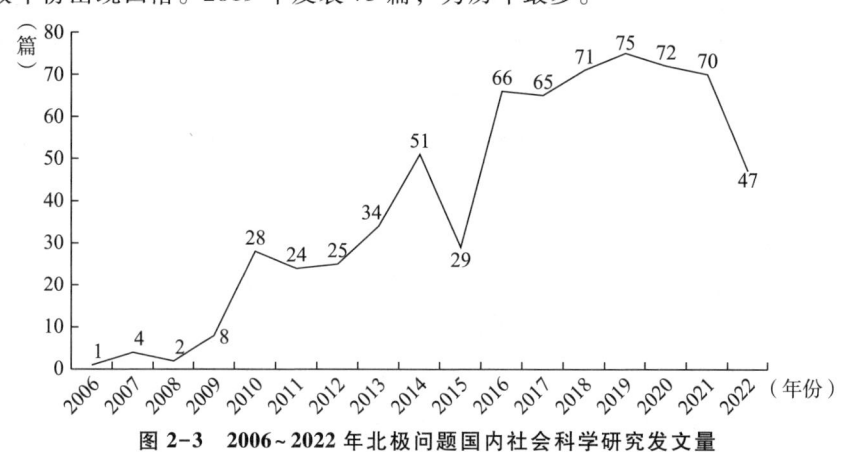

图2-3 2006~2022年北极问题国内社会科学研究发文量

资料来源：作者自制。

以核心期刊数据库 Web of Science（包括 SSCI、A&HCI 数据库）中 2023 年及以前的论文为研究对象，以"Acrtic"为主题，将作者国家设定为"PEOPLES R CHINA"进行高级检索，2009 年至 2023 年的 15 年里，中国学者北极研究的发文总量为 175 篇（见图 2-4）。在 2018 年以前，中国学者的年发文数量较少，自 2018 年开始，发文数量快速增长，至 2021 年达到最多，为 45 篇。

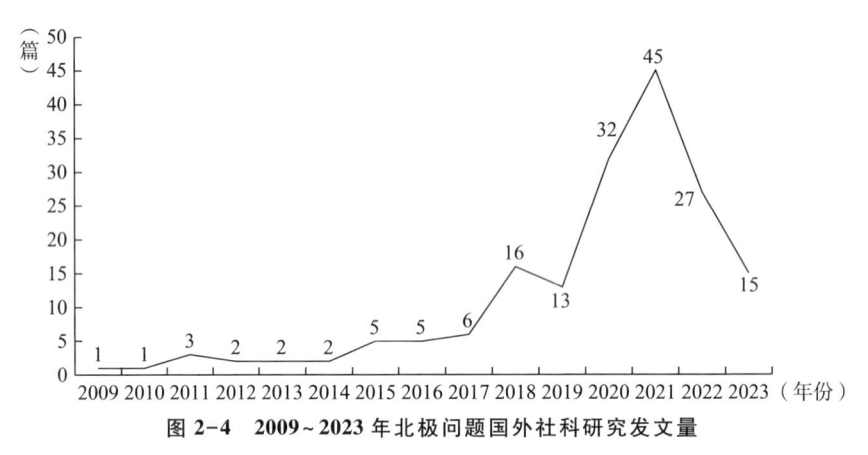

图 2-4　2009~2023 年北极问题国外社科研究发文量

资料来源：作者自制。

与此同时，随着中国北极事务参与对知识需求的不断扩大，我国北极社科研究机构获得了较快的发展。这些研究机构依托高等院校或隶属于党、政、军部门或依托各地社会科学院而建成。社科研究机构逐步开展学术合作与交流，加强不同地域、不同学科、不同研究方向之间的科研合作，就北极相关问题开展联合科学研究，建立协同合作机制并得到政府机构的支持。其中，国家领土主权与海洋权益协同创新中心较为典型。2012 年 9 月，由武汉大学牵头组建国家领土主权与海洋权益协同创新中心，成立中国极地政策与极地权益研究创新团队，团队成员涵盖武汉大学、华中师范大学、复旦大学、中国政法大学、武汉理工大学等高校的极地研究机构。北极社科研究机构的快速发展为政府部门或社会组织、企业在北极政治、经济、外交、军事、科技等各领域的决策提供咨询意见，充当决策者的"外脑"，对有效应对中国参与北极治理的诸多挑战提供智力支持。

第三，北极科学国际合作顺利推进。科学技术是人类为了满足社会需要，利用自然规律，在改造和控制自然的实践中创造的劳动手段、工艺方法和技能体系的综合。① 作为人类关于客观世界发展规律的知识体系和人类改造世界的工具，科技能够为人类提供新知识、新工具，使人类更好地认识和改造世界，创造更好的生存条件。随着北极自然环境和地缘态势的双重变迁，发展科学技术成为各国在北极治理进程中谋求有利地位、维护国家利益的关键手段。② 冷战结束以来，北极利益攸关方通过联合科考、建立科考站等方式，激烈争夺北极科技竞争的战略制高点。同时，为开展系统的、深入的、广泛的北极科学研究，进而实现相关信息、技术和知识的共享，各国将科学技术合作视为国家间双边关系的重要内容，将此作为提升北极治理能力的重要路径之一。

各国积极开展双边、多边北极科技交流。北极科学领域的国际合作将会丰富各国参与北极治理的"工具箱"。北极科技合作的顺利开展还将带动其他领域的合作，拓宽、加深北极国际合作的领域和程度，逐步向更大范围的合作延伸，进而推动北极各领域事务的治理，为改善北极地区的自然生态环境，以及促进北极地区的可持续发展做贡献。近年来，中国与芬兰、冰岛、挪威、丹麦、美国、韩国、日本、瑞典等国家建立了多个层次的北极科学合作关系，为中国北极科考活动提供便利。在双边层面，中国同德国、秘鲁、英国、意大利、法国、美国、俄罗斯、加拿大、韩国、日本、比利时、芬兰、挪威、泰国、新西兰、冰岛等国签订了多份极地合作协议（见表2-3），合作领域从基础设施、科研数据共享逐步向极地技术交流、科技人员互访、联合调查、船舶能源管理等领域拓展。在多边层面，中国积极参与北太平洋海洋科学组织、极地科学亚洲论坛（AFoPS）、政府间气候变化专门委员会等国际组织、论坛的科学交流，以其为平台参与极地科技事务的国际合作。相关合作协定、机制为中国开展极地科技合作提供了重要的国际平台，当前要充分利用现有合作机制，加强与合作国家的科技资源共享、人员交流、项目攻关合作，积极开展相关领域的科学技术合作，推动中国极地科学技术的进步。只有通过科技合作推动中国北极科研水平的提升，进而对北极问题有更加深入的把握，中国在北极问题

---

① 吴伯田、吴伟浩主编《新科技革命与当代社会》，知识产权出版社，2009，第15页。
② 丁煌主编《极地国家政策研究报告（2015—2016）》，科学出版社，2016，第54页。

的研究和调查中才能更具话语权。①

表 2-3 中国的极地合作成果（部分）

时间	国家（国家集团）	成果	主要内容
2005年4月25日	中德	第一届中德极地研究专家小组会议	会议决定，经联合批准的项目，双方应各自申请经费；双方应为交换信息、促进合作的顺利开展各自指定一名联系人，主要负责协调项目，并为对方的科学家提供协助。会议鼓励数据和基础设施的共享，为节约人力和投资，还应加强项目的协作和计划
2005年6月3日	中秘	《中国国家海洋局极地考察办公室与秘鲁南极研究所南极合作意向书》	继续加强在科考领域科学和技术方面的合作，并为在南极开展活动提供必要的后援支持
2005年7月13日	中英	《极地科学学术交流与合作协议书》	—
2006年2月19日	中德	签订中德合作备忘录	加强双方研究单位间极地海洋合作
2006年5月	中意	《中意南极科考研究合作协议》	确认双方加强合作与交流的意愿，提出促进合作与交流的适当方式，规定开展合作项目具体的费用分摊
2006年10月9日	中挪	续签《中国极地研究所与特罗姆瑟大学理学院学术交流与合作协议》	进一步促进在北极的协同观测和南北极共轭研究
2006年10月23~27日	中加	《中国极地研究中心与魁北克大学里姆斯基分校、里姆斯基海洋科学研究所合作协议》《中国极地研究中心与拉瓦尔大学合作协议》	—
2007年3月	中比	签订中比谅解备忘录	通过互访、信息交换、举办科普展等方式加强双方在极地科学和教育领域的合作

---

① 白佳玉：《北极多元治理下政府间国际组织的作用与中国参与》，《社会科学辑刊》2018年第5期，第126页。

续表

时间	国家(国家集团)	成果	主要内容
2007年8月6日	中韩	武汉大学中国南极测绘研究中心与韩国极地研究所、韩国培材大学分别签订科技合作协议书	在各自科学研究及技术需求的基础上,开展极区测绘科学、极地现场考察及其他项目合作,并进行技术交流及数据交换,举办专业研讨会并开展人员互访
2007年8月21日	中韩	《中韩南极科考研究合作协议》	该协议的签署对我国在国际极地年期间与韩国科学家联合开展极地考察,加强亚洲国家的合作,具有重大意义
2007年11月2日	中巴	《中巴南极科学研究合作谅解备忘录》	进行南极领域的合作,包括就南极研究计划、南极考察、考察站建设以及后勤支持等方面进行信息交流;双方还同意互换科学家、后勤人员,开展联合科研计划和南极考察活动;该备忘录还提及我方为巴西未来南极考察提供指导和建议,以及为巴西科学家提供培训等
2008年2月19日	中芬	《芬兰海洋研究所与中国极地研究中心科学合作谅解备忘录》	主要开展在南北极考察方面的联合调查与研究
2008年4月2~8日	中韩	武汉大学极地测绘科学国家测绘局重点实验室代表团访韩期间与韩国培材大学签订交流合作协议	该协议包括双方在极地测绘领域开展广泛合作、师生交流访问、共享数据成果等内容
2008年5月27日	中韩	《中韩关于加强极地科技合作的谅解备忘录》	为保护地球生态,应对气候变化,双方希望加强在极地科技领域的合作,推动该领域的联合研究、信息交换和人员交流,并支持两国极地科学技术主管部门牵头制定具体合作计划和推进项目
2008年5月28~31日	中欧	《中国国际极地年项目与欧盟资助的DAMACLES项目科学研究合作谅解备忘录》	推动双方在极地环境监测和数据采集、分析以及模型方面的合作
2008年5月26日~6月1日	中挪	续签租赁合同	国家海洋局极地考察办公室将继续租用王湾公司在新奥尔松地区的房产和相关设备,在北极开展多学科的科学考察项目

续表

时间	国家（国家集团）	成果	主要内容
2010年9月9日	中挪	《中国极地研究中心与挪威极地所双边合作协议》	双方回顾过去10年中挪极地领域合作，探讨未来的合作愿景，达成多项共识
2010年12月24日	中智	《中国极地研究中心（上海）与智利南极研究所（蓬塔）关于南极事务合作的谅解备忘录》	推进在南极领域的合作，包括推进共同科考活动和共同科技项目，以更好地利用人力和物力资源；双方还同意通过专家和科技人员交流，促进人员教育和培训，以及为两国科技人员共同参加的考察活动提供便利，等等
2013年7月30日	中泰	《中泰极地科学合作谅解备忘录》	双方同意在人员和信息交换及南极环境保护等领域展开合作
2013年9月12日	中澳	《中国国家海洋局与塔斯马尼亚州政府关于南极门户合作的谅解备忘录》	根据该谅解备忘录，澳方将为中方南极活动提供便利，并支持中方使用澳大利亚的南极门户霍巴特，以促进其发展；双方还将就共同感兴趣的领域及活动开展人员、物资和服务等方面的交流和合作
2013年4月17日	中冰	《中冰关于提高船舶能源效率和减少废气排放合作谅解备忘录》	合作内容包括研究项目、船舶能源管理、人员和信息交流等方面
2013年9月	中冰	《中国-冰岛联合极光观测台框架协议》	中国-冰岛联合极光观测台筹建工作正式启动，预计2014年建成，中国科学家出任台长，观测数据对中冰开展空间天气观测合作、增强空间科学研究及全球极区空间环境变化长期监测预报能力具有重要意义
2013年12月10日	中欧	《中国-北欧北极研究中心合作协议》	该中心将作为中国和北欧五国开展北极研究学术交流与合作的平台之一，致力于增进对北极及其全球影响的认识和理解，促进北欧北极的可持续发展以及中国与北极的协调发展，并将围绕北欧北极以及国际北极热点和重大问题，推动北极气候变化及其影响、资源、航运和经济、北极政策与立法等方向的合作研究和国际交流

续表

时间	国家（国家集团）	成果	主要内容
2014年11月18日	中澳	《中国与澳大利亚关于南极与南大洋合作的谅解备忘录》《中国国家海洋局与澳大利亚塔斯马尼亚州政府南极门户合作执行计划》	根据该谅解备忘录，中澳双方确认优先推动南极与南大洋科学合作，加强南极与南大洋环境保护合作，共同支持进入东南极并开展科研作业，以及开展南极海冰预报等领域合作；双方将共同致力于利用澳大利亚包括塔斯马尼亚州的南极门户设施
2014年11月20日	中新	《中国和新西兰关于南极合作的安排》	积极推动建立长期、稳定的双边合作机制，进一步加强在南极科学研究、环境保护、后勤支持以及南极事务等领域的合作，为共同应对全球气候变化对南极的威胁、提升南极科考和后勤保障能力、和平利用南极做出贡献
2015年5月15日	中印	《中国国家海洋局和印度地球科学部关于加强海洋科学、海洋技术、气候变化、极地科学与冰冻圈领域合作的谅解备忘录》	双方将开展海气相互作用、气候波动与变化、海洋生物化学研究和生态系统、极地和冰冻圈等方面的合作
2015年8月27日	中澳	《中澳2015~2016年度南极后勤支持合作协议》	合作内容包括机时交换、气象巡航油料地面支持、人员交流等
2015年9月9日	中澳	《中澳关于使用塔斯马尼亚技术服务中心的协议》	该协议涵盖机械车辆维修保养、货物进出口和通关、人员培训等合作领域
2016年4月6日	中泰	《中泰极地科学研究合作谅解备忘录》	双方将进一步加强在极地海洋生物学、海洋学、大气与天文学、地球物理学和地球化学等领域的长期合作
2017年5月13日	中智	《中国与智利关于南极合作的谅解备忘录》	中智双方确认优先推动在南极科学研究、环保、观测、法律政策以及后勤保障等领域的合作；为执行该谅解备忘录，双方将成立中智南极合作联合委员会，以制定双年度计划并协调实施相关交流合作活动
2017年5月25日	中阿、中智、中德、中挪、中俄、中美	签订一系列极地领域双边合作谅解备忘录	内容广泛，涵盖现场考察、科学研究、后勤保障、环境保护与管理、人员技术交流、政策规划、科普教育等

续表

时间	国家（国家集团）	成果	主要内容
2022年8月19日	中泰	《中泰极地科研合作谅解备忘录》	同意继续在极地科研、考察、人员交流与信息共享等领域开展合作
2022年12月29日	中韩	《中韩关于南北极合作的谅解备忘录》	增进对南北极变化的认识与应对，共同为更好地认识、保护和利用南北极做出新的贡献

资料来源：国家海洋局极地考察办公室官网，https://chinare.mnr.gov.cn/catalog/home，最后访问时间：2023年6月27日。

通过科学项目负责人，争取中国北极领域的"科学话语权"。在全球治理中，科学家团体可以通过认知共同体产生共有知识，形成新的利益观念，进而推动治理制度层面的变化。① 一批极地研究知名专家，如秦大河、赵进平、陈立奇等担任科学项目负责人，向国际社会传播中国"科学声音"，提升中国在北极领域的"科学话语权"。例如，自2001年起，陈立奇先后任PICES下设气候变化与承载能力、碳与气候、气候和海洋变化等多个分委员会的中方代表。在其倡议和主导之下，2015年10月22日，"北极和亚北极北太平洋海洋酸化观测网"分会在青岛召开。会议展现了我国海洋酸化研究方面的成果，有利于提升我国在该领域的议程设置能力。

三 北极权益保护能力日益提升

近年来，随着中国参与北极事务步伐的加快，中国在北极地区的国家利益不断拓展，实现和有效维护在北极地区的合法权益的重要性日益凸显。在此背景下，中国北极权益保护能力建设不断加强。

第一，中国北极权益意识不断增强。对中国北极权益的认识是一个循序渐进的过程，总体上按照"学界先期开展研究，官方有序跟进"的路径展开。2004年前后，学界陆续对中国对外贸易、对外投资、海外利益保护机制等议题展开研究，成果丰硕，代表性学者有王逸舟、吴志

---

① 杨剑等：《科学家与全球治理：基于北极事务案例的分析》，时事出版社，2018，第226页。

成、苏长和、熊易寒、肖晞、汪段泳等。2010年前后,学界陆续对中国北极权益展开研究,代表性学者有刘惠荣、贾宇、白佳玉、董跃、程保志等。

对中国北极权益的内涵、类别的探讨逐步深入。2015年,武汉大学章成等学者指出,中国北极权益是一个系统性概念,中国所享有的不仅是国家利益,还是一种得到北极国家以及相关国际公约认可的权利。① 对于中国的北极权益如何分类,学者们也展开了探讨。贾宇、李振福等主张按照北极事务领域或权益的重要程度进行分类。② 吴军等认为其包括航道通行权、专属经济区内生物资源的利用权、外大陆架矿产资源收益的分享权等。③ 同时,对中国北极权益保护挑战的研究不断加强。中国在北极地区的合法权益保护所面临的威胁、挑战是学者们关注的重点议题。程保志认为,中国北极参与度较低,国内北极研究刚刚起步,这些都是不利因素。④ 2013年中国成为北极理事会观察员国,白佳玉指出,中国还面临北极理事会观察员苛刻制度、北极国家国内法特殊规定、西方世界误读、国内法配套制度缺失等一系列障碍。⑤ 不仅如此,对实现和维护中国北极权益路径的探讨也逐步走向深入。如何实现和维护中国在北极地区的合法权益也是学者们关注的重要议题。根据董跃、薛桂芳、郭培清等的研究,有效路径包括:其一,加强对《联合国海洋法公约》《斯匹次卑尔根群岛条约》等相关国际法的研究和利用;其二,以科学考察及环保事务为切入点;其三,扩大与域内外国家的北极合作;其四,加快发展极地科学技术;其

---

① 章成、黄德明:《中国北极权益的维护路径与策略选择》,《华东理工大学学报》(社会科学版)2015年第6期,第74页。
② 贾宇:《北极地区领土主权和海洋权益争端探析》,《中国海洋大学学报》(社会科学版)2010年第1期,第8页;李振福、谢宏飞、刘翠莲:《北极权益与北极航线权益:内涵论争与中国的策略》,《南京政治学院学报》2016年第1期,第75~81页。
③ 吴军、吴雷钊:《中国北极海域权益分析——以国际海洋法为基点的考量》,《武汉大学学报》(哲学社会科学版)2014年第3期,第51~55页。
④ 程保志:《刍议北极治理机制的构建与中国权益》,《当代世界》2010年第10期,第68~70页。
⑤ 白佳玉:《中国北极权益及其实现的合作机制研究》,《学习与探索》2013年第12期,第87~92页。

五，尽快在国家层面形成中长期北极战略规划。① 此外，赵隆认为，中国还要承担相应义务，提供北极国际公共产品。②

在学界积极开展中国北极权益研究的同时，外交部、自然资源部、国家海洋局等相关政府部门对中国北极权益保护进行了宏观层面的顶层设计，并提出相关要求。党的十八大报告明确提出"坚决维护国家海洋权益，建设海洋强国"③。极地问题是海洋问题的一部分，维护中国在北极地区的合法权益自然成为建设海洋强国的有机组成部分。2015 年 7 月颁布的《中华人民共和国国家安全法》则把极地问题提升到国家安全的高度层面，"国家坚持和平探索和利用外层空间、国际海底区域和极地"，"维护我国在外层空间、国际海底区域和极地的活动、资产和其他利益的安全"，这从法律上将南极、北极活动、资产以及其他利益纳入国家安全的范畴。《中华人民共和国国民经济和社会发展第十三个五年规划纲要》明确指出我国要"积极参与网络、深海、极地、空天等领域国际规则制定"，有效维护我国在上述领域的合法权益。《中国的北极政策》白皮书明确指出，北极地区气候变化导致冰雪融化，可能引发海平面上升、极端天气增多、生物多样性受损等生态安全威胁，对中国的生态安全造成潜在威胁。④

中国参与北极事务相对较晚，在北极地区的权益保护尚处于起步阶段，是海外利益安全防护网络中的薄弱环节。党的二十大报告指出，要维护我国公民、法人在海外合法权益，"构建全域联动、立体高效的国家安全防护体系"⑤。《中华人民共和国国家安全法》《中国的北极政策》等政

---

① 董跃：《北极法律秩序走向与中国北极权益新视野》，《中国海洋大学学报》（社会科学版）2012 年第 6 期，第 1~5 页；薛桂芳：《我国拓展极地海洋权益的对策建议》，《人民论坛·学术前沿》2017 年第 11 期，第 50~55 页；郭培清、邹琪：《中美在南海—北极立场的对比研究》，《中国海洋大学学报》（社会科学版）2018 年第 5 期，第 1~11 页。
② 赵隆：《北极区域治理范式的核心要素：制度设计与环境塑造》，《国际展望》2014 年第 3 期，第 107~125 页。
③ 胡锦涛：《坚定不移沿着中国特色社会主义道路前进 为全面建成小康社会而奋斗——在中国共产党第十八次全国代表大会上的报告》，人民出版社，2012，第 40 页。
④ 国务院新闻办公室：《中国的北极政策（全文）》，国务院新闻办公室官网，2018 年 1 月 26 日，http://www.scio.gov.cn/zfbps/32832/Document/1618203/1618203.htm，最后访问时间：2023 年 6 月 25 日。
⑤ 习近平：《高举中国特色社会主义伟大旗帜 为全面建设社会主义现代化国家而团结奋斗——在中国共产党第二十次全国代表大会上的报告》，人民出版社，2022，第 53 页。

策、法律、文件在向国际社会明确表明中国参与北极事务的基本立场、原则及政策主张的同时，也表明中国维护北极地区合法权益的安全意识不断增强，为安全能力的形成和完善奠定了重要基础。

第二，有关北极权益保护的法律体系不断完善。中国积极加入北极事务有关国际组织，参与多边北极活动，通过国际合作积极维护中国在北极地区的合法权益。中国加入了诸多推动全球环境保护、应对北极气候变化的国际条约等法律文件，包括《联合国气候变化框架公约》《京都议定书》《加强北极国际科学合作协定》《保护臭氧层维也纳公约》《生物多样性公约》《联合国海洋法公约》《斯匹次卑尔根群岛条约》《中白令海狭鳕资源养护与管理公约》《联合国鱼类种群协定》《巴黎协定》《北极海空搜救合作协定》《北极海洋油污预防与反应合作协定》《极地水域船舶航行安全规则》等，在船舶航行安全准则制定、海洋环境保护等方面参与国际合作，与国际社会一道推动该领域的治理。同时，中国陆续加入了国际海事组织、北极理事会、大西洋金枪鱼保护国际委员会、中西太平洋渔业委员会等相关国际组织，委派专家参与相关工作组、任务组的活动，促进北极资源能源、航道开发利用领域国际规则的建立与健全，推进相关领域的治理进程，维护中国的北极合法权益。

四　构建北极话语体系的主体不断增多

国际话语权体现了一国在国际政治舞台中的理念贡献能力和政治操作能力，是国家软实力的重要因素之一。[①] 伴随着中国参与北极治理进程的推进，中国对北极事务国际话语权和话语体系的重视程度逐步提高，参与北极话语体系构建的行为体不断增多，积极推动设置北极事务议程的话语能力提升。

第一，政府主体是构建中国北极事务话语体系最为重要的主体。作为参与北极事务的后来者，中国政府采取多种方式，积极构建中国在北极事

---

① 赵宁宁：《中国北极治理话语权：现实挑战与提升路径》，《社会主义研究》2018年第2期，第133页。

务中的国际话语体系。其一，参与、组织涉北极事务国际组织和论坛的相关活动，借助多边国际舞台向国际社会宣介中国对北极事务的态度、意见和政策。中国参与的涉北极国际组织如表2-4所示。其二，重点参与北极理事会的治理活动，以此为平台构建中国北极事务话语体系。中国尤其重视北极治理最为重要的国际议事平台——北极理事会的重要作用，积极参与北极理事会组织开展的相关活动。例如，2012年11月，北极理事会秋季高官会在瑞典召开，8个成员国、5个原住民组织永久参与方和11个观察员国等派代表与会。由国家海洋局组成的中国政府代表团作为临时观察员参加本次会议，向国际社会表达中国在北极海洋酸化、生物多样性、海洋管理、私营企业参与北极活动应承担的社会责任等议题上的态度和意见。其三，借助国际条约、国际规则构建中国在北极事务中的话语体系。作为联合国安理会常任理事国，中国一贯奉行负责任大国的外交政策，积极参与几乎全部涉及北极地区管理的国际条约、国际规则的制定，[①] 并尽可能在条件许可的情势下积极参与涉及北极的重要国际会议以及学术研讨，充分运用国际法律文件捍卫和完善自身在北极事务中的话语权。相关多边条约包括：《斯瓦尔巴德条约》《京都议定书》《联合国气候变化框架公约》《国际捕鲸管制公约》《联合国海洋法公约》《生物多样性公约》《濒危野生动植物种国际贸易公约》等。其四，向国际社会公布中国的北极政策。《中国的北极政策》白皮书向国际社会明确说明中国的北极政策目标、基本原则、主要政策主张，消弭部分国家对中国参与北极事务的误解和猜忌，维护中国参与北极事务负责任的国际形象。

表2-4 中国加入的北极自然科学领域的重要国际组织（部分）

名称	年份	性质	领域
政府间气候变化专门委员会（IPCC）	1988	政府间	气候变化
国际海事组织（IMO）	1973（恢复）	政府间	航道利用
新奥尔松科学管理委员会	2005	政府间	北极科学考察
北极理事会（AC）	2013	政府间	可持续发展

---

① 顾兴斌、曾煜：《论中国参与北极事务的国际法依据和现实利益》，《学术探索》2017年第1期，第35页。

续表

名称	年份	性质	领域
北太平洋海洋科学组织（PICES）	1992	政府间	海洋科学研究
政府间海洋学委员会（IOC）	1977	政府间	海洋科学调查
国际北极科学委员会（IASC）	1996	非政府间	北极科学考察

资料来源：作者搜集相关资料整理而得。

第二，北极智库是构建中国北极事务话语体系的有效主体。① 国内关于北极智库的研究还处于起步阶段，关于北极智库的内涵，学界并未给出一个明确而统一的界定。很多学者关注到北极智库在中国参与北极治理中的战略价值和重要意义。赵宁宁认为智库是公共外交的主体之一，与国外智库的交流合作可以影响这些智库对中国北极政策及实践的认知。② 孙凯等指出，在对北极问题进行多学科综合研究的同时，智库还可以提升中国在北极事务中的话语权。③ 贾桂德等认为，北极智库对外交流的开展，对积极宣介我国北极政策、促进北极合作具有积极意义。④ 不过，上述研究略显宽泛和笼统，虽然指出了北极智库在中国参与北极治理中发挥的作用，但是并没有关注北极智库的本体特征。北极智库既具有智库的一般特点，又具有其独特属性。本书认为，北极智库是指以北极治理和中国北极政策为主要研究对象，通过研究和把握北极问题的发展演变规律，形成具有自主知识产权的思想产品，进而影响公共服务、北极决策和大众传播的政策研究咨询机构。

作为国际问题智库的构成部分，北极智库服务于党和国家的北极事业，是中国特色新型智库建设总体布局的有机内容。北极智库开展活动的主要目标是为实现和维护中国在北极地区的国家利益提供智力支持，同时提升中国的北极治理话语权。我国北极智库的来源与分类如图2-5所示。

---

① 部分内容发表在杨松霖《涉北极研究智库国际传播能力建设：现实基础与优化路径》，《情报杂志》2022年第4期，第84~89页。
② 赵宁宁：《中国北极公共外交的价值、路径及限度》，《社会主义研究》2019年第3期，第143页。
③ 孙凯、武珺欢：《北极治理新态势与中国的深度参与战略》，《国际展望》2015年第6期，第78页。
④ 贾桂德、石午虹：《对新形势下中国参与北极事务的思考》，《国际展望》2014年第4期，第23页。

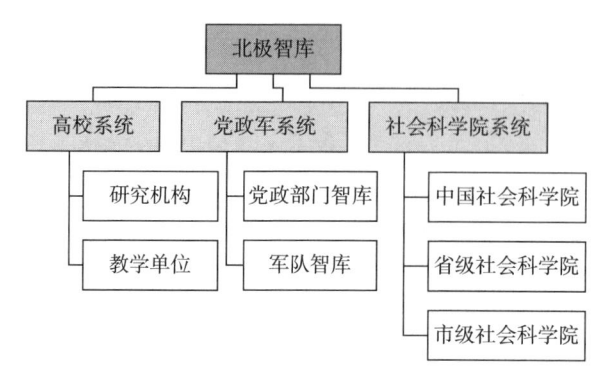

```
                    ┌──────────┐
                    │ 北极智库 │
                    └────┬─────┘
         ┌───────────────┼───────────────┐
    ┌────┴────┐    ┌─────┴─────┐    ┌────┴──────────┐
    │ 高校系统│    │党政军系统 │    │社会科学院系统 │
    └────┬────┘    └─────┬─────┘    └────┬──────────┘
    ┌────┴────┐    ┌─────┴──────┐    ┌───┴──────────┐
    │研究机构 │    │党政部门智库│    │中国社会科学院│
    └─────────┘    └────────────┘    └──────────────┘
    ┌─────────┐    ┌────────────┐    ┌──────────────┐
    │教学单位 │    │ 军队智库   │    │省级社会科学院│
    └─────────┘    └────────────┘    └──────────────┘
                                     ┌──────────────┐
                                     │市级社会科学院│
                                     └──────────────┘
```

图 2-5　我国北极智库的来源与分类

资料来源：作者自制。

一是依托高等院校形成的北极智库。高校系统内的北极智库大致可以分为两类。一类是隶属于高校的涉极地研究中心、研究院（所），依托专业化的研究团队从事极地问题的社科研究。如，上海海洋大学极地研究中心、中国海洋大学极地法律与政治研究所、大连海事大学极地海事研究中心、聊城大学北冰洋研究中心等。另一类则是依托国际政治、国际法学、公共管理等学科开展极地问题研究的教学单位，如，北京第二外国语学院国际关系学院、武汉大学政治与公共管理学院、同济大学政治与国际关系学院等。虽然这些教学单位并非都成立了专门的极地研究机构，但一些教师在教学之余，也从事有关北极问题的课题研究，发表了大量研究成果并积极开展建言献策工作，成为中国北极智库不可或缺的力量。

二是依托党、政、军部门形成的北极智库。党政军系统的北极智库主要是指党委、政府以及军队内部从事北极问题研究和咨询的研究机构，主要通过内部渠道向领导人直接提供决策参考。如，中共中央党校国际战略研究所作为中共中央党校直属的教学研究机构，是关注北极问题的智库之一，为党和政府的北极决策提供参考。隶属于上海市政府的上海国际问题研究院依托其全球治理研究所、俄罗斯中亚研究中心、海洋与极地研究中心等研究机构，从全球治理、俄罗斯外交、海洋治理等角度对北极问题展开较为深入和全面的研究。海军军事学术研究所、海军指挥学院、国防科技大学、海军潜艇学院等军队内部的科研院所也开展北极问题的相关研究。

三是依托各级社会科学院形成的北极智库，如中国社会科学院、黑龙江省社会科学院和青岛市社会科学院等。作为党中央、国务院重要的思想库，中国社会科学院依托其强大的国际问题研究实力，通过美国研究所、欧洲研究所、日本研究所、俄罗斯东欧中亚研究所、城市发展与环境研究所等研究机构从多个角度开展北极问题研究。作为服务于地方党政的研究机构，黑龙江省社会科学院依托其东北亚研究所开展课题研究并发表论文，上海社会科学院则通过其世界经济研究所、国际关系研究所开展北极问题研究。市级社会科学院也有部分学者开展北极问题研究，如青岛市社会科学院。

伴随着中国参与北极治理进程的加速，北极智库得到了快速发展，形成了一定规模的研究队伍和丰富的研究成果。在此基础上，北极智库通过多种方式推动智库成果的传播，并与国外相关智库开展学术合作与交流。

其一，研究成果快速增多，为智库建设夯实知识根基。智库要发挥影响力首先需要产出优秀的研究成果。[1] 北极智库的知识生产能力不断增强，研究成果持续快速增多。北京第二外国语学院、上海国际问题研究院等智库的学者出版了《管理规制视角下中国参与北极航道安全合作实践研究》《北极治理新论》等著作，系统分析北极地缘政治对中国北极利益的影响及对策。武汉大学丁煌教授主编出版了《极地国家政策研究报告》，全面分析了中国在南北极地区的国家利益。以中国海洋大学极地法律与政治研究所为主要承担单位，多家北极智库共同编写了《北极地区发展报告》。

其二，借助现代媒介加快成果传播，为智库影响力的形成创造条件。北极智库在通过学术期刊、著作、研究报告等传统方式进行成果传播的同时，尤其注重利用现代媒介手段加快成果传播。一方面，借助电视、报刊等传统媒介手段。北极智库通过接受中国海洋报社、《环球时报》社、人民网等媒体的采访发表时事评论，举办有关北极问题的研讨会、学术论坛等方式推动智库观点的传播。2016年4月，由中国极地研究中心、国家海洋局极地考察办公室、中国海洋大学等北极智库的专家学者提供学术支持的八集电视纪录片《北极！北极！》在中央电视台财经频道首播，该纪录片成为北极智库研究成果全方位展示的平台，具有重要开创意义。另一方面，借助网站、微信公众号等网络媒介手段。北极智库已基本建立起相关

---

[1] 龚会莲、胡胜强：《陕西智库网络化模式发展研究》，《情报杂志》2017年第4期，第62页。

网站平台，发布研究动态信息，部分智库通过涉极地问题的电子刊物加快研究成果的扩散。同济大学极地与海洋国际问题研究中心通过《极地国际问题研究通讯》电子刊物定期推送有关南北极问题的学术评论。上海外国语大学加拿大研究中心则推出简报①进行成果推介。还有智库学者建立专门的北极研究网站，在进行成果传播的同时加强学者间的合作交流。例如，2015年4月，中国海洋大学郭培清教授发起建立了国际极地与海洋门户网站及"国际极地与海洋门户"微信公众号，定期推送极地与海洋领域的动态信息，有力地推动了研究成果的国际化传播。

其三，智库协同合作有序开展。北极智库间逐步开展了学术合作与交流，加强不同地域、不同学科、不同研究方向智库的科研合作。不同智库的学者通过合作撰写论文、出版著作、开展课题研究等方式交流学术思想，实现学术资源共享。智库机构之间的合作也逐步开展，就北极相关问题开展联合科学研究，建立协同合作机制并得到政府机构的支持。其中，国家领土主权与海洋权益协同创新中心和中国高校极地联合研究中心两家涉北极问题的机构在协同研究方面较为典型。2012年9月，由武汉大学牵头组建国家领土主权与海洋权益协同创新中心，成立中国极地政策与极地权益研究创新团队，团队成员涵盖武汉大学、华中师范大学、复旦大学、中国政法大学、武汉理工大学等高校的极地研究机构。2018年4月，北京大学、同济大学、吉林大学等25所国内高校共建中国高校极地联合研究中心，加强上述高校极地研究力量的协调整合，得到教育部、外交部、科技部、自然资源部、中国气象局等国家部委的大力支持。②

其四，开展国际合作交流，传播"中国北极声音"。在人员交流层面，我国智库学者与国外智库学者就共同关心的北极问题进行研讨，制度化、常态化的交流平台初步形成。例如，2015年5月，同济大学政治与国际关系学院和美国战略与国际研究中心合办首届中美北极社科研究论坛，该论坛成为中美北极学者间学术观点碰撞、政策意见交流的平台。2017年1月，两国北

---

① 上海外国语大学加拿大研究中心：《加拿大研究中心北极特刊》（第8期），上海外国语大学国际关系与公共事务学院网站，2018年6月26日，http://www.sirpa.shisu.edu.cn/aa/af/c4632a109231/page.htm，最后访问时间：2023年6月27日。
② 《中国高校极地联合研究中心成立》，新华网，2018年4月22日，http://www.xinhuanet.com/politics/2018-04/22/c_1122723084.htm，最后访问时间：2023年6月27日。

极专家依托该交流平台还共同完成《北极地区的中美关系：未来合作的蓝图》研究报告。① 学者间的北极交流有助于国际社会对"中国北极声音"的准确理解，消弭国外智库与媒体对中国参与北极事务的担忧与误解。在机构合作层面，通过共建北极问题研究机构、定期召开学术研讨会等形式与国外智库建立起合作联系。例如，2013年12月，中国极地研究中心、冰岛研究中心等10家来自中国和北欧五国的北极研究机构合作成立中国-北欧北极研究中心，共同搭建起中国与北欧五国北极智库学术合作的平台（见表2-5）。此外，智库间的合作交流还体现在中国北极智库积极加入国际性的北极研究组织。2013年6月，中国海洋大学通过答辩成为我国首个加盟北极大学②的科教机构。此后，哈尔滨工程大学、哈尔滨工业大学等高校和研究机构陆续加入其中，积极开展同国外大学和研究机构的北极合作。与国外北极智库建立合作联系，将有力地推动中国北极智库参与北极事务，为北极治理的演进提供中国方案、贡献中国智慧。

表2-5 与国外智库共建的北极交流机制、研究机构（部分）

名称	时间	中方	外方
中美北极社科研究论坛	2015年5月	同济大学政治与国际关系学院	战略与国际研究中心
中俄北极论坛	2012年9月	中国海洋大学法政学院	圣彼得堡国立大学
中国-北欧北极研究中心	2013年12月	中国极地研究中心、上海国际问题研究院等	冰岛、丹麦、芬兰、挪威、瑞典的北极研究机构
北太平洋北极研究共同体学术研讨会	2014年	上海国际问题研究院	韩国海洋水产研究院
北极蓝色经济中心	2018年11月	哈尔滨工程大学俄罗斯乌克兰研究中心	俄罗斯北方（北极）联邦大学

资料来源：作者根据相关资料整理而得。

第三，科学家群体是构建中国北极事务国际话语体系的重要行为体。科

---

① Center for Strategic and International Studies, "U.S.-Sino Relations in the Arctic: A Roadmap for Future Cooperation," January 3, 2017, https://csis-prod.s3.amazonaws.com/s3fs-public/publication/170127_Conley_USSinoRelationsArctic_Web.pdf, accessed：2020-04-02.
② "北极大学联盟"（U Arctic）是一个在北极理事会领导和支持下成立的，主要由北极国家的大学和研究组织组建的联盟。

学家通过参加国际会议、出国考察等方式，与国外科研人员进行面对面的学术交流，能够更加有效、直接地传播"中国声音"，表达中国对北极问题的认知与态度。以国家海洋局极地科学重点实验室为例，仅2014年，该实验室共接待国外来访人员93人次，派出出国考察、参加会议人员61人次；①另外，还举办冰穹A深冰芯钻探技术与科学目标国际研讨会，承办了极地亚洲论坛战略研讨会、Muse奖评审委员会会议等会议，派员参加北极科学高峰周（ASSW）会议、极地科学亚洲论坛、北极圈论坛等国际会议。部分研究领域还形成了制度化、常态化的国际交流平台，这使中国北极话语的国际表达更为有力。如前所述，同济大学政治与国际关系学院和美国战略与国际研究中心合办首届中美北极社科研究论坛，两国北极专家还依托该交流平台共同完成《北极地区的中美关系：未来合作的蓝图》研究报告。②科学家积极参与国际科学组织的学术活动，担任科学项目负责人，努力提升中国在北极领域的"科技话语权"，助力北极事务话语体系的构建。如前所述，一批极地研究知名专家担任科学项目负责人，向国际社会传播中国"科学声音"，提升中国在北极领域的"科技话语权"。通过建立起网站平台、发布研究动态信息，让国外同行更加清晰地了解中国学者的北极观点。如前所述，一些智库及其学者借助电子刊物推送学术观点，还有学者建立专门的北极研究网站，在进行成果传播的同时加强学者间的合作交流。

第四，新闻媒体在构建中国北极事务话语体系过程中发挥着重要作用。新闻媒体是中国"北极声音"对外传播的重要桥梁和纽带，能够迅捷地将政府、企业、科学家等多元行为体对北极事务的认知和态度报道和传播出去。如前所述，《北极！北极！》纪录片借助中央电视台这一具有重要舆论影响力的传播媒介，向海内外观众传播中国对北极事务变化的认知、观点。企业也是构建中国北极事务话语体系过程中不可忽视的行为体。企

---

① 国家海洋局极地考察办公室：《2014年度中国极地考察报告》（中文版），国家海洋局极地考察办公室官网，2015年10月16日，http://ipolar.org/caa/gb_news.php?modid=05001&id=1646，最后访问时间：2020年4月2日。

② Center for Strategic and International Studies, "U. S. -Sino Relations in the Arctic: A Roadmap for Future Cooperation," January 3, 2017, https://csis-prod.s3.amazonaws.com/s3fs-public/publication/170127_Conley_USSinoRelationsArctic_Web.pdf, accessed: 2020-04-02.

业通过在北极地区的贸易投资、资源开发等经济活动，积极践行中国的北极政策理念，成为当地政府、民众感知中国北极实践的"窗口"。例如，2013年9月，中远商船"永盛轮"成功试航北极东北航道，向国际社会释放中国参与北极资源开发、推动北极地区可持续发展的明确信号，这引起了国际社会的广泛关注。

第二节　中国参与北极治理能力的薄弱环节

鉴于北极地区复杂的自然气候条件与日渐凸显的地缘政治价值，世界上任何一个国家要实现对北极事务的有效参与，都必须不断提升其参与北极治理的能力。日益复杂的北极治理对中国参与北极治理的能力提出了更高要求，也凸显出中国参与北极治理能力的不足。具体而言，政府是极地资源配置的主体，市场主体相对"缺位"，极地资源的统筹协调不尽完善。与极地科技强国相比，我国的极地科技发展水平相对较低，这严重影响中国对北极事务的可持续性参与。在对中国北极合法权益的维护过程中，对北极事务议程的设置效果欠佳，亟待改善。当前，要对中国参与北极治理的能力进行整体把握，找准存在的突出问题、关键环节，有针对性地提出解决对策，推动中国参与北极治理能力的提升。

一　极地资源配置体系有待完善

中国北极科学考察事业涉及政府、企业、科学家等多元主体，是一项系统性的工程，极地地区恶劣的自然环境、复杂的地缘态势为中国北极科学考察研究的顺利开展增添了难题，当前迫切需要依托国民经济发展的大力支持才能有序推进北极科学考察研究。改革开放以来，随着国民经济的快速发展，物质财富极大丰富，在逐步改善民生、推动经济转型的同时，能够为中国北极科学考察事业发展提供更多经济支持，为支撑中国参与北极治理的经济能力的提升奠定基础。实现对北极科学考察事业有效的经济支撑，需要统筹调配政府、企业、社会组织等多方面的资源，合力推动北极科学考察事业的可持续发展。当前，政府是主要的资源配置主体，为中国北极科学考察事业提供支持，尤其是在科学研究、经费投入等方面都以政府行为为主导。

第一，市场主体在北极资源配置过程中相对"缺位"。中国北极科学考察所需资源是以政府为核心主体进行配置的，大致形成了"政府强-市场弱"的资源配置模式，政府提供的研发经费在逐渐提高，但将社会主体挡在资源分配体制之外。这种资源配置模式的优势在于可以将有限的资源集中起来用于重点领域、重要议题。例如，对北极自然环境变化的认知是中国参与北极治理的前提基础，为加强对北极自然环境变化的了解，中国迄今组织了13次北极科学考察，通过科学项目资助、组建重点实验室、加强国际合作等方式积极推进该领域的科学研究，取得了良好效果。北极领域的研究往往需要较长的时间周期，不能较快地获得经济收益，难以获得市场主体的青睐，依靠市场进行资源配置难以实现。然而，"政府强-市场弱"的资源配置模式也有其不足之处。极地科技资源主要集中在政府的教育、科技等主管部门，如何科学界定政府在极地科技发展过程中的角色和作用，加强不同管理部门之间的科技协调，丰富和完善科技资源的配置形式，使科技资源配置机制顺畅运行，成为亟待解决的问题。同时，市场主体和社会主体参与科技资源配置的空间相对较小，这不利于调动和发挥企业、非政府组织等主体的积极性，难以有效调配社会各类资源服务于北极科学考察事业，夯实支撑中国参与北极治理的经济能力。

对于政府资助和支持的由大学、科研机构承担的科研项目，企业往往参与较少，科技成果转化渠道不畅。政府在进行资源调配、经费资助的过程中，形式较为单一，灵活性不够。对北极科学考察研究的资助，多以课题项目的形式进行，对于极地科技平台建设、科技人才队伍建设以及科普事业发展的资助尚未实现市场化，难以形成对极地科学考察事业的全面支撑。加之北极科学考察尚未成为国家战略的一部分，北极科学考察所获经费资助有限，[①] 专业化的研究队伍成长和极地科技水平的提升客观上受限。

第二，科研经费投入的全过程管理有待加强。随着中国北极科学考察的逐步推进，极地科学技术获得了较快发展，与极地科技发展相适应的科

---

① 肖洋：《地缘科技学与国家安全：中国北极科考的战略深意》，《国际安全研究》2015年第6期，第123页。

技管理体制建设则略显滞后。政府部门的科研投入大多以科研课题经费的形式拨发，国家自然科学基金项目、国家社会科学基金项目、科技部"863"计划项目、教育部博士点基金项目、极地科学战略研究基金项目、极地专项项目、国家海洋局海洋公益性行业科研专项等基金项目[①]不同程度地对北极科学研究予以资助，支持高校、科研院所开展极地课题研究，但尚未实现对极地科技项目从申请、立项、开展研究、结项、监督评估到科技成果转化全过程的管理，尤其是对科研项目的监督评估、科技成果转化的管理亟待加强。

我国北极经费在宏观协调管理和资源整合优化方面尚未形成有效的综合协调机制。中央政府的北极科技管理职能分散在国家发改委、外交部、财政部等多个政府部门。这些部门在北极科技管理运行中彼此分割，管理活动若触及其部门利益则往往难以落实和推动。[②] 而国家层面缺乏一种强有力的超越各部门局部利益的宏观协调机制，这造成国家层面的北极科技投入管理难以到位。

二 极地科技创新能力亟须提升

在参与北极治理的过程中，中国极地科技水平不断提升，取得了显著成绩，但在快速发展的过程中也暴露出一些短板，需要进一步关注并加以解决。与极地科技强国相比，当前我国仍然面临极地科学技术发展不平衡、极地科技人才队伍建设滞后、极地科技成果转化机制亟待完善以及极地科技评估机制不健全等问题，这些问题的存在进一步导致我国极地科技创新能力薄弱，科技创新能力亟待提升。

第一，部分极地装备、仪器的国产化水平不高，极地科技发展面临西方国家的围堵和打压。出于维护国家利益以及对北极可持续发展的重视，发展科学技术成为各国维护北极权益的关键手段。冷战结束以来，北极利益攸关方通过联合科考、建立科考站等方式，加快了极地科技发展速度，不断提升极地科技发展水平。中国的北极科技动向引起了国外极地研究、

---

① 还包括中国气象局项目、中国科学院项目、科技部"973"计划项目、"十一五"国家支撑项目、教育部国家重点实验室项目等。
② 程萍、陶春、程志波：《中国科技创新体制现代化》，国家行政学院出版社，2017，第60页。

情报机构的高度关注，发达海洋国家对我国遏制和封锁态势逐渐形成。当前，中国开展极地活动的部分设备、仪器国产化程度不高，尚需依靠从西方进口，才能保证中国极地活动的开展，这极大地制约了认知与塑造北极事务变化的科技能力提升。我国进行极地科考的核心装备如考察船、极地车、台式离心机、实验烘箱、流速剖面仪、超声波粉碎机、高倍显微镜等基础设备、设施尚无法完全国产化，不得不依赖与外国公司进行合作。① 其中，大部分设备引进时都不包括知识产权，很难获得完整的技术档案，这给我国参与北极治理带来科技安全隐患。例如，中国极地科考数据的管理平台基本上使用西方数字化系统，存在信息泄露、远程操控、系统暗窗等安全隐患。② 从西方大国引进的部分科学设备在关键技术上受制于人，加之中国参与北极事务遭到西方国家的无端质疑和战略猜忌，一旦双边关系发生变化，中国的极地科技安全极易受到西方国家的威胁，这严重影响中国对北极事务的可持续性参与，制约认知与塑造北极事务变化的科技能力提升。

第二，极地科技人才队伍建设亟待加强。这体现在如下几个方面。其一，缺乏专职研究人才。我国北极研究形成了以高校为主要力量的发展格局，高校系统中从事北极问题研究的专家大多是北极问题领域相关学科的专业教师，他们的日常工作包括教学、学科建设、指导学生、科学研究等，北极问题研究仅是其所在学科问题研究的组成部分，他们很难投入大量时间和精力专职开展北极问题研究。其二，缺乏能够开展跨学科研究的科技人才。受制于学科背景、科研环境等多方面因素，大多数学者往往只能依托某一学科开展研究，运用本学科的研究方法探讨北极问题的规律性认识，较少学者具有开展兼及多个学科的北极问题研究的能力。其三，人才队伍的国际影响力有待提升。与发达国家相比，我国北极领域科研人员在参与国际会议、担任重要科学组织领导职务、获得海外高校及研究机构

---

① 章成、黄德明：《中国北极权益的维护路径与策略选择》，《华东理工大学学报》（社会科学版）2015年第6期，第76页；张佳佳、王晨光：《中国北极科技外交论析》，《世界地理研究》2020年第1期，第65页。
② 肖洋：《地缘科技学与国家安全：中国北极科考的战略深意》，《国际安全研究》2015年第6期，第106页；李大海、张荧楠：《冰上丝绸之路海洋科技创新战略研究》，《中国工程科学》2019年第6期，第66页。

的职称等方面有所不足。其四，企业层面的人才队伍建设滞后。绝大多数的极地科技人才集中在高校、科研院所，企业层面的极地科技人才队伍建设没有得到相应的重视，这不利于调动企业引进、培养人才的积极性，也不利于我国在全球极地科技人才竞争中抢占人力资源，占据人才高地。

第三，涉北极研究的智库建设有待进一步加强。当前全球化的一个显著特征，就是随着现代信息和通信科技的发展，决策者必须掌握更多、更准确的信息才能应对不同的决策情境，确定国家外交、军事、经济等重大战略。[①] 当前，涉北极研究智库的统筹协调面临两方面的现实挑战。一方面，面临地理、经费、语言、文化、民俗等诸多障碍，智库学者很难深入北极地区进行全方位、多角度的调查研究，北极问题研究主要依靠网络、媒体等渠道获取对象国家或地区的政府工作报告、论文、文件等文献信息，这就导致北极智库获取动态信息的渠道较为单一，信息来源不够多元化。另一方面，不同类型智库对北极问题的研究逐步展开，但智库的研究能力参差不齐。智库在擅长的研究领域掌握相对研究优势，一定程度上占有更多的信息资源。然而，智库间信息的流通度和共享度较低，北极智库不能平等地、充分地使用各种信息，这造成智库研究资源的浪费和研究效率的低下。在研究机构的地域分布方面，极地自然科学领域、社会科学领域的研究机构均集中在京沪两地，北京、上海这两地的科研机构数量远远多于其他城市，使这两地成为重要的极地科技研究机构的聚集地，[②] 我国西北、西南地区关注北极问题的科研机构则寥寥无几。涉北极研究智库的可持续发展离不开各地智库的广泛参与和有力支持，不同地域的研究机构在研究领域协同、信息共享等方面的交流有待进一步加强。

第四，北极科技评价体系和监督约束机制不健全。从设立国家级、省部级科研项目到开展极地科学考察、科研人才培养等，政府在推进极地科技发展过程中发挥了重要作用。然而，政府虽然加大了对极地科技发展的

[①] 何五星：《政府智库》，国家行政学院出版社，2013，第254页。
[②] 分布在京沪两地的极地科技研究机构包括：北京外国语大学、同济大学、北京师范大学、中国极地研究中心、华东师范大学、复旦大学、上海海洋大学等。在青岛、武汉、合肥、天津等其他各地也分布有数量不等的研究机构，包括中国海洋大学、聊城大学、武汉大学、哈尔滨工程大学、黑龙江大学、大连海事大学、广东外语外贸大学等。

投入力度，但资源投入以后极地科技发展的实际情况未得到有针对性的系统评估。在中国参与北极治理的极地科技发展过程中，缺乏一个衡量执行效果的科学评估系统，不能有效评价极地科学技术发展的资源运用情况、发展效果、社会反响等。当前科研评价往往重视对有形成果的评价，如论文、专利、获奖等，不能全面反映科技成果对中国参与北极治理的战略支撑意义。相对于学术成果产出而言，极地科技发展更多地为我国参与北极治理提供科学支撑和路径支持，这就需要有针对性地将成果影响力、社会价值、国际话语影响力、国际评价等要素有机融入评价体系中，注重对极地科技成果的综合考察，客观地反映其科学价值和社会价值。

此外，中国参与北极治理的方式、手段等在不断调整，对极地科技的需求亦处于动态变化中，迫切需要对极地科技的发展进行科学布局和规划，与中国的北极政策相衔接。当前，尚未出台国家层面的极地科技发展战略规划对极地科技的发展目标、原则、手段等进行明确，这不利于极地科学技术与中国参与北极治理的协调发展。在科技合作方面，我国与美国、德国、加拿大等国家已经开展了相关领域的科技合作，但长效的科技合作机制、科技合作平台建设亟待加强。

三 北极权益保护体系不健全

随着中国海外利益的持续拓展，以及中国在北极的科考、商业捕鱼、航道利用、经济投资、能源合作等活动的日渐增多，所涉及的安全问题也显现出来。[①] 生态环境、经济投资、航道利用等"低政治"问题与"高政治"问题相互交织、相互影响，共同作用于中国参与北极治理的全过程。中国在北极生态环境保护、科学考察、气候变化应对等领域的维权活动有序展开，取得了显著成就，但中国北极合法权益维护体系尚不健全的短板也进一步凸显出来。

第一，对北极问题的科学认知有待系统化。世界自然基金会2009年发布的《北极气候变化：全球性影响》预测，到2100年时，全球海平面将

---

① 刘芳明、刘大海：《北极安全与新〈国家安全法〉视角下中国国家安全利益》，《中国软科学》2018年第9期，第8页。

上升 1 米以上。① 随着北极地区的快速升温所导致的极冰大量融化,有关北极权属地位的错综复杂的争议逐渐浮出水面,② 紧张的北极地缘政治态势日益升温。北极地区的自然环境变化和资源开发对中国的经济发展、生态文明、环境安全、社会稳定具有重要影响。③ 中国北极科学考察研究覆盖了中国参与北极治理的资源开发、航道利用、渔业治理、安全维护等多个领域,实现了对北极事务变化的初步认知。然而,要实现对中国北极合法权益的有效维护往往需要进行系统的、深入的、广泛的科学认知,实现相关信息、技术和知识的共享。在此基础上,才能提出可行的北极治理方案。中国北极科学考察研究取得了较快发展,但在上述方面仍需进一步加强。此外,有关中国参与北极事务的人文社会科学研究滞后,对北极地缘政治、经济社会发展、民俗文化、军事战略等方面的研究亟待深入。北极人文社会科学研究的相对滞后,不利于对来自不同领域的安全威胁进行有效识别和科学分类,进而对中国参与北极治理的有限资源进行合理分配,按照应对威胁的难易程度进行有针对性的安全预案制定,以实现对气候变化应对、环境保护、渔业治理、航道利用等北极"低政治"领域以及北极治理秩序构建、北极话语权塑造、北极安全利益维护等北极"高政治"领域合法权益的全面维护。

第二,极地科学技术自主创新能力不足。北极地区自然环境恶劣,无论是进行科学研究,还是开展资源开采、航道利用活动,都需要适应极地气候的基础设施、技术设备的支持,这些设施设备往往需要高新科学技术的有力支撑。中国对北极治理秩序构建、北极安全利益维护等"高政治"领域合法权益的维护,需要依托具有世界领先水平的科学技术的支持。以维护中国在北极地区的军事安全权益为例,需要依托用于北极地区的破冰、导航、护航等技术设备的支持,战斗机、直升机、潜艇等军事设备要

---

① WWF, "Arctic Climate Feedbacks: Global Implications, Executive Sumary," August 30, 2009, https://en.wwfchina.org/en/publications/ras/? 3265/arctic-climate-feedbacks, accessed: 2023-06-27.
② 黄德明、章成:《中国海外安全利益视角下的北极外大陆架划界法律问题》,《南京社会科学》2014 年第 7 期,第 85 页。
③ 孙凯、吴昊:《北极安全新态势与中国北极安全利益维护》,《南京政治学院学报》2016 年第 5 期,第 71 页。

适应北极地区低温、严寒、冰层、冻土等极端条件,① 这对极地科学技术的可靠性、稳定性提出了严峻挑战。围绕通信、破冰、交通运输、基础设施和物流领域的应用研究对未来中国在北极安全领域的合法权益维护至关重要。当前,中国自主研发的极地设备品种较少,设备的稳定性、可靠性有待增强,在极地的高科技考察设备方面,无论是质量上还是数量上都与北极国家相差甚远,② 部分极地设备对北极地区酷寒的自然环境适应性亟待加强。维护北极合法权益设施设备方面存在的不足,制约了中国北极行动能力的提升,不利于中国对北极合法权益的有效维护。

第三,北极权益保障机制不完善。随着中国参与北极事务步伐的加快以及北极地区地缘政治环境、自然环境的加速变迁,中国北极权益内容和范围也发生了变化,这就需要我们以全新的视角去认识现阶段的中国北极合法权益。在百年未有之大变局的时代背景下,我国北极权益的保护要注重从战略上做好布局,从手段上发挥更多主体的作用,通过政府服务、市场助力、公众参与等多种方式来维护中国北极合法权益。其一,北极权益保护的综合协调水平还有提升空间。就如何运用政治、经济、外交、军事、法律、文化等软硬手段保护中国北极合法权益缺少总体设计,尚无专门协调机构统筹外交、海洋、司法等相关部门的北极权益保护工作。其二,对政府与企业维权责任边界的划定不够清晰。政府和企业在北极维权过程中的角色不同、作用不同,与之对应的权利义务也有所不同。如何界定政府和企业的责任,明确各自分工,发挥应有的积极性是当前北极权益保护工作需要解决的重要问题。其三,缺乏对北极权益保护工作的监测和评估机制。近年来,党和政府对北极权益保护工作的重视程度越发提升,推动了权益保护意识和能力的增强。然而,当前仍然缺乏一个对中国北极权益保护工作进行动态评估的有效机制来为及时调整权益保护策略提供参考。

第四,公民、企业进行北极维权的能力不足。赴北极地区的中国公

---

① 刘芳明、刘大海:《北极安全与新〈国家安全法〉视角下中国国家安全利益》,《中国软科学》2018年第9期,第12页。
② 杨振姣、郭纪斐:《北极生态安全对中国的影响及应对研究——基于非传统安全视角》,《辽宁大学学报》(哲学社会科学版)2017年第6期,第148页。

民、企业等相关主体对北极事务缺乏系统了解,对潜在的北极权益风险识别不足,亦缺乏维权的相关技能,成为中国北极权益保护亟待解决的难题。中国公民的海外安全意识亟待加强。[①] 尽管当前中国领事保护的预防机制取得了不少进展,公民可以通过网络、报纸、手机短信等渠道获得海外安全信息,但不少人包括从事外事工作的政府官员、"走出去"企业的负责人等对此还缺乏重视。近年来,中国在北极地区的投资、留学、旅游等活动不断增多,越来越多的公民和企业赴北极地区开展活动。然而,相当数量的公民和企业对北极地区的自然环境、人文社会环境、地区与国际形势等缺乏了解,对北极地区潜在的安全风险缺乏必要、清醒的认识。此外,相关企业的海外安全管理有待加强。不少中资企业对安全管理重视不足,亦缺乏有经验、专业化的国际运营团队,往往难以进行有效和有针对性的应急处置,这进一步增加了所面临的安全风险。

四 北极话语传播效果不理想

伴随着全球气候变暖趋势的持续增强,北极治理面临一系列新的重大挑战,涉及政治、经济、安全、社会等领域,给未来北极治理秩序的演变带来诸多不确定性。北极国家竭力构建有利于自己的规则体系,要求其他国家遵守规则,指斥其他国家破坏、干扰北极治理进程,以此维护和巩固其在北极治理中的主导地位。随着中国参与北极事务步伐的加快,所承担的国际责任也不断加大,然而中国对北极治理规则的话语权十分有限。针对北极资源开发、航道利用、气候变化应对、安全维护等领域的事务,中国较难提出有针对性的治理议案,难以获得国际社会的广泛认可以实现对北极事务议程的设置。气候变化应对、航道治理、渔业治理等规则的制定被北极国家把持,中国在其中难以作为,难以对北极治理规则的制定产生实质影响。

第一,北极话语意识亟待增强,多元话语主体缺乏统筹协调。只有在深入、全面地认知北极事务的前提之下,才能提出有效的治理理念、治理方案,进而在北极治理进程中赢得先机,争取北极事务话语权。当前,我

---

① 夏莉萍:《海外中国公民安全风险与保护》,《国际政治研究》2013年第2期,第13页。

国对北极资源开发、航道利用、渔业治理等领域的科学研究尽管已经取得了优异成绩，但仍然有待深入和全面，不利于我国提出科学的北极治理议程，自然难以在北极事务话语体系构建中掌握主动权。同时，在参与北极治理的过程中，企业、科学家、社会公众等主体的北极话语意识相对较弱，不善于利用学术交流、经济投资等多种方式争取北极话语权。此外，企业、社会公众等主体在日常生活中接触有关北极事务的信息渠道十分有限，难以构建起对北极经济、政治、环境、安全等多领域事务的科学认知，自然导致其北极意识不强、话语意识薄弱。其即使通过网络、媒体渠道了解到北极治理领域的相关信息，由于知识和经验的缺乏，亦难以学习吸收相关信息并转化出有效的使用价值，[①] 难以将其转化为能够对外进行北极话语传播的有效信息，难以形成对设置北极事务议程的话语能力的有效支持，这是导致其北极事务话语意识欠缺的重要原因。

一方面，就北极话语构建主体而言，当前话语构建的主力军是政府和媒体，企业、高校、民间组织、社会团体、公民个人等主体参与话语构建的程度较低，在中国北极事务话语体系构建中的作用有待进一步发挥。另一方面，缺乏国际话语传播专业人才。现阶段，急需具有高超对话能力、坚定国家立场又充满个性魅力的高素质国际传播专业人才。他们能透过复杂的国际舆论场了解事情的本质，并迅速回应涉华北极舆情。同时，在全媒体的话语构建生态中，急需掌握新媒体话语构建技术，熟悉网络话语构建，在社交媒体等国际话语构建平台上具有传播力、影响力的人才。

第二，构建北极话语的手段较为单一。具体而言，表现在以下五个方面。其一，北极话语传播的针对性不强。在本质上，北极话语构建是一个话语传播的过程，话语传播效果的提升需以有针对性的话语传播为前提基础。现阶段，在对外进行北极话语传播的过程中，根据传播对象的不同及时调整传播方式和传播手段的能力不强，这导致北极话语传播针对性不足，影响了北极话语传播的效果。其二，国内媒体的国际传播能力有待提升。作为传播中国北极声音的重要平台，国内媒体欠缺国际话语运作的技巧和经验，即使将"中国北极声音"传播至国际社会，也难以对国际社会

---

① 杜宝贵：《转型时期中国科技政策资源优化配置研究》，清华大学出版社，2018，第130页。

的舆论走向产生实质性影响,向国际社会发声并影响国际舆论的能力亟待提升。究其原因,当前国际话语主导权由西方国家把持,中国声音的国际表达面临西方话语霸权的围堵,构建于我有利的北极话语体系面临巨大挑战。中国国际传播以及国际话语体系构建是一项系统性的长期工程,尽管当前取得了一系列显著成绩,但仍面临诸多问题,尚有完善空间。例如,有学者曾指出,我国媒体长期缺乏国际发展的战略意识,媒体之间缺少整合,难以形成应有的合力,① 我国媒体在国际舆论中的影响力仍然偏弱②。其三,应对西方话语攻击往往处于被动回应的状态。面对西方媒体对中国参与北极事务的误解甚至污名化,中国北极话语主体在北极议程设置、舆论传播与反馈等话语运作的相关环节处于被动回应、防御为主的状态,话语运作能力和技巧均有待提升。其四,涉北极研究智库的北极议程引领能力有待提高。客观而言,北极智库的国际话语运作目前还处在国际性会议研讨、学者跨国互访、联合培养等人员交流和项目合作的阶段,对北极话语资源的运用能力明显不足,对他国决策和北极议程的影响力十分有限。部分智库和专家虽已初步具有一定的国际影响力,但其国际舆论引导能力、北极议程引领能力仍有待提高。与此同时,与美国等北极大国的专业智库相比,中国北极智库的国际影响力处于劣势,排名靠后,这使中国北极智库的国际影响范围等进一步受到制约。其五,运用社交媒体开展国际传播不够充分。在国际传播中,社交平台和网络媒体正快速取代传统媒体,众多具有国际传播力的社交平台和网络媒体正影响国际社交发展的方向,成为传播的主阵地。近年来,中国多家官方媒体已经在脸书、推特和优兔三大国际社交传播平台上建立了官方社交账号,聚集了成百万上千万的国外"粉丝"。但总体而言,政府和官方的社交媒体化拓展尚处于较为薄弱的状态,党政机关、国家领导人、政府官员在国际社交媒体领域中的影响力有待进一步提升。

---

① 李艳梅、陈然:《我国媒体对外传播话语权的构建》,《新闻爱好者》2008年第6期,第17页。
② 牛文:《我国广播电视媒体如何创新国际传播——以中央广播电视总台重大报道的对外传播为例》,《新闻爱好者》2022年第12期,第42页。

第三，面临西方强势话语对中国北极事务的误读与曲解。① 国际政治议程设置能力是构建于国家硬实力基础之上的强大软实力，对国际政治议程设置权力的争夺是国家间权力博弈的一个新的重要领域。② 冷战结束后，世界进入了全球化、信息化加速发展的历史时期，美国、加拿大等西方国家凭借自身在政治、经济、军事、科技上的优势地位，以及在流行文化、英语语言、传播媒介等诸多方面强有力的优势条件，掌握着充裕的传媒资源供给、强大的国际话语权。③ 近年来，伴随着持续快速的经济增长和在国际舞台上日益活跃的参与，中国与北极资源开发、航道使用、环境保护等事务的联系日益紧密，而且北极成为外部世界观察中国对外行为的一个窗口，中国北极事务受到了前所未有的关注。出于战略竞争和战略博弈的考量，部分国家戴着有色眼镜看待中国参与北极事务，以零和博弈的战略思维解读中国北极事务，并借助由其主导的国内、国际话语传播机制，将其对中国参与北极事务的负面认知传播至国内、国际，这对中国北极话语体系的构建起到了极大的制约作用。客观而言，西方话语对中国参与北极事务的误读和曲解，不仅会误导社会公众对中国的北极认知，恶化中国参与北极事务的国际舆论环境，还会通过其决策影响机制进一步对各国对华北极决策产生影响，进一步恶化中国北极外交环境，制约中国北极话语权的提升。

2018年1月，国务院新闻办公室发表《中国的北极政策》白皮书，"中国愿依托北极航道的开发利用，与各方共建'冰上丝绸之路'"。中国正式向国际社会提出旨在深化北极各领域务实合作，推进北极治理机制优化的"冰上丝绸之路"倡议，这一倡议得到了包括美国在内的国际社会的广泛关注。在美国政治决策中处于权力、知识、人才、舆论枢纽地位的智库对"冰上丝绸之路"倡议给予了高度关注并进行了多角度的解读。本书以部分美国智库学者的代表性研究文献为基础，辅之以研讨会论文、著作、新闻简报等其他研究成果以及部分美国媒体的时事报道，重点梳理智

---

① 部分内容发表在杨松霖《美国智库对"冰上丝绸之路"倡议的认知及启示》，《情报杂志》2019年第7期，第47~54页。
② 赵长峰、左祥云：《国际政治中的议程设置浅析》，《当代世界与社会主义》2013年第6期，第122页。
③ 陈正良：《软实力发展战略视阈下的中国国际话语权研究》，人民出版社，2016，第174页。

库对中国提出"冰上丝绸之路"倡议的认知及其影响。

本书选取伍德罗·威尔逊国际学者中心、史汀生中心、战略与国际研究中心、胡佛研究所、卡内基国际和平基金会、兰德公司六家主流智库作为样本对象进行分析。① 笔者在上述六家智库的官方网站上以"Polar silk road""Arctic China"为主要词项进行检索,将 2017 年 6 月②以来发表的研究文献筛选出来。在这些研究文献中,选取了较有代表性的 14 篇文献(时间截至 2019 年 4 月 17 日)。③ 从文献关注的内容上看,涉及"冰上丝绸之路"倡议的资源开发、航道利用、环境保护、国际合作等多个领域(见表 2-6)。

表 2-6 六家智库的代表性研究文献及作者情况

智库	研究文献	作者
伍德罗·威尔逊国际学者中心	《中国越来越多的北极存在》	谢里·古德曼（Sherri Goodman）、马里索尔·马多克斯（Marisol Maddox）
	《中国：新的"近北极国家"》	杰克·德基（Jack Durkee）
	《中国在北极》	安妮-玛丽·布雷迪（Anne-Marie Brady）

---

① 选择这六家智库作为信息获取对象的原因在于：一是这些智库在美国甚至全球享有盛名,其观点和认知对美国外交决策有着重要影响;二是这些智库发布的北极问题研究的成果相对较多,是美国关注"冰上丝绸之路"倡议的主要智库;三是从意识形态和政治倾向上看,六家智库包括保守派、中间派智库,以及标榜无党派属性的伍德罗·威尔逊国际学者中心等智库。美国法律虽然禁止智库参与党派活动,但绝大多数智库的政治主张都有一定的倾向性。著名智库专家詹姆斯·G. 麦甘（James G. McGann）将美国智库的政治倾向划分为保守、古典自由、中间和进步/自由四类。参见詹姆斯·G. 麦甘《美国智库与政策建议：学者、咨询顾问与倡导者》,肖宏宇、李楠译,北京大学出版社,2018,第 33 页。上述智库在成果数量、政治倾向以及对美国外交政策的影响力上,具有较好的典型性和代表性。美国宾夕法尼亚大学 2018 年 1 月公布的《全球智库报告（2017）》显示,这六家智库均位于全美顶尖智库（Top Think Tanks in United States）的前二十位。
② 本书将 2017 年 6 月作为考察美国智库研究"冰上丝绸之路"倡议的时间起点。2017 年 6 月,中国发布了《"一带一路"建设海上合作设想》,这标志着"冰上丝绸之路"被正式纳入"一带一路"倡议总体布局。参见《"一带一路"建设海上合作设想》,新华网,2017 年 6 月 20 日, http://www.xinhuanet.com/politics/2017-06/20/c_1121176798.htm,最后访问时间：2023 年 6 月 27 日。
③ 在上述智库 2017 年 6 月以后发布的涉北极问题的研究文献中,本书选取其中探讨"中国参与北极事务""'冰上丝绸之路'倡议"的代表性文献进行讨论和分析。

续表

智库	研究文献	作者
史汀生中心	《中国北极政策的复杂性》	孙云
	《中国在北极：身份斗争》	
	《北方海航线：中俄合作的神话》	
	《为什么美国应和中国一道投资北极的未来》	艾丽森·麦克法兰（Alison McFarland）
战略与国际研究中心	《中国倡议"冰上丝绸之路"》	简·纳卡诺（Jane Nakano）、威廉·李（William Li）
	《中国的北极梦》	希瑟·康利（Heather A. Conley）
胡佛研究所	《中国紧握北极融冰的地缘政治机遇》	马克·罗森（Mark E. Rosen）
	《（美国）与俄罗斯和中国的北极冰上棋局》	爱丽丝·希尔（Alice Hill）
卡内基国际和平基金会	《中俄在中亚、远东和北极的合作与竞争》	保罗·斯特朗斯基（Paul Stronski）、妮可·吴（Nicole Ng）
	《中国在波罗的海的投资》	埃里克·布雷特伯格（Erik Brattberg）
兰德公司	《北极新地缘政治：俄中在该地区不断提升的影响》	斯蒂芬妮·彼得拉克（Stephanie Pezard）

资料来源：作者根据智库网站的信息整理而得。

六家智库的专家学者大多从极地问题、中国外交、欧洲问题、能源与国家安全等领域入手研究"冰上丝绸之路"倡议，这种涉及多个领域的交叉研究往往依托所在智库的研究机构、研究项目进行（见表2-7）。这些机构/项目的负责人都是所在领域的知名专家，其研究不仅具有一定的稳定性和持续性，研究观点对美国政府与社会舆论的影响也很大。

表2-7 六家智库涉北极问题的研究机构/项目概况

智库	研究机构/项目	负责人
伍德罗·威尔逊国际学者中心	极地研究所	麦克·斯福雷格（Mike Sfraga）
史汀生中心	中国项目、东亚项目	孙云
战略与国际研究中心	欧洲项目、能源与国家安全项目	希瑟·康利、莎拉·迪斯劳（Sarah Ladislaw）
胡佛研究所	北极安全工作组	大卫·斯莱顿（David Slayton）

续表

智库	研究机构/项目	负责人
卡内基国际和平基金会	俄罗斯和欧亚大陆项目	尤金·鲁默（Eugene Rumer）
	欧洲项目	埃里克·布雷特伯格
兰德公司	兰德国家安全研究部	杰克·莱利（K. Jack Riley）

资料来源：作者根据智库网站的信息整理而得。

美国智库专家学者重点围绕中国提出"冰上丝绸之路"倡议的意图和潜在影响进行多维度解读，多数人以竞争性思维来审视中国的"冰上丝绸之路"倡议，普遍认为中国具有战略意图和地缘政治动机，对维护美国北极利益而言，挑战多于机遇。

其一，对中国提出"冰上丝绸之路"倡议意图的判定。上述智库专家学者多是从地缘政治、北极权益以及经济利益等方面进行分析的。

首先，借此拓展"一带一路"建设，扩大国际影响。随着北极航线可使用性的增强和中国海外利益的拓展，北冰洋航线被纳入"一带一路"计划建设的三条海上通道中，进入"一带一路"倡议框架。2018年1月，《中国的北极政策》白皮书发布，依托北极航道开发利用，与各方共建"冰上丝绸之路"倡议正式成为"一带一路"建设的自然延伸和重要组成部分。在一些美国观察家看来，"冰上丝绸之路"倡议的目标是延伸"一带一路"建设，具有明显的战略意图。杰克·德基（Jack Durkee）认为，"冰上丝绸之路"倡议的提出代表中国公开将其北极政策与"一带一路"联系在一起，中国可以利用经济机会进行地缘政治力量投射并扩大其在该地区的影响。据此，他呼吁美国采取措施限制中国的这一地缘战略。[①] 美国能源新闻网站则刊文分析"冰上丝绸之路"倡议对"海上丝绸之路"建设的战略支持作用。文章认为，中国建设"海上丝绸之路"有两个重要的内在动力：一个是商业性的，即中国需要沿着既定的路线运送货物，沿途建设港口和供应设施；另一个涉及海军建设，即中国希望拥有足够的海上投射能力以巩固其海上航线的可行性，防范海盗以及避免在战争期间海上封锁的可能风险。借助"冰上丝绸之路"倡议将北极航线打造成"一带一

---

① Jack Durkee, "China: The New 'Near-Arctic State'," https://www.wilsoncenter.org/article/china-the-new-near-arctic-state, accessed: 2023-06-25.

路"和"海上丝绸之路"建设的中心节点,可以很好地满足上述需求。① 该文认为,中国提出"冰上丝绸之路"倡议具有明显的地缘战略动机。

其次,建立由中国主导的北极合作框架,实现和扩大中国北极权益。作为地理意义上的北极域外国家,中国参与北极事务缺乏身份优势和地利,尽管中国于 2013 年 5 月获准成为北极理事会正式观察员国,可以获得参与北极事务的重要平台资源并弥补部分身份劣势,但限于北极理事会对观察员国的系列严格要求,中国仍然无法与北极国家一样享有平等权益。因此,部分智库学者认为,中国提出"冰上丝绸之路"倡议是意图建立一个由其主导的新的北极合作框架,谋求北极治理中的公平待遇。例如,希瑟·康利指出,中国认为北极事务并非仅由五个北极沿海国家、北极八国或者原住民来决定;作为中国对既定规范的遵守和尊重北极国家权利的回报,北极国家必须尊重中国追求北极利益的权利;为此,中国积极寻求建立一个"多层次的北极合作框架",确保所有利益攸关方为北极做出贡献并"共担责任";随着中国在北极的经济和科学领域不断投入,中国越来越希望在所有北极治理问题中享受公平待遇。② 安妮-玛丽·布雷迪也持类似看法,认为中国希望更大范围地提高其在极地事务上的发言权,这些都可以通过增加中国在极地地区的科学和经济活动来实现。③ 上述观点加剧了美国对中国可能威胁美国在北极秩序构建过程中主导权的担忧。

最后,谋求北极能源、资源,推动北极航道的商业性开发。改革开放以来,中国经济快速发展,工业化进程持续加快,能源供应不足给国民经济发展带来的制约效应逐步显现,这引发了国内外舆论,自然也包括美国智库的广泛关注。部分学者认为,中国经济的快速发展极大地拉动了对能源、资源的需求,"冰上丝绸之路"倡议蕴含着中国试图开发北极潜在能源的动机。希瑟·康利指出,中国渴望以合理和有序的方式探索北极航道资源和潜在的丰富资源,并利用"一带一路"倡议扩大经济合作。此外,

---

① Zero Hedge, "China's Mysterious Arctic Silk Road," https://oilprice.com/Geopolitics/International/Chinas-Mysterious-Arctic-Silk-Road.html, accessed:2023-06-25.
② Heather A. Conley, "China's Arctic Dream," https://csis-prod.s3.amazonaws.com/s3fs-public/publication/180402_Conley_ChinasArcticDream_Web.pdf, accessed:2023-06-25.
③ Anne-Marie Brady, "China in the Arctic," https://www.wilsoncenter.org/article/china-the-arctic, accessed:2023-06-25.

中国也有兴趣获得有价值的鱼类资源，以及开发北极地区的旅游资源。①曾就职于美国能源部、2010年加入战略与国际研究中心的高级研究员简·纳卡诺和威廉·李认为，追求北极航道的商业便利性也是中国提出"冰上丝绸之路"倡议的重要动机。西北航道和东北航道能够为中国从欧洲和北美洲获取能源产品提供更快的运输替代方案，这意味着燃料成本的降低和排放量的减少。②不过，孙云并不赞成这种看法。她强调，推动北方海航线的联合开发是俄罗斯提出的一项议案，中国参与其中主要是出于战略和政治考量，而非实际经济考虑。这是因为，与俄罗斯开展合作有助于中国深度参与北极治理，在有俄罗斯参与的国际合作项目中，中国更容易实现和维护国家权益。虽然中国原则上对北方海航线开发感兴趣，但很少有中国专家将其视为传统航线的可行替代方案。相反，北方海航线被视为潜在的补充。③

其二，对"冰上丝绸之路"倡议产生影响的评估。"冰上丝绸之路"建设涉及北极资源开发、航道利用、环境保护等众多领域事务，不仅给中国国家利益的维护带来影响，同时对美国在北极地区的影响力构成一定挑战，对北极地区的可持续发展也有影响。

第一，拓宽中国海洋交通运输路径，有助于中国进一步参与北极事务。北极航线的使用将增加中国对外交往途径的选择，海洋交通运输路径也将更加多元化，有利于中国规避原有运输格局中潜在的安全风险。一种观点认为，"冰上丝绸之路"建设的推进和北极航道的使用，将缓解中国海运过分依靠马六甲海峡所引发的地缘困境。《海事执行》杂志刊文指出，中国通过马六甲海峡进口80%的石油，而一旦发生冲突，美国会对马六甲海峡进行封锁，形成所谓的"马六甲困局"，这使开发北极航线（对中国）具有战略吸引力。④《外交政策》杂志的记者基思·约翰逊（Keith Johnson）等也持类似观点，北极航线可以缓解中国海上交通所面临的"马六

---

① Heather A. Conley, "China's Arctic Dream," https://csis-prod.s3.amazonaws.com/s3fs-public/publication/180402_Conley_ChinasArcticDream_Web.pdf, accessed: 2023-06-25.
② Jane Nakano, William Li, "China Launches the Polar Silk Road," https://www.csis.org/analysis/china-launches-polar-silk-road, accessed: 2023-06-25.
③ Yun Sun, "The Northern Sea Route: The Myth of Sino-Russian Cooperation," https://www.stimson.org/NODE/29734, accessed: 2023-06-25.
④ Mike Scrafton, "China Is Planning a 'Polar Silk Road'," https://www.maritime-executive.com/editorials/china-is-planning-a-polar-silk-road, accessed: 2023-06-25.

甲困局"这一多年来困扰中国领导人的战略难题。① 此外，更多学者认为"冰上丝绸之路"倡议将加强中俄北极合作并扩大中国对北极事务的参与。例如，卡内基国际和平基金会俄罗斯和欧亚大陆项目的高级研究员保罗·斯特朗斯基等认为，尽管在部分事务领域，俄罗斯对中国缺乏信任并且双方还存在一定的竞争关系，但由于两国都看到来自西方的安全威胁比对方更大，双方将共同努力试图遏制以美国为首的西方力量，而不是相互对抗，中俄北极合作将继续向前推进。② 孙云进一步分析指出，中国的经济增长与俄罗斯的投资需求存在较大的互补性，与包括俄罗斯在内的北极国家开展双边合作对于中国扩大国际合作是富有成效的。乌克兰危机以来，陷入国际孤立的俄罗斯成为中国能够"到达"北极的关键因素。③

第二，"冰上丝绸之路"倡议在挑战美国北极地缘优势的同时，也给中美北极合作带来了机遇。部分学者从地缘战略视角出发，认为中美之间存在诸多结构性矛盾，"冰上丝绸之路"倡议必然会挑战美国在北极地区的主导地位，给美国北极利益带来威胁。胡佛研究所北极安全工作组的研究员爱丽丝·希尔在美国政治新闻媒体 The Hill 网站发表《（美国）与俄罗斯和中国的北极冰上棋局》，将美国与中国、俄罗斯在北极的地缘战略博弈喻为冰上"棋局"，"在当前北极地区的地缘战略棋局中，美国的棋子很少，移动次数更少"，联邦政府目前缺乏一个完全的北极资助计划，无论是建造额外的破冰船还是深水港。④ 当然，美国智库学者也并非"铁板一块"。有学者表达了相对积极的看法，认为中国扩大对北极事务的参与对美国并不一定构成威胁，呼吁官方科学评估"冰上丝绸之路"建设可能给国家利益带来的影响。《中国的北极梦》报

---

① Keith Johnson, Reid Standish, "Putin and Xi Are Dreaming of a Polar Silk Road," http://foreignpolicy.com/2018/03/08/putin-and-xi-are-dreaming-of-a-polar-silk-road-arctic-northern-sea-route-yamal/, accessed: 2023-06-25.

② Paul Stronski, Nicole Ng, "Cooperation and Competition Russia and China in Central Asia, the Russian Far East, and the Arctic," https://carnegieendowment.org/files/CP_331_Stronski_Ng_Final1.pdf, accessed: 2023-06-25.

③ Yun Sun, "China in the Arctic: An Identity Struggle," https://www.chinausfocus.com/foreign-policy/china-in-the-arctic-an-identity-struggle, accessed: 2023-06-25.

④ Alice Hill, "Arctic Security Poses Icy Chess Game with Russia, China," https://thehill.com/blogs/pundits-blog/energy-environment/334253-arctic-security-poses-icy-chess-game-with-russia-china, accessed: 2023-06-25.

告指出，美国必须理解中国北极愿景的全部内容，以评估它对北极治理演进以及国家利益的影响，美国需要制定新的策略来妥善处理中美北极关系。① 艾丽森·麦克法兰甚至指出，中美在北极事务上开展合作具有一定的有利条件。例如，两国都认为西北航道和北方海航线为国际水域。此外，中国还是阿拉斯加州最大的贸易伙伴。②

第三，中国的北极投资可能会给北极国家带来地缘政治风险，并对北极自然生态环境造成安全威胁。随着中国参与北极事务步伐的加快，中国对北极国家和地区的投资规模逐步扩大。孙云指出，迄今为止，中国拥有参与北极地区能源工业、矿产业和航运业开发最多的商业企业。③ 美国海军分析中心曾发布一份名为《无约束的外国直接投资：对北极安全的新挑战》的报告，报告指出，2012年至2017年7月，中国的投资总额已经达到格陵兰GDP的11.6%。④ 卡内基国际和平基金会则刊文指出，2000~2016年，中国在芬兰的投资出现显著的增长，2017年中国成为芬兰最重要的贸易伙伴。⑤ 部分学者认为，中国在北极地区持续增长的投资可能是实现国家意图的工具，这将给北极国家带来地缘政治风险。例如，2018年11月，伍德罗·威尔逊国际学者中心极地研究所高级研究员谢里·古德曼等指出，接受中国投资的同时，必须考虑到这些投资可能带来的地缘政治影响；实践证明，战略投资是中国施行的一种经济强制形式，它利用影响力来确保其利益。⑥ 海军分析中心高级副总裁兼法律总顾问马克·罗森等据

---

① Heather A. Conley, "China's Arctic Dream," https://www.csis.org/analysis/Chinas-arctic-dream, accessed: 2023-06-25.

② Alison McFarland, "Arctic Options: Why America Should Invest in a Future with China," https://www.stimson.org/content/arctic-options-why-america-should-invest-future-china, accessed: 2023-06-25.

③ Yun Sun, "The Intricacy of China's Arctic Policy," https://www.stimson.org/sites/default/files/file-attachments/Stimson%20-%20The%20Intricacy%20of%20China%27s%20Arctic%20Policy%20-%20Yun%20Sun.pdf, accessed: 2023-06-25.

④ Mark E. Rosen, "Unconstrained Foreign Direct Investment: An Emerging Challenge to Arctic Security," https://www.cna.org/cna_files/pdf/COP-2017-U-015944-1Rev.pdf, accessed: 2023-06-25.

⑤ Erik Brattberg, "Chinese Investments in the Baltic Sea Region," https://carnegieendowment.org/2019/02/28/chinese-investments-in-baltic-sea-region-pub-78474, accessed: 2023-06-25.

⑥ Sherri Goodman, Marisol Maddox, "China's Growing Arctic Presence," https://www.wilsoncenter.org/article/chinas-growing-arctic-presence, accessed: 2023-06-25.

此建议，北极国家应采取措施制衡中国依靠廉价资金获取北极资源的能力，提高中国北极投资的透明度。① 部分学者认为，中国不断扩大的北极投资可能会给北极地区的生态环境带来安全威胁，这应当引起政府的关注和重视。《无约束的外国直接投资：对北极安全的新挑战》报告指出，北极地区生态环境脆弱，北冰洋更是一片近乎封闭的海洋，一旦发生污染事故，很难补救和恢复生态。对于北极地区的投资开发活动，包括美国在内的北极国家并未形成负责任的环境保护标准。当前中国的投资主要集中在交通、能源、建筑等行业领域，这些缺乏有效的环保监管的投资开发活动，极易给北极地区带来石油泄漏、船只损毁、采矿化学污染等风险。不仅如此，美国社会学家萨尔瓦多·巴博内斯（Salvatore Babones）撰文指出，俄罗斯北极地区的石油是唯一有可能利用北极航线的货物，一旦在运输过程中发生事故，将对北极环境、生态系统以及全球气候造成负面影响。② 对"冰上丝绸之路"建设可能破坏北极地区生态环境的担忧，进一步强化了美国智库认知的负面性。

可以看出，部分学者客观地肯定了"冰上丝绸之路"建设可能给北极地区可持续发展带来积极意义，呼吁美国通过发展与中国之间的北极合作促进稳定的双边北极关系；多数学者担心中国提出的"冰上丝绸之路"倡议会挑战美国在北极事务中的领导权，特别是在对外投资、地缘政治以及北极秩序构建等领域威胁美国利益。这些不同甚至对立的观点，其出发点和落脚点都是捍卫美国在北极地区的国家利益。美国智库的认知反映出美国对中国参与北极事务的矛盾心态：一方面，美国意图借助中国的参与减少对北极事务的资源投入和国际责任；另一方面，美国又提防中国持续增长的北极经济、政治、科技实力可能给以美国主导的地区秩序带来的挑战。值得注意的是，对于"冰上丝绸之路"倡议将会给北极国际合作、可

---

① Mark Rosen, Cara Thuringe, "Unconstrained Foreign Direct Investment: An Emerging Challenge to Arctic Security," https://www.cna.org/archive/CNA_Files/pdf/cop-2017-u-015944-final.pdf, accessed: 2023-05-25.

② Salvatore Babones, "Even China's 'Polar Silk Road', Can't Change the Inconvenient Map of Eurasia," https://www.google.com.hk/amp/s/www.forbes.com/sites/salvatorebabones/2018/01/29/even-chinas-polar-silk-road-cant-change-the-inconvenient-map-of-eurasia/amp/, accessed: 2023-06-25.

持续发展带来的积极意义,美国智库的研究和关注力度明显不够,凸显出其认知研究缺乏全面性。

值得注意的是,美国智库在帮助政府对挑战形成清晰的了解的同时,还为政府提供可供选择的政策方案。例如,针对中国在北极地区投资的持续扩大,胡佛研究所研究员马克·罗森就提醒美国政府,中国等外国的资本和劳动力的大规模输入可能会对受援国的政治主权产生影响,并建议美国政府提高投资的透明度标准以加强监管。① 一方面,在特朗普政府未颁布正式的北极政策、对"冰上丝绸之路"倡议亦无官方表态的情况下,美国智库先行开展的对"冰上丝绸之路"倡议的评估性研究在特朗普政府后续政策制定过程中产生"先入为主"的效果,加之智库通过多元化的传播策略反复倡导其政策主张,其观点和政策建议即使未被决策者接受或采纳,仍会对官方政策和公共舆论产生强大影响。另一方面,相关研究影响其他北极国家对"冰上丝绸之路"倡议的理解和判断。借助现代化的传播渠道,美国智库的负面认知可以快速扩散至其他北极国家。同时,美国智库与国外官员、政府机构也保持着密切的合作关系,这使此种认知的传导及其影响更为直接。例如,2018年11月26日,兰德公司向加拿大下议院外交事务和国际发展常务委员会递送《北极新地缘政治:俄中在该地区不断提升的影响》报告,呼吁加拿大警惕中国日益提升的北极地缘影响力。② 芬兰、挪威等国家对"冰上丝绸之路"倡议涉及的基础设施建设、资源开发等部分项目持较为积极的态度。③ 但这并不意味着上述国家对"冰上丝绸之路"倡议的认知客观且全面,这为美国智库负面认知的传播预留了空间,加之美国在北极治理中显著的影响力以及智库强大的舆论引导能力,美国智库负面认知的传播将不可避免地干扰和影响北极国家对"冰上丝绸之路"倡议的理解。

---

① Mark E. Rosen, "China Is Seizing the Geopolitical Opportunities of the Melting Arctic," https://thehill.com/opinion/international/357863 - china-is-seizing-the-geopolitical-opportunities-of-the-melting-arctic, accessed: 2023-06-25.

② Stephanie Pezard, "The New Geopolitics of the Arctic: Russia's and China's Evolving Role in the Region," https://www.rand.org/content/dam/rand/pubs/testimonies/CT500/CT500/RAND_CT500.pdf, accessed: 2023-06-25.

③ 〔芬〕拉塞·海宁恩、杨剑主编《北极合作的北欧路径》,时事出版社,2019,第204页。

综上所述，伴随着国民经济的快速发展，中国经济、科技实力不断增强，中国参与北极治理的能力日益提升，[①] 为中国维护在资源开发、航道利用、安全维护、生态环境保护等领域的国家利益提供了有力支撑和战略保障。中国参与北极治理的能力在不断发展的过程中，但也存在不足之处，这表现在支撑中国参与北极治理的机制有待优化、塑造北极事务变化的科技创新水平仍需提高、维护中国北极合法权益的手段亟待丰富、塑造北极事务话语权的效果有待增强等方面。毋庸置疑，准确评估中国参与北极治理的能力现状、存在的问题及其原因，是提出中国参与北极治理能力提升策略的先决条件，也是实现和维护中国在北极地区的国家利益的前提基础。

[①] 赵宁宁、张杨晗：《当前中国北极权益面临的风险及其化解路径——以北极地缘政治博弈为分析视角》，《社会主义研究》2024年第3期，第161页。

第三章　极地科技发展提升中国参与北极治理能力的可行性

与北极政治、安全事务相比，科学研究的政治敏感度相对较低，中国在北极地区的科学考察活动具有更高的国际合作接受度，科技活动是得到所有国家认同的北极参与活动。极地科技发展推动中国了解北极和全球自然环境变化的规律，不断完善参与北极治理的技术手段，强化中国在北极地区的实质性存在，是中国参与北极治理的其他路径得以奏效的基础条件。如前文所述，中国参与北极治理能力是能力主体发挥主观能动性和运用客观条件的能力。中国参与北极治理的能力主体涉及政府、企业、科学家、非政府组织等多元行为体。毋庸置疑，在参与北极治理的过程中，上述行为体离不开人文科学知识提供正确的价值指引，离不开社会科学知识进行工具理性分析，离不开自然科学知识提供工程技术方面的支持。极地科学技术是中国参与北极治理的重要工具和手段，发挥着不可替代的关键作用。换言之，只有以极地科学技术为基石，才能科学地认知全球治理时代人类社会面临的北极地区自然环境、社会经济问题，学习在北极治理领域内的专业知识，确保多元行为体参与北极治理方向的正确性、政策的科学性和技术的可行性，在此基础上有效地获取国家之间权力博弈所需的有形、无形权力资源，为我国进一步争取北极地区事务的话语权提供有利条件。[1]

本章围绕极地科学技术所具有的合法性、"低政治"性、工具性特征展开讨论，分析极地科技之于中国参与北极治理的重要价值，探究以极地

---

[1] 杨振姣、崔俊、郭培清：《中国参与维护北极海洋生态安全的重要意义及影响》，《海洋信息》2013年第4期，第35页。

科技发展推动中国参与北极治理能力提升的可行性，为中国参与北极治理能力提升的策略制定提供参考和借鉴。

第一节 中国参与北极治理的极地科技活动的主要特征

科技发展在中国参与北极治理的议程设置、话语权提升等方面发挥着越来越重要的作用。通过文献梳理发现，学界针对科技发展之于中国参与北极治理的意义开展了相关研究，多数学者认为中国参与北极治理应当重视极地科学技术的进步，并将其作为重要的参与路径。但既有研究较少从理论层面就科技发展之于中国参与北极治理的意义的根源、表现等深入挖掘，阐释其理论逻辑。本节从知识与权力的关系入手，探讨科技发展对中国参与北极治理的意义，重点剖析科技发展对中国参与北极治理的重要价值，在此基础上梳理中国参与北极治理的科技进展，并从知识与权力良性互动的角度探讨极地科技发展的优化路径。

一 知识是主权国家提升全球治理能力的基石

随着人类社会的不断发展，尤其是在信息化高速发展的今天，知识比任何时候都更接近权力。[1] 知识隐含着权力，权力蕴含着知识，知识与权力的关系，在现实中经历了由割裂孤立向交织共生的变迁。[2] 古代社会把知识视为一种治国的实践智慧，而权力本身就是统治人与社会的权威力量，即掌握知识就会带来一定的支配力或影响力；到了近代，受科学主义和逻辑实证主义的影响，知识与权力的关系呈现出对立和排斥的特点。相对于知识来说，人们认为政治、权力、社会文化是多余的、有害的。

后现代主义对上述观点进行反思，认为知识和权力之间是一种内在

---

[1] 胡敏：《知识权力观的历史演变与发展趋势》，《科学技术哲学研究》2017年第1期，第126页。
[2] 王元：《知识权力的生成路径、作用机理及位域结构》，《内蒙古大学学报》（哲学社会科学版）2015年第3期，第64页。

第三章 极地科技发展提升中国参与北极治理能力的可行性

的、共生的关系。知识的合法性在一定程度上决定了权力的合法性，权力需要一套知识体系向社会成员解释和宣传自身的合理性，权力的合法性又有助于知识的优化从而具有更高的合法性。①

根据未来学家阿尔文·托夫勒（Alvin Toffler）的研究，人类社会发展经历的第一次浪潮和第二次浪潮使人类从原始的狩猎时代经历农业社会，进入了工业文明时代。始于第二次世界大战后10年的第三次浪潮，则给人类社会带来了生活方式、生产方式的伟大变革，②使世界进入一个权力剧烈转移的时代。权力的内涵发生了变化，它并非政治学意义上狭义的概念，而是文化和哲学意义上广义的概念。它指一个国家、一个民族、一个地域甚至整个世界赖以发展的诸种基本力量的总和，包括政治、经济、社会、文化诸种有形和无形的力量，既指物质力量，也指精神力量。权力的组成部分发生了功能和性质的变化，一种权力或多种权力会突然崛起，取代或排斥另外一些权力。其中，最重要的权力转移是发生在暴力、财富和知识之间的隐蔽的权力转移。知识已经从暴力权力和财富权力的附属物转变为它们的精髓，成为未来权力转移的关键。③ 知识不同于暴力和财富，知识是用之不竭的，具有极大的弹性，这使其优于未来世界的其他权力来源。

随着全球化深入发展，环境污染、恐怖主义、跨国海盗等非传统安全威胁频繁地出现在各国内外政策议程中，主权国家对深海、太空、极地等战略新疆域的治理呈现出复杂化和专业化的特点，参与全球治理是主权国家应对上述问题的重要路径。全球治理作为一种国际制度安排，其实质是国家之间利益与权力的博弈，④ 主权国家要在政治、军事、经济、文化等领域争取权力资源。然而，无论是军事基础、经济资源等有形权力资源，还是思想、观念、文化等无形权力资源，都离不开科学技术知识的支持和保障。在追逐权力资源的过程中，主权国家离不开人文科学知识的价值指

---

① Joseph Rouse, *Knowledge and Power: Towards a Political Philosophy of Science*, Cornell University Press, 1987, p. 116.
② 〔美〕阿尔文·托夫勒：《第三次浪潮》，黄明坚译，中信出版集团，2018，第4页。
③ 〔美〕阿尔文·托夫勒：《权力的转移》，黄锦桂译，中信出版集团，2018，第19页。
④ 邓若冰、吴福象：《权力博弈、制度变迁与全球治理》，《国际经贸探索》2016年第6期，第87页。

引、社会科学知识的工具理性、自然科学知识在工程技术方面的支持。只有以知识为基石，主权国家才能科学地认知全球治理时代人类社会面临的自然环境、社会经济问题，增强在特定治理领域内的本领，① 从而在全球治理中占据有利地位。进入21世纪，第四次工业革命掀起了一次新的科技浪潮。中国亟待推动科学技术知识的生产，逐步积累国家软实力，提升参与全球治理的能力。

二 科学技术之于中国参与北极治理的价值

北极治理本质上是全球治理的重要组成部分。② 如前文所述，随着全球气候变暖等自然环境的深刻变化，以及国际政治经济形势的加速变迁，北极事务的影响及其应对不再局限于域内国家，而是需要世界各国携手合作、共同应对。作为重要的利益攸关方，中国建设性地参与北极事务再自然不过。在《中国的北极政策》白皮书中，中国政府明确指出将本着"尊重、合作、共赢、可持续"的基本原则参与北极事务，通过认识北极、保护北极、利用北极和参与治理北极，致力于同各国一道，在北极领域推动构建人类命运共同体。然而，中国先天不具有参与北极治理的地理优势和身份优势，北极活动起步较晚且基础薄弱，还面临来自北极国家的怀疑和误解。

科学技术是知识的最主要形态，科学研究和技术进步是知识生产的重要来源。科学创造也离不开技术的参与以及对技术的吸收，科学研究与技术进步呈现出一种共生关系。根据约瑟夫·奈（Joseph Nye）的"软权力"③ 学说，一国在科学技术知识方面建立了领导地位无疑就是形成了一种"知识性"软权力，可以形成科学观念或文化吸引力从而塑造他国的偏好。

相较于其他北极活动而言，中国参与北极治理的极地科学技术活动具

---

① 王友云、朱宇华：《基于知识与权力关系视角的中国特色新型智库建设》，《探索》2016年第2期，第180页。
② 丁煌等：《极地治理与中国参与》，科学出版社，2018，第11页。
③ "软权力"（soft power）可以通过说服他人遵守，或同意能够产生预期行为的准则或制度来发挥作用。Joseph S. Nye, *Bound to Lead: The Changing Nature of American Power*, Basic Books, 1990, pp. 31-32.

第三章 极地科技发展提升中国参与北极治理能力的可行性

有合法性、"低政治"性、工具性特征，有利于提高中国北极活动的国际认可度，消除国际社会对中国参与北极事务的担忧、质疑，推动中国深度参与北极治理活动，其战略价值不断显现。

（一）合法性

中国与北极国家存在着政治体制、文化类型、价值观念以及北极利益矛盾，一些西方国家对中国参与北极事务保持高度关注。例如，俄罗斯海军上将弗拉基米尔·维索茨基曾明确表示，其尤为关注中国在北极地区的影响力。[1] 美国战略与国际研究中心学者曾发布报告认为，中国的北极参与是由地缘政治利益驱动的。[2] 部分国家对中国参与北极治理的战略疑虑不利于中国在北极事务中国际合作的有效开展，使北极合作的层级、范围和幅度受到影响，也为中国参与北极治理能力的提升设置了障碍。对于中国而言，采用具有明确国际法支持的方式参与北极治理，化解部分国家对中国参与北极事务的质疑，实现中国在北极地区的国家利益成为当前的重要课题。

科学技术是追求真理的活动，有助于帮助人类提高对自然界、人类社会和思维本质及其运行规律的认识水平，科学研究给人类社会带来的理性价值具有普适性，因而得到各国法律承认和国际法保护。早在1925年，中国就签署了《斯瓦尔巴德条约》（初期称《关于斯匹次卑尔根群岛行政状态条约》，系1920年由国际联盟主导、挪威等18国签订的关于该群岛的使用与主权问题之条约，后中国、西班牙等33国加入，最终缔约国为42国）。该条约规定："缔约国国民，不论出于什么原因或目的，均应享有平等自由进出第一条所指的水域、峡湾和港口的权利；在遵守当地法律和规章的情况下，可毫无障碍、完全平等地在此类水域、峡湾和港口从事一切海洋、工业、矿业和商业活动。"条约的签署使我国拥有了进出斯匹次卑

---

[1] See Guy Faulconbridge, "Russian Navy Boss Warna of China's Race for Arctic," October 4, 2010, http://www.reuters.com/arctic/russia—arctic—idAFLDE6931GL20101004#rhHOVtl71T2TY5 br. 97, accessed：2020-04-02.

[2] Jane Nakano, William Li, "China Launches the Polar Silk Road," February 2, 2018, https://www.csis.org/analysis/china-launches-polar-silk-road, accessed：2020-04-02.

尔根群岛地区从事科研考察、自由通行等权利。① 同时，中国是《联合国海洋法公约》的缔约国，该公约要求沿岸国在制定环境法律和规章时要适当顾及航行自由，这一原则性规定给予了其他国家参与北极治理的国际法依据。此外，《联合国海洋法公约》第87条规定所有国家享有公海自由，中国在北极公海享有公海自由，对中国籍船舶享有管辖权。总体而言，《联合国海洋法公约》赋予缔约国多项在北极开展海洋活动的合法权益，成为中国参与北极事务的一般国际法依据。②

上述国际法律文件对中国在北极地区的科学考察权利予以确认和保障。以此为重要基础，中国北极科学考察权益得到了国际社会的广泛认可。因此，中国以科学考察研究的方式参与北极治理，不仅符合国际法律规范，也更加容易得到国际社会的理解和支持，这凸显出极地科学研究在中国参与北极治理的过程中具有独特的合法性优势，极地科学研究所具有的此种优势有助于为中国参与北极治理营造良好的国际环境和构建中国北极事务话语体系。

（二）"低政治"性

在国际关系理论中，"高政治"（high politics）关注的是国家权力和国家间与政治相关的外交、军事、安全等议题，而"低政治"（low politics）关注的是国际社会中的环境、经济、社会、文化等议题。

在北极治理中，有关北极军事、外交、北极治理秩序构建等涉及国家间权力和政治关系的议题可称为"高政治"领域议题，北极地区环境保护、资源开发、社会发展、民俗文化等方面的议题为"低政治"领域议题。综观北极国家和北极域外国家的利益表达和诉求，北极国家对北极利益的关注次序和重视程度基本上是从北极治理秩序、议程安排、安全事务等"高政治"领域议题到环境保护、科学研究、资源开发等"低政治"领域议题。而地理意义上的北极域外国家，包括中国在内，其北极利益诉求

---

① 北冰洋沿岸五国（美、俄、加、丹、挪）于2008年发布《伊卢利萨特宣言》，承认以现有国际海洋法为框架管理北冰洋，这为我国开展北极科学研究活动奠定了坚实的法律基础。参见刘惠荣主编《北极地区发展报告（2016）》，社会科学文献出版社，2017，第253页。

② 朱广峰：《北极海洋环境法律规制的变迁与中国参与》，海洋出版社，2019，第157页。

第三章 极地科技发展提升中国参与北极治理能力的可行性

基本上立足于环境保护和科学研究等"低政治"领域议题，进而寻求资源开发合作以及航道利用等。

科学研究作为北极治理中的"低政治"领域事务，不会像军事、安全等事务一样容易引起北极国家的重视和警觉，具有较低的政治敏感度，合作难度相对较低，国家之间容易形成战略互信。同时，北极科学研究涉及渔业治理、航道利用、环境保护等与各国利益密切相关的领域，越来越广泛地渗透到北极治理的方方面面，与北极治理的演进形成了紧密的互动关系。离开了科学研究，北极治理的演进也就无从谈起。因此，北极科学研究也得到了各国的广泛认可和高度重视。另外，从国际公共产品的视角看，北极科学考察是一种纯粹的公共物品，不具备竞争性和排他性。[1] 中国的北极科学研究和考察不仅不会影响其他国家对相关问题的研究，还会向国际社会提供知识类公共产品，增进国际社会对北极问题的认知和理解。例如，2013年12月，中国和北欧五国开展北极研究学术交流与合作的平台——中国-北欧北极研究中心正式成立，该中心致力于增进各方对北极及其全球影响的认知，推动北极气候变化治理、北极资源开发、航道利用和经济合作、北极政策与立法等方向的合作研究和国际交流。[2]

极地科学研究所具有的"低政治"领域事务属性，以及在北极治理国际公共产品中的非竞争性和非排他性，都使中国的极地科学研究易于被相关各国接纳，不易引发相关国家对中国参与北极治理的政治担忧，帮助中国减少国际舆论方面的压力。

（三）工具性

北极地区严寒、冰冻等特殊的自然环境和日趋严峻的地缘政治局势使北极事务的治理呈现出复杂化的发展态势。要实现对北极事务的有效治理进而推动北极治理秩序的演进，就必须在科学认知北极事务的前提下提出科学的治理方案。同时，主权国家在参与北极治理的过程中提出的治理方案一旦被国际社会接纳并进入北极治理进程中，该国在该领域的治理过程

---

[1] 丁煌等：《极地治理与中国参与》，科学出版社，2018，第97页。
[2] 黄辛：《中国-北欧北极研究中心成立》，科学网，2013年12月11日，http://news.sciencenet.cn/sbhtmlnews/2013/12/281131.shtm，最后访问时间：2023年6月27日。

中就将占据重要地位并掌握北极话语运作的主动权。因此，加强科学研究是塑造北极治理主导权的"钥匙"。例如，美国尤其注重通过在某一领域科学研究的绝对优势来构筑北极治理主导权。美国在渔业勘探、海洋遥感、科学监测等技术方面取得的优势，为其推动北冰洋渔业治理、主导渔业治理议程做出了重大贡献。[1]

当前，中国参与北极治理正逐步由被动接受议程向主动设置议程转变，这是中国对北极治理转型和自身角色转变的回应，也是中国重新定位自身与北极治理关系的结果。在《中国的北极政策》白皮书中，中国倡议在北极领域构建"人类命运共同体"。[2] "人类命运共同体"理念充分体现了人类的"共同利益"和"共同关切"，要求对北极资源的开发与利用遵循可持续发展的理念。科学技术的进步是化解资源利用和环境保护之间矛盾和促进北极地区可持续发展不可缺少的手段。中国的北极科学研究集中了地球科学、生命科学、天文学和极端环境技术与工程领域的科研力量，可以对北极海—冰—气环境变化和作用过程进行考察与研究，为国际社会的北极科学研究提供重要的人力、物力和智力支持，使国际社会从更广泛、系统的角度认识北极生态环境与全球生态环境的互动关系。[3] 科技进步可以丰富北极治理的"工具箱"，为北极治理及全球可持续发展提供"中国智慧""中国方案"，推动北极领域"人类命运共同体"的构建。

对于中国而言，无论是有效认知北极地区的自然环境、社会环境变化，还是积极参与北极资源开发、航道利用、环境保护等领域事务的治理，并提出有效的治理方案，都离不开科学技术的有效支持，这使极地科技发展对于中国参与北极治理具有重要的工具性特征，成为中国深度参与北极治理必不可少的手段和工具。在参与北极治理的过程中，中国借助极

---

[1] 杨松霖：《美国北极气候政策：历史演变与发展启示》，《领导科学论坛》2017年第17期，第91页。
[2] 国务院新闻办公室：《中国的北极政策白皮书（全文）》，国务院新闻办公室官网，2018年1月26日，http://www.scio.gov.cn/zfbps/32832/Document/1618203/1618203.htm，最后访问时间：2023年6月25日。
[3] 阮建平：《"近北极国家"还是"北极利益攸关者"——中国参与北极的身份思考》，《国际论坛》2016年第1期，第47页。

第三章　极地科技发展提升中国参与北极治理能力的可行性

地科技发展这一工具，进一步感知北极地区自然环境、地缘政治方面的变化，科学界定北极问题的属性。例如，2019年10月，我国首艘自主建造的极地科学考察破冰船——"雪龙2"号从深圳起航，为我国探索极地、认知极地提供了有力的设备支持。同时，极地科学技术的发展还可以通过将北极知识储备转化为参与北极事务的软政治实力，提升我国的北极地位和国际话语权。[1] 如前所述，2013年6月，中国海洋大学通过答辩成为我国首个加盟北极大学的科教机构。此后，一些高校和研究机构陆续加入其中，积极开展同国外的科技合作，向国际社会传播"中国声音"，争取中国在北极事务中的国际话语权。

极地科学技术所具有的合法性、"低政治"性、工具性特征，在中国参与北极治理活动中显现出重要的战略价值。具体而言，体现在以下五个方面。

第一，科技知识是认知北极自然、地缘政治环境变化独一无二的手段。科技知识能够为决策者提供理论依据、信息数据，为解决问题设计对策，对政策实施具有工具性功能。中国的北极科学研究集中了多方科研力量，可以为中国认知北极环境变化提供重要的智力支持，丰富北极治理的"工具箱"，为不同领域的具体问题提供有针对性的解决方案。[2] 对来自北极地区的利益威胁进行科学认知和识别，探讨可行的应对方案是中国参与北极治理的首要任务。在这方面，北极社会科学研究做出了突出贡献，为中国感知北极地缘态势变迁以及由此给中国带来的多方面影响提供了对策参考。

第二，科学研究是维护中国北极利益不可缺少的条件。北极科学研究关乎全球变化和人类生存与发展，与中国的北极政治、环境、安全、资源和科研利益密切相关。在政治利益方面，选择政治敏感度低的科研领域作为参与北极事务的切入点，能够提升中国北极合作的互信水平，[3] 中国得以就北极治理权利划分和资源分配等问题发表意见。在环境、安全利益方面，用更完善、更安全的技术代替不完善、有风险的技术是应对气候变

---

[1] 李振福、彭琰：《"通权论"与"冰上丝绸之路"建设研究》，《东北师大学报》（哲学社会科学版）2019年第4期，第31页。

[2] 杨松霖：《中美北极科技合作：重要意义与推进理路——基于"人类命运共同体"理念的分析》，《大连海事大学学报》（社会科学版）2018年第5期，第94页。

[3] 丁煌主编《极地国家政策研究报告（2013—2014）》，科学出版社，2014，第138页。

暖、生态环境变化的根本出路。依靠科技发展和知识增长，环境问题才能被察觉，进而才能对其进行分析、评估和应对。在资源利益方面，科学利用北极存储的丰富资源是缓解我国资源供需矛盾的途径之一，科技能力则是北极资源可持续利用的基础条件。

第三，科技发展是提升中国参与北极治理能力的动力。科技发展加速了技术的全面扩散和知识的传播，非国家行为体能获得更多机会参与北极治理。[①] 借助互联网信息技术，各行为体还可以与其他行为体深入地交流互动，在议程设置、经济投资、科学研究等方面推动中国全方位参与北极治理；有关北极事务的知识信息影响利益攸关方的认知和判断，成为一国确立其北极治理地位的资本。同时，气候变化、海冰消长等方面的科学数据可以用来认知和界定北极各领域事务的问题属性，作为中国北极决策的先决条件；我国在极地冰川、海洋、天文、极地装备等领域不断取得新进展，卫星遥感、无人机、精密光学等技术的发展应用，有助于中国化解北极资源开发与环境保护之间的矛盾。人工智能在无人驾驶、移动互联网、智能房屋等领域的快速发展，将引起中国参与北极治理方式的深度变革；议程设置在引导北极治理方面发挥着主导性作用，能否参与甚至主导议程设置是一个国家北极治理能力的重要衡量指标。科学技术的进步使中国逐步找到了北极治理的关键环节和关键问题，成为北极治理所需科学知识的提供者，在部分议题领域发出"中国声音"，将北极科技创新转化为制度方案和政策工具。

第四，科学研究有助于缓解中国参与北极治理的国际制约。科学研究的政治敏感度较低，有助于减轻北极国家对中国参与北极治理的政治担忧。与此同时，如前所述，《斯瓦尔巴德条约》《联合国海洋法公约》等国际法律文件赋予了中国在北极地区进行科学考察、科研合作的合法权利，这可以有效缓解中国参与北极治理的国际舆论压力。

第五，科技知识是其他参与路径得以奏效的前提基础。面对北极政治、资源等领域事务发生的新变化，中国如何参与北极治理成为学界关注

---

① 中国现代国际关系研究所：《信息革命与国际关系》，时事出版社，2002，第11页。

第三章 极地科技发展提升中国参与北极治理能力的可行性

的热点。① 通过北极理事会等国际平台参与北极治理固然是一种直接的、快速的路径,但无论是北极理事会各工作组,还是国际海事组织等国际平台,各行为体都要在掌握一定科技知识的前提下,才能进行国际谈判或议程设置。然而,在谈判过程中,科技知识的数量和质量是决定谈判结果的重要因素。以与原住民合作为切入点的路径,需要科技发展与之相配合。原住民的居住地大多位于北极偏远地区,与其进行经济合作需要先进的科技予以保障,离开了科学技术的保障作用,与原住民的北极合作将难以推进。由经济合作带动其他领域合作的路径,无法脱离科技发展的支持。经济合作的加深导致理解和信任的增强,进而推动政治、安全等领域的合作。然而,北极生态系统脆弱,开展经贸合作需要提升生态监测能力,丰富海洋、地质和气象等观测资料与数据。此外,恶劣的自然环境对基础设施的耐用性、适用性等提出更严格的要求。无论是提升北极监测能力,还是增强基础设施的实用性,都离不开科技知识的生产和进步。

中国在参与北极治理的过程中存在地理不利、北极国家政治排斥等问题,似乎面临"先天不足"的参与窘境。通过何种路径参与北极治理,实现和维护中国在北极地区的国家利益成为学界和官方关注的重要课题。如前文所述,目前中国参与北极治理的路径主要包括:以北极理事会为核心的国际制度平台参与的路径,与原住民群体及其相关组织开展合作的路径,由经济合作"外溢"至其他领域合作的路径,从科学考察、环境保护、疾病防治等"低政治"领域切入的路径。上述参与路径尽管具有各自优势,但其发挥作用均有赖于极地科学技术的进步。

具体而言,对于以北极理事会为核心的国际制度平台参与的路径,支

---

① 有关中国参与北极治理路径的探讨已经比较多,例如:刘惠荣、孙善浩《中国与北极:合作与共赢之路》,《中国海洋大学学报》(社会科学版)2016年第2期,第1页;杨剑《北极航运与中国北极政策定位》,《国际观察》2014年第1期,第136页;程保志《刍议北极治理机制的构建与中国权益》,《当代世界》2010年第10期,第68~70页;彭秋虹、陆俊元《原住民权利与中国北极地缘经济参与》,《世界地理研究》2013年第1期,第32页;潘敏《论中国参与北极事务的有利因素、存在障碍及应对策略》,《中国软科学》2013年第6期,第20页;白佳玉《中国北极权益及其实现的合作机制研究》,《学习与探索》2013年第12期,第87页;郭培清、孙凯《北极理事会的"努克标准"和中国的参与北极之路》,《世界经济与政治》2013年第12期,第118页;阮建平、王哲《善治视角下的北极治理困境及中国的参与探析》,《理论与改革》2018年第5期,第37页。

持者认为，北极理事会目前处在由原先的政府间高级论坛向正式的国际组织转变的过程中，参与北极理事会的组织建设，对中国参与北极治理非常有利。对于与原住民群体及其相关组织开展合作的路径，中国从事北极资源开发的企业、人员将进入北极地区原住民长期生活的区域。同时，部分原住民组织已经获得北极理事会永久参与方的地位。因此，一些学者认为中国在参与北极事务上应先从基础性工作做起，加强与北极各国原住民组织的交往。通过加强与原住民群体及其相关组织的合作推动中国参与北极治理的思路为中国提供了一种较为理性、务实的思路。对于由经济合作"外溢"至其他领域合作的路径，这一思路主张，在全球化时代，各国经济发展的相互依赖程度日益加深，经济合作可以作为中国参与北极治理的有效方式，由经济合作进一步推动政治、安全等领域的合作。对于从科学考察、环境保护、疾病防治等"低政治"领域切入的路径，环境保护、气候变化应对等"低政治"问题对中国国家利益的影响既是直接的，又具有国际合作的"低敏感度"，是中国参与北极治理的重要路径。

只有通过极地科技发展提升我国极地科技竞争力，前文所述的中国参与北极治理的路径才有实践意义。通过北极理事会等国际平台参与北极治理固然是一种直接的、快速的路径，考虑了我国作为北极治理"后来者"的现实情况，但这一路径首先需要深度掌握各领域专业知识，而极地科技发展则是各领域科技知识的来源。以与原住民合作为切入点的路径，需要极地科技发展与之相配合。如前所述，极地科技发展是与原住民群体及其相关组织开展合作的条件，而且，原住民分散在北极各地区，与不同国家的原住民进行合作，则需更大范围、不同领域的科学技术与之相配合。由经济合作带动其他领域合作的路径，也无法脱离极地科技发展的支持。功能主义代表人物戴维·米特兰尼（David Mitrany）认为，在某一功能领域进行的经济合作，将会推动合作态度的改变，或者使合作的意向从一个领域扩展到其他领域。[①]然而，由于北极生态系统脆弱，突发事件频发，以及经贸合作广泛开展，北极治理需要提升北极生态监测能力，丰富海洋、地质和气象等观测资料与数据。中国参与北极治理是中国国家利益向外拓展的历史必然。本书认

---

① 参见〔美〕詹姆斯·多尔蒂、小罗伯特·普法尔茨格拉夫《争论中的国际关系理论》（第五版），阎学通、陈寒溪等译，世界知识出版社，2003，第551页。

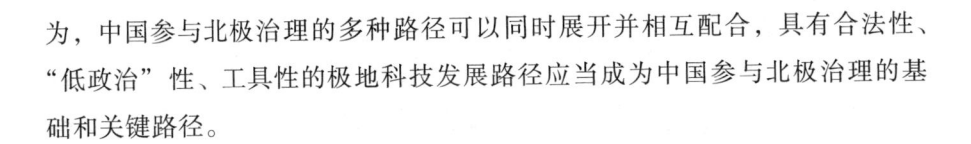

第三章 极地科技发展提升中国参与北极治理能力的可行性

为，中国参与北极治理的多种路径可以同时展开并相互配合，具有合法性、"低政治"性、工具性的极地科技发展路径应当成为中国参与北极治理的基础和关键路径。

第二节 极地科技发展有助于提升中国参与北极治理的能力

克林顿政府曾发布一份名为《科学与国家利益》的政策文件，该文件指出，"科学推进着国家利益"，所有的科技活动都对国家战略目标有实质性贡献。① 科学技术对军事、经济和社会发展以及日益复杂的区域和全球性问题有着重要影响，渗透到国家利益的方方面面。极地科技发展关乎全球变化和人类生存与发展，与中国的北极政治、环境、安全、资源和科研利益密切相关。

随着中国参与北极治理步伐的加快，科学技术越发广泛地渗透于中国参与北极治理的经济、政治、安全等诸多领域，有助于中国实现和维护在上述领域的国家利益，对中国参与北极治理能力形成和提升的意义越发凸显。

第一，科学技术是中国参与北极治理能力提升的基础条件。国民经济持续稳定发展可以为中国参与北极治理能力的提升提供物质资源、经费支持、后勤保障等，有力地推动中国深度参与北极治理。例如，随着国民经济的发展，造船工业快速发展，"雪龙2"号极地破冰船建成下水，为推动中国北极科学考察，深化对北极地区海洋环境、气候变化等自然要素的科学认知提供基础设施支持。科学技术是生产力的第一要素，驱动着国民经济发展。在经济全球化的今天，经济发展越来越依赖于科学技术水平，科技发展越来越直接地决定经济发展的规模、速度和命脉，也因此决定中国参与北极治理能力的提升。

第二，科学技术为中国参与北极治理能力的提升提供重要支撑。科学认知北极地区的自然环境、地缘政治环境的变化是中国参与北极治理能力

---

① 〔美〕威廉·J.克林顿、小阿伯特·戈尔：《科学与国家利益》，曾国屏、王蒲生译，科学技术文献出版社，1999，第17页。

提升的必要环节。科学技术不仅有利于有效地感知北极地区自然环境、地缘政治环境的各个方面、层次和过程，为中国参与北极治理提供信息性资源，其本身又提供种种手段和工具，推动中国参与北极治理方式的升级换代。破冰、导航、护航、搜救、通信、补给、后勤保障等技术条件的改善，能极大地提高中国参与北极治理的效率，进而推动中国参与北极治理能力的提升。与此同时，科学技术的快速发展还可以增强国民的民族自信心和自豪感，提升国民士气和中国参与北极治理的凝聚力，为中国参与北极治理能力的综合提升提供精神支持。

第三，科学技术在中国参与北极治理能力的提升过程中发挥关键作用。科学技术进步往往是多门学科交叉、多学科人才合作的成果，因而极地科学技术的发展可以广泛地向中国参与北极治理的各个领域渗透，提升中国的参与能力。科学技术的进步还会对中国参与北极治理政策制定、治理观念更新、议程设置等方面产生辐射效应，为中国在北极事务中的国际话语体系构建提供支持。事实上，无论是资源开发、航道利用、安全维护，还是北极事务议程设置，都离不开科学技术的支持。科学技术的发展已经成为主权国家参与北极治理能力的重要组成部分，对科学信息的占有和对技术设备的运用将成为国家之间新的争夺焦点。参与北极治理的利益攸关方围绕极地科技主导权展开了激烈竞争，以期在参与北极治理过程中占得先机，实现和维护在北极事务中的国家利益。毋庸置疑，中国参与北极治理能力的提升依赖于选择科学技术发展的方向和进行相关资源的有效配置等方面的能力。

一 有助于提升支撑中国参与北极治理的经济能力

科学技术是生产力的第一要素，驱动着经济发展。当前，我国经济发展正处于从资源依赖型向创新驱动型转变的过程中，高污染、高能耗的产业发展模式难以为继，以劳动密集型产品为主导，依靠出口拉动、投资驱动来推动经济发展的模式难以实现经济的可持续发展，调整经济结构对于现阶段的中国而言迫在眉睫，[1] 当前要尽快实现从对国外技术的依赖为主

---

[1] 肖文：《科技进步与中国经济发展方式转变》，人民出版社，2017，第59页。

第三章　极地科技发展提升中国参与北极治理能力的可行性

向自主创新为主的战略转变。为此，要大力发展战略性新兴产业，加快新能源、新材料的研究，推动绿色经济、低碳经济的发展。必须依靠科技进步，提高生产效率，才能降低能耗与减少污染，促进战略性新兴产业发展。

伴随着持续快速的经济增长和在国际舞台上日益活跃的参与，中国与北极资源开发、航道使用、环境保护等事务的联系日益紧密。"冰上丝绸之路"倡议的提出和推进进一步推动了中国对北极事务的参与，"冰上丝绸之路"建设涉及生态保护、航道开发、资金筹措、技术配套、后勤保障等多个领域，在开发过程中迫切需要对北极地区的自然环境和人文社会环境进行科学认知，提升北极生态监测能力，丰富海洋、地质和气象等观测资料与数据，在此基础上采用负责任的方式、设备、技术等推进北极地区的资源开发。极地科学技术的发展涉及诸多高新技术，包括卫星遥感技术、无人机和机器人技术、精密光学技术、同位素技术、生物基因技术、测绘技术等，这些技术的发展与运用有助于推动国内经济产业的转型升级，推动机械、电子、设备制造等技术装备工业不断提高技术水平并增加技术含量，提升经济发展的质量和效益，提高科技对经济增长的贡献率，实现经济发展方式从粗放型向集约型的转变，推动国民经济又好又快发展。同时，科学技术为中国在北极地区的经济活动提供必要的科学信息和手段，推动中国在北极地区的资源开发、渔业治理、航道利用活动的开展，有利于实现中国在北极地区的国家利益。

二　有助于完善认知与塑造北极事务变化的科技能力

伴随着中国与北极事务联系的全面加强，中国愈加广泛地参与北极环境保护、航道开发与利用、渔业治理等领域事务的国际合作。极地科技发展可以增进中国对北极地区自然环境、地缘政治环境的认知，还可以为中国参与上述领域的治理活动提供有力支撑，有助于完善认知与塑造北极事务变化的科技能力。

第一，极地科技发展有助于增进中国对北极事务变化的科学认知。北极地区冷空气活动和大气环流的变化对中国气候变化产生了直接影响，持续的北极地缘政治竞争使北极地区的国际关系越发复杂，北极地区自然环境和地缘政治环境的变化对中国在北极地区的国家利益产生了重大影响。对北极地区自然环境、政治环境变化进行有效的科学认知是维护中国在北极地区国家利益的首要条件，也凸显出认知与塑造北极事务变化的科技能力的重要性。中国的北极科学研究集中了地球科学、生命科学和极端环境技术与工程领域的科研力量，可以为中国认知北极环境变化提供重要的智力支持和技术支撑。同时，人文社会科学研究可以对来自北极地区的利益威胁进行识别和分类，感知北极地缘态势变迁以及由此给中国带来的多方面影响，探讨可行的应对方案，为中国深度参与北极治理出谋划策。总之，包括极地自然科学、人文社会科学在内的科学技术的快速发展将极大地增进对北极事务变化的科学认知。

第二，极地科技发展有助于推动非政府行为体参与北极治理能力的提升。极地科技发展加速了技术的全面扩散和知识的传播，使北极治理中的"非政府行为"和"非国家行为"日益增多，非政府行为体获得更多机会参与北极治理。[1] 一些非政府组织和个人获得信息的手段和机会不断增多，开始拥有直接参与北极治理的必要知识。网络媒体的快速发展进一步加快了科学技术知识的扩散，官方、非官方主体均可以借助现代媒体手段将有关北极治理的信息向外界传播，这推动了信息来源的多元化发展。极地信息来源的多元化以及规模庞大的数据量，为各类行为体进行知识获取和信息交流提供了便利，有助于相关行为体及时了解和反馈中国参与北极治理的动态。在此基础上，多元行为体可以有序地进行协同配合，实现与其他行为体的交流互动，不断提升参与北极治理的能力。

第三，极地科技发展有助于增强中国参与北极治理决策的科学性。信息不仅是科学资源，更是一种经济资源和权力资源。[2] 科学信息的获取可以减少中国参与北极治理的不确定性，是克服中国参与北极治理存在的信息不完备问题的重要手段。气候变化、海冰消长、自然生态等方面的科学数据有助于有效地认知和界定北极各领域事务的问题属性，这是中国北极决策的先决条件。在此基础上，才能采取科学的治理决策，确保中国参与北极治理方向的科学性和中国北极政策的前瞻性。现代信息技术的发展强

---

[1] 中国现代国际关系研究所：《信息革命与国际关系》，时事出版社，2002，第11页。
[2] 朱丽兰总主编《世纪之交：与高科技专家对话》，辽宁教育出版社，1995，第52页。

第三章　极地科技发展提升中国参与北极治理能力的可行性

化了中国参与北极治理多元行为体之间的沟通、交流，使各方治理智慧凝结于中国参与北极治理的决策之中，为中国参与北极治理决策的科学性创造条件。例如，大数据技术的运用可以突破空间和时间的限制，从更深层次、更广领域促进政府与其他各类行为体之间的互动和交流，更加准确、动态、全面地反映北极治理的客观事实，为决策过程提供精准的决策依据。[①] 与此同时，社会公众也可以借助网络渠道表达自己对中国参与北极治理的利益诉求，推动北极决策朝着更加科学、更加均衡、更加可持续的方向发展。

第四，科学信息还将影响决策者思考问题的方式和价值判断，帮助决策者选择并确定治理议程的优先项，有针对性地应对来自北极地区的多重挑战。例如，根据中国科学家的研究，在北极海冰减少后，中国每年1月大部分地区温度偏低，7月降水增加。[②] 社会科学家也对北极气候变化给中国国家安全、社会发展带来的多方面影响进行了探讨。在众多学者的研究和呼吁之下，"环境保护""科学研究"等议程受到了中国政府的高度重视，最终在《中国的北极政策》白皮书中得到确认。

第五，极地科技发展有助于推动中国北极资源开发方式的优化。随着全球气候变暖趋势的增强，北极地区资源的开发难度降低，资源价值日益显现。然而，北极地区的自然环境极为脆弱、复杂，一旦遭到人为污染和生态破坏，短时间内很难恢复，这就对资源开发方式提出了更高要求。一般而言，科学的认知越丰富，治理的手段和方式就越有针对性。[③] 我国在极地冰川、海洋、大气和人体医学、天文、极地装备等领域不断取得新的进展，这些为我国有针对性地参与资源开发提供了条件。卫星遥感技术、无人机技术、精密光学技术、电子通信技术等的发展和应用，有助于帮助中国化解北极资源开发与环境保护之间的矛盾，也是推动中国深度参与北极治理最实用的治理手段和亟须发展的领域。同时，人工智能在极地无人驾驶、智能机器人、移动互联网、人工神经网络、智能房屋、网络通信等

---

① 饶玉柱、张权、李睿深：《信息化国家治理》，电子工业出版社，2018，第149页。
② 魏立新、张海影：《北极海冰减少的气候效应研究》，《海洋预报》2005年第S1期，第56页。
③ 杨剑等：《科学家与全球治理：基于北极事务案例的分析》，时事出版社，2018，第36页。

极地科考装备方面的发展与应用，将引发中国参与北极治理方式的变革。同时，极地科学技术的进步可以提高劳动者的素质，完善资源开发的管理流程，推动与资源开发和经济发展相关的关键性技术创新，在广泛应用国内外新技术的基础上，加快生产设备和工艺的更新改造，推动北极地区资源开发科技含量的增加。

三　有助于加强维护中国北极合法权益的安全能力

在经济全球化、科技全球化融合发展的历史背景下，科技实力已经成为军事领域、政治领域、经济领域、生态环境领域安全维护的基础，是影响国家安全的核心要素。江泽民同志曾指出："惟有自己掌握核心技术，拥有自主知识产权，才能将祖国的发展与安全的命运牢牢掌握在我们手中。"[①] 科学技术是第一生产力，有助于加强维护中国北极合法权益的安全能力。

第一，极地科技发展有助于识别来自北极地区的生态安全威胁。当前全球气候与环境正在经历着快速变化，地处地球两端的南极和北极地区对全球气候环境变化产生迅速而深刻的响应。气候与生态的异常变化进一步对北极自然环境（水循环、冻土、海洋生态等）、社会环境（经济开发、军事安全、原住民传统文化等）产生重大影响。在经济、科技全球化加速的时代，此种影响进一步传导至北极以外的地区、国家。毋庸置疑，北极地区的自然环境系统与中国的生态系统紧密关联，关系到中国生态系统的稳定与安全。北极地区冷空气活动和高纬度地区大气环流的变化对中国的天气和气候产生直接影响，对中国的生态环境系统和农业生产等社会经济活动影响显著。北极地区快速而深刻的改变可能对中国的气候系统和生态安全造成负面影响，生成潜在的安全威胁。对于中国而言，对来自北极地区的生态安全威胁进行科学、有效的识别，在此基础上做出恰当的政策、实践反应，才能有效维护中国的合法权益。因此，监测和跟踪北极地区环境变化及其对中国生态安全的影响是中国的一项长期任务。依靠极地科学技术的进步，在北极地区开展科学监测活动，有效掌握北极气候变化与全

[①] 江泽民：《论科学技术》，中央文献出版社，2001，第164~165页。

第三章 极地科技发展提升中国参与北极治理能力的可行性

球环境变化、中国生态安全之间的科学联系并进行深入分析，才能察觉北极地区环境变化给中国带来的生态环境安全威胁，进而才能在此基础上进行评估和应对，维护我国的生态安全利益。

随着气候变暖以及北极海冰面积的不断缩减，北极地区在诸多方面的重要战略价值凸显并引起国际社会的广泛关注，各国围绕北极利益的纷争和摩擦逐步加剧，推动北极地缘态势的变迁。在此背景之下，北极形势发生了复杂而深刻的变化，北极治理秩序渐进演变。中国虽然不是地理意义上的北极国家，却是北极事务的重要利益攸关方，北极地区发生的自然环境、地缘政治环境变化与中国的国家利益息息相关。对来自北极地区的安全威胁进行科学认知和有效识别，探讨可行的应对方案，进而维护我国的北极权益是中国参与北极治理的首要任务。中国社会科学界对北极的研究涉及国际法、国际政治、经济学、军事学、人类学、地理学和社会学等多个学科，多角度剖析北极地缘态势、北极法律适用、资源及航道利用等与中国国家利益密切相关的各领域北极问题，为深刻认知北极形势变化及其对中国的安全影响提供智力支持。

第二，极地科技发展有助于丰富维护中国北极合法权益的手段、方式。由于独特的地理区位特征，北冰洋和北极地区在北半球地缘安全战略格局中具有特殊作用，对北冰洋周围国家具有直接影响，对北半球其他国家特别是中国具有重大的战略影响，北极地区成为中国战略安全环境的重要组成部分。[①] 随着中国在北极地区资源开发、经济投资活动的增多，中国的国家利益与北极日益紧密地联系在一起，确保和维护中国在北极地区的合法权益成为中国参与北极事务的重要任务。科学技术的发展使中国维护北极安全的手段日益多元化，指挥自动化、程序化、通信电子化、计算机化将不断促进武器装备种类的多元化，武器性能也得以提升，这可以丰富维护国家利益的安全手段。在科技全球化时代，高速发展的科学技术对武器装备性能的影响是全面、深刻的，其性能改进之广、程度之高是过去任何时代都无法比拟的。[②] 随着北极社会科学研究的快速发展，对北极安全问题的认知将进一步深入，安全问题同资源开发、航道利用、科学研究

---

① 陆俊元、张侠：《中国北极权益与政策研究》，时事出版社，2016，第258页。
② 赵刚：《地缘科学学与国家科技安全》，时事出版社，2007，第117页。

等问题之间的联系被科学地认知和系统地分析,在此基础上进行北极安全政策的战略规划和顶层设计,能为中国在北极地区的经济投资、航道利用、科学研究等领域的安全维护提供决策咨询和智力支持。同时,应建立符合时代发展要求的北极安全法律体系,健全有效的安全管理机制,进一步增强公民的北极安全意识,维护中国在北极地区的合法权益,为维护中国北极合法权益的安全能力的提升提供有力保障。

四 有助于推动设置北极事务议程的话语能力提升

在北极地区国际关系加速变迁和中国公布《中国的北极政策》白皮书的双重背景下,有效构建中国在北极事务中的话语体系显得越发重要。中国参与北极治理的国际话语权不是天赋的,也不是自诩的,更不是仰赖国际社会的恩赐而获得的,必须靠综合国力的提升和必要的竞争才能获取。依靠极地科学技术的进步去主动影响、引导国际社会的主流舆论,引导他国对我国北极治理议题的观察视角,才能推动设置北极事务议程的话语能力提升。

第一,极地科技发展有助于夯实中国构建北极事务话语体系的硬实力基础。以美国为首的北极国家在北极治理中的国际话语权能够长期高居强势地位,不仅仅依靠其积极主动的战略筹划、先进的话语运作技巧、现代化的传播工具,最重要的是依赖其在参与北极治理进程中长期积累而形成的强大的硬实力,尤其是其首屈一指的科技实力作为底气支撑。设置北极事务议程的话语能力的提升有赖于中国参与北极治理综合实力的增强,进而大幅提升中国参与北极治理的效果,提升中国在北极事务中的国际影响力,积蓄中国维护在北极地区的国家利益和推动北极地区可持续发展的话语底气。极地科学技术的进步可以推动国民经济的可持续发展,为中国参与北极治理提供物质支撑,为中国参与北极环境、资源、气候等领域的治理提供技术、设备支持,提升中国参与北极治理的综合实力,夯实设置北极事务议程的话语能力的硬实力基础。拥有坚固的国家实力,中国在北极治理中的国际话语权就可以获得强大的支撑,在应对北极领域相关事务时就会有更多的回旋余地,更有可能获得更大的国际话语权,提升设置北极事务议程的话语能力。

第三章 极地科技发展提升中国参与北极治理能力的可行性

第二,极地科技发展有助于完善中国在国际组织的北极话语表达。伴随着中国参与北极治理步伐的加快,越来越多的中国科学家进入涉北极问题国际组织并担任相关职位,这不仅是中国综合国力提升的表现,也是极地科学技术跃升的直接体现。例如,2012 年,中国人杨惠根当选国际北极科学委员会副主席,在任期间,他积极参与国际极地领域重大科学研究计划,大力培育中国科学家领衔的国际极地科技合作研究计划,在北极治理的具体领域提出有建设性的治理方案,赢得了国际社会的好评,为中国参与北极治理话语体系构建做出了贡献。① 中国科学家加入国际组织,可以更好地熟悉并运用国际规则,推进国际机构优化改革,更好地体现中国等北极域外国家参与北极治理的权益,为中国与北极治理形成有效互动创造更多机会,提升自身在国际机构中的影响力,为构建中国在北极治理中的国际话语体系提供有利条件。中国在某一领域的科学研究中占有一定优势,在国际学术界拥有一定的知名度是中国科学家能够加入国际性科学组织的重要条件,这就需要依托极地科学技术进步。

第三,极地科技发展有助于加强中国在北极治理中的议程设置能力。议程设置在引导北极治理方面发挥着主导性作用,能否参与甚至主导议程设置是一个国家参与北极治理能力强弱的重要衡量指标。鉴于北极治理的复杂性,北极治理规则的确定和秩序的演进通常都需要经过学术界的广泛研究、讨论。在此过程中,多种建议议案会被提出以供决策参考。各国学者就此及相关问题发表的有价值的学术观点,也会经由各种途径对决策产生直接或间接的影响。如果学者的观点被采纳,在北极治理秩序确定的过程中体现本国要求的机会就会越多,这也是本国话语能力的表现。此外,科学技术的进步使中国逐步找到了北极治理的关键环节和关键问题,凭借不断提高的科研能力和国际协调能力,中国正在成为北极治理所需科学知识的提供者,在部分议题领域发出"中国声音"。② 将极地科技创新转化为制度方案和政策工具,提高在北极治理中的议题设置能力和话语能力。参

---

① 《国际北极科学委员会召开执行委员会会议》,中国海洋信息网,2012 年 11 月 15 日,http://www.coi.gov.cn/news/guonei/201211/t20121115_25152.html,最后访问时间:2020 年 4 月 2 日。
② 赵宁宁:《中国北极治理话语权:现实挑战与提升路径》,《社会主义研究》2018 年第 2 期,第 137 页。

与并担任国际组织相关科学项目负责人,向国际社会传达"中国智慧",可以推动中国由国际话语的"倾听者"转变为国际活动的"参与者"。例如,自2001年起,国家海洋局海洋大气化学与全球变化重点实验室陈立奇主任先后任PICES气候变化与承载能力研究分委员会(CCCC)执委、碳与气候分委会(S-CC)、气候和海洋变化及生态系统咨询委员会(COVE)等的中方代表以及PICES 2015年年会"北太平洋和北极邻近海域海洋酸化观测网"分委会主席。在其推动下,2015年10月,"北极和亚北极北太平洋海洋酸化观测网"分会在青岛召开,来自中、日、韩、美、澳和挪等多个国家的科学家参加,展现了我国在海洋酸化研究方面的先进成果,增强和提高了各国应对海洋酸化问题方案的科学性和谈判效率。

对于中国而言,在设置北极事务议程过程中体现中国在北极地区的国家利益,不仅是话语能力提升的体现,也能说明北极治理"中国方案"的国际认可,而这需要依托极地科学技术的进步。积极参加北极治理相关国际组织,无论是北极理事会各工作组,还是国际海事组织等国际平台,都要在掌握所需科学知识的前提下,才能进行国际谈判或议程设置,所提出的治理方案才有可能被国际社会认可和采纳。在谈判过程中,科学知识的数量和质量是决定谈判结果的重要因素。

第四,中国参与北极治理能力的提升也将助推极地科学技术的发展。中国参与北极治理能力的提升将推动中国在北极资源开发、环境保护、航道利用、安全维护等领域的治理活动,带动沿线港口、破冰防冰设备、造船、道路等基础设施的建设,拉动对极地科学技术发展的需求。例如,"冰上丝绸之路"倡议提出以来,中国同北极国家之间的经贸合作日益紧密,基础设施建设和资源开发活动趋于增加。然而,北极生态系统脆弱,一旦破坏难以有效恢复,开展经贸合作迫切需要提升生态监测能力,丰富海洋、地质和气象等观测资料与数据,以及采用更加环保的生产工艺,这将推动极地科学技术朝着更加高效、可持续的方向发展。中国参与北极治理能力的提升所带来的北极事务管理水平的提高、中国参与北极治理国际环境的改善,将为科学技术的发展营造开放、包容的环境,推动科学技术的国际合作,促进学术交流和人员往来,为科技观点的创新创造有利条件。同时,国际环境的改善也将为科学技术在中国参与北极治理实践中的

第三章　极地科技发展提升中国参与北极治理能力的可行性

应用提供便利，为新技术、设备在极端环境下的测试、应用、完善提供便利。科学技术与中国参与北极治理能力的关系是相对的，具有内在统一性。在科技全球化时代，科学技术的飞速发展为中国参与北极治理能力的提升提供科学手段和技术支持。中国参与北极治理能力的提升则有助于科学技术在极地领域的发展与应用，有助于极地领域自然科学、社会科学研究的快速发展和技术水平的提升，两者在逻辑上具有统一性，在价值取向上具有契合性，统一于中国参与北极治理的实践。

毋庸置疑，国际竞争的实质是以科技实力为核心的综合国力的较量，科学技术的发展水平直接关系到一个国家在世界格局中的地位。[①] 科技实力成为影响国家在世界政治经济舞台地位的决定性因素，科技格局的一超多强已经成为世界政治经济格局一超多强的基础。极地科学技术所具有的合法性、"低政治"性、工具性特征和属性，使其成为中国参与北极治理的重要路径。与中国参与北极治理的其他路径相比，极地科技发展所具有的独特优势决定了科技路径是其他路径奏效的重要基础。极地科技发展不仅可以为中国参与北极治理提供基础信息，为北极决策的制定、实施提供有力支撑，还是中国参与北极治理的重要工具和手段。一旦在某一领域取得科技主导权，中国就可以提出更有效的治理方案，依托扎实、可靠的科学证据提升中国在北极事务中的国际话语权。

---

① 赵刚：《地缘科技学与国家科技安全》，时事出版社，2007，第101页。

第四章 美、俄、日、德极地科技发展提升北极治理能力的实践及对我国的启示

冷战结束之后，随着北极自然环境和地缘态势的双重变迁，北极地区的战略价值越发凸显，北极事务因而得到了北极国家和北极域外国家的广泛关注。各国纷纷采取措施，不断提升参与北极治理的能力，实现和维护在北极地区的国家利益。在此过程中，发展科学技术成为各国在北极治理进程中谋求有利地位、维护国家利益的关键手段。[①] 积极发展极地科学技术，优化和完善参与北极治理的手段、工具，以此提升参与北极治理的能力逐步得到了北极利益有关各方的关注和重视。美国、俄罗斯等北极国家，日本、德国等北极域外国家通过多种方式加快极地科技发展，开展系统的、深入的、广泛的北极科学研究，丰富、完善北极治理的"工具箱"，在激烈争夺极地科技竞争的战略制高点的同时，着力提升参与北极治理的能力。基于此，本章选取美国、俄罗斯、日本、德国四个国家作为典型，对其通过极地科技发展推动参与北极治理能力提升的经验进行总结，为我国参与北极治理能力的提升提供借鉴。

第一节 美国极地科技发展提升北极治理能力的实践

在气候变化的影响下，北极脆弱的环境一旦遭到破坏，将会对北极生

---

① 丁煌主编《极地国家政策研究报告（2015—2016）》，科学出版社，2016，第54页。

第四章　美、俄、日、德极地科技发展提升北极治理能力的实践及对我国的启示

态圈造成难以估量的影响,将对全球传统安全、非传统安全领域产生重大影响。① 北极气候的持续变暖导致北极海冰融化加快,北极地区渔业、矿产等自然资源的开采和利用可能性大为提升。面临来自北极地区的地缘、自然环境挑战以及资源开发的历史机遇,北极国家抢先开展行动,逐步在地缘经济、自然资源和政治权力方面展开新的博弈。在北极八国中,美国和俄罗斯的北极利益诉求更为突出,北极事务触及层面更为广泛,两国高度重视科学技术在推动参与北极治理能力提升中的重要作用,注重通过极地科技发展来推动参与北极治理能力的提升。

一　美国通过科学技术提升参与能力

作为重要的北极国家,美国高度重视在北极地区的战略利益,注重通过科学技术推动参与能力的提升,主导北极治理秩序的构建,实现和捍卫美国在北极事务中的主导权。

第一,重视科学技术对推动参与北极治理能力提升的积极作用。作为重要的北极国家和科技强国,美国高度重视科学技术对参与北极治理以及能力提升的积极作用,这反映在多份联邦政府的北极政策文件之中。尼克松政府颁布的《第144号国家安全政策备忘录》指出,北极环境变化可能给美国国家利益带来负面影响,要加强对北极自然环境的科学研究,提升美国对北极环境变化的认知能力,通过科学研究增进对北极环境的理解。② 里根政府颁布的《第90号国家安全决策指令》要求美国北极政策在对北极环境有科学了解的基础上制定,进一步强调科学研究对于美国北极认知水平和北极决策的重要性。③ 为进一步提升对北极环境变化的认知能力,发挥科学研究对美国参与北极治理能力的支撑作用,1994年6月,克林顿总统颁布了主题为"美国的南北极政策"的《第26号总统决策指令》。该

---

① 夏立平:《北极环境变化对全球安全和中国国家安全的影响》,《世界经济与政治》2011年第1期,第122页。
② National Security Council, "National Security Decision Memorandum 144," December 22, 1971, http://www.fas.org/irp/offdocs/nsdm-nixon/nsdm-144.pdf, accessed: 2023-06-28.
③ The White House, "National Security Decision Directive 90," April 14, 1983, https://www.reaganlibrary.gov/sites/default/files/archives/reference/scanned-nsdds/nsdd90.pdf, accessed: 2023-06-28.

指令要求加强对当地、区域和全球环境问题的科学监测和研究，并将其作为美国在北极地区开展活动的六个主要目标之一。此外，该指令还要求科技政策办公室、管理与预算办公室通过与跨部门北极研究政策联合委员会（Interagency Arctic Research Policy Committee，IARPC）等有关机构合作，设定一个综合研究、监控、评估和优先等级的跨部门国家级项目，以最有效地利用现有资源。[1]

冷战结束后，随着全球气候变暖趋势的增强，北极治理逐步走上了快速发展的轨道。极地科学技术发展对于参与北极治理能力提升的重要性越发得到美国政府的重视，在美国北极政策中的地位进一步提升。2009年1月，小布什政府颁布了《第66号国家安全总统指令/第25号国土安全总统指令》，[2] "确保该地区发展的可持续性"，该指令明确了美国面临北极气候变化的威胁，强调要加强对当地、区域以及全球环境问题的科学研究，通过科学研究、国际合作等方式推动气候问题的解决，并对北极科学研究的方向、任务进行了指导和规划。科学技术对参与北极治理能力的提升，尤其是决策能力提升的重要性也得到了奥巴马政府的高度重视。2013年5月，奥巴马政府发布了第一份正式的北极战略文件——《北极地区国家战略》，并将"运用最佳科学信息做出决策"作为美国北极战略的四项指导原则之一。这份文件指出北冰洋的广大地区尚未开发，美国缺乏了解和解决北冰洋问题所需的基本知识，要通过科学研究和传统知识了解北极，尤其要重点关注以下问题领域：陆冰及其在海平面变化中的作用，海冰及其在全球气候、促进生物多样性和保护北极原住民中的作用，永久性冻土变暖及其对基础设施和气候的影响。[3] 总体而言，美国对极地科学技术之于参与北极治理能力提升重要性的认识是明确且到位的，这使美国高度重视北极科学研究的创新、发展，为美国参与北极治理各方面能力的提升奠

---

[1] The White House, "Presidential Decision Directive/NSC-26," June 9, 1994, https://fas.org/irp/offdocs/pdd/pdd-26.pdf, accessed：2023-06-28.

[2] The White House, "NSPD-66/HSPD-25 on Arctic Region Policy," January 9, 2009, https://fas.org/irp/offdocs/nspd/nspd-66.htm, accessed：2023-06-28.

[3] The White House, "National Strategy for the Arctic Region," May 10, 2013, https://obamawhitehouse.archives.gov/sites/default/files/docs/nat_arctic_strategy.pdf, accessed：2023-06-28.

第四章 美、俄、日、德极地科技发展提升北极治理能力的实践及对我国的启示

了扎实基础。

第二,通过科技合作带动北极事务国际合作。对美国而言,北极政治、安全事务具有较高的敏感度,美国并不愿意在北极治理秩序、军事安全战略等领域开展广泛的国际合作,恐其威胁美国在北极治理中的主导地位。极地科学研究属于"低政治"事务,政治敏感度低,在该领域开展国际合作并不会给美国的北极战略主导地位带来威胁。此外,北极特殊的自然地理环境使气候问题以及由此导致的海洋环境恶化、生态破坏等问题的影响不断扩大,已经不局限在北极地区。事实上,北极八国也无法凭借自身力量解决北极环境问题,尤其是像气候变化这样的跨界问题。[1] 积极应对北极地区面临的气候变化、生态环境破坏等问题,迫切需要加强与北极域内外国家、非国家行为体以及国际组织的科学合作,提升应对北极环境变化的能力。

基于上述考量,极地科学研究成为美国参与北极治理过程中提升国际合作能力的重要事务领域,美国与多个国家签署了涉及北极科学研究的合作文件。例如,2016 年,美国分别和加拿大、北欧五国签署《美加关于北极、气候及能源问题的声明》[2] 和《美国与北欧国家元首声明》[3],以促进美国与上述国家在气候变化应对、科学研究等领域的国际合作。美国还积极推动召开极地科技事务的国际会议。2016 年 9 月,首届北极科学部长级会议在美国召开,北极八国以及部分北极域外国家的科技部部长、科学顾问等,围绕北极治理中如何推动北极科学研究、开展国际合作等事务进行了深入研讨。[4] 另外,美国还积极利用担任北极理事会轮值主席国的有利条件,推进北极科学研究的国际合作进程。2015 年至 2017 年,美国担任

---

[1] 刘惠荣、陈奕彤、董跃:《北极环境治理的法律路径分析与展望》,《中国海洋大学学报》(社会科学版) 2011 年第 2 期,第 1 页。

[2] The White House, "U. S. -Canada Joint Statement on Climate, Energy, and Arctic Leadership," March 10, 2016, https://www.whitehouse.gov/the-press-office/2016/03/10/us-canada-joint-statement-climate-energy-and-arctic-leadership, accessed:2023-06-28.

[3] The White House, "U. S. -Nordic Leaders' Summit Joint Statement," May 13, 2016, https://www.whitehouse.gov/the-press-office/2016/05/13/us-nordic-leaders-summit-joint-statement, accessed:2023-06-28.

[4] The White House, "United States Hosts First-Ever Arctic Science Ministerial to Advance International Research Efforts," September 28, 2016, https://www.whitehouse.gov/the-press-office/2016/09/28/fact-sheet-united-states-hosts-first-ever-arctic-science-ministerial, accessed:2023-06-28.

北极理事会轮值主席国。奥巴马政府充分利用北极理事会这一平台，加强与北极域内外各国在气候变化应对领域的北极科学合作。2014年12月，美国公布北极理事会的优先议程。[①] 2015年10月，北极理事会发布2015年至2017年工作计划。[②] 两份文件均将应对北极气候变化、开展国际科学合作等内容纳入其中。总体而言，美国高度重视推动北极科学研究的跨国合作，在强化美国在北极科学技术领域的国际领先地位的同时，提升参与北极治理的国际合作能力，为维护美国在北极治理中的主导地位提供支撑。

第三，借助极地科技发展提升北极态势感知能力。美国尤其注重通过对北极地区的科学研究，了解北极地区自然环境、地缘政治的动态变化，为美国北极行动能力的提升提供多维支撑。美国国防部和海岸警卫队的多份文件，均强调通过科学研究来提升北极地区态势感知能力，为提升北极行动能力提供助力。

奥巴马政府颁布的《北极地区国家战略实施框架》（The National Strategy for the Arctic Region Implementation Framework）把国家北极感知责任分配给海岸警卫队。具体感知内容包括：有关国防和安全的信息；有关船员、乘客和运载货物的信息；污染检测和跟踪能力；天气观测和环境观测，包括冰上侦察；海洋生物资源活动；人类活动和基础设施。2013年5月发布的《美国海岸警卫队北极战略》，将强化北极领域感知作为海岸警卫队未来十年在北极地区的三个战略目标之一。[③]《国防部北极战略（2013）》指出，国防部将在信息的利用、获取、交流和开发方面与国际伙伴开展协作，促进感应、数据搜集、融合、分析和信息共享，从而适当提高其在北极地区的态势感知能力。[④] 2015年12月发布的《美国海岸警卫队北极战略实施计划》则将强化海域感知、提高北极通信能力、推动北极海岸警卫队

---

① The White House, "America Is an Arctic Nation," December 2, 2014, https://www.whitehouse.gov/blog/2014/12/02/america-arctic-nation, accessed：2023-06-28.

② U.S. Department of State, "Chairmanship Projects," October 29, 2015, https://2009-2017.state.gov/e/oes/ocns/opa/arc/uschair/248957.htm, accessed：2023-06-28.

③ USCG, "Arctic Strategic Outlook 2013," May 21, 2013, https://www.uscg.mil/Portals/0/Strategy/cg_arctic_strategy.pdf, p.10, accessed：2020-04-02.

④ Department of Defense, "Department of Defense Arctic Strategy 2013," November 22, 2013, https://dod.defense.gov/Portals/1/Documents/pubs/2013_Arctic_Strategy.pdf, p.2, accessed：2023-06-28.

第四章 美、俄、日、德极地科技发展提升北极治理能力的实践及对我国的启示

论坛发展以支持北极政策研究中心（Center for Arctic Study and Policy）、加强北极海洋环境响应等事项作为具体实施北极战略的重要行动倡议。①《国防部北极战略（2016）》进一步强调强大的领域感知能力是执行任何国家安全任务的关键推动力。稳健的观测、遥感功能，对影响北极地区行动的空间、空气、海面、海冰和海洋环境的建模，是领域感知和安全行动（尤其是在偏远和环境恶劣地区）的关键。②《国防部北极战略（2019）》指出，北极地区气候环境恶劣、基础设施匮乏，在北极地区有效行动需要国防部进行时间敏感和风险告知的投资，以建立北极感知，包括启用领域感知，改善通信和情报、监视及侦查，增加现场观测和加强环境模拟，支持海岸警卫队的国土安全任务。③ 海岸警卫队发布的《北极战略展望（2019）》指出，海岸警卫队将继续发展与国家大气和海洋管理局、美国海军、美国国家科学基金会、美国国家冰上中心等的强大合作伙伴关系，以收集北极数据、分析环境条件并通过有效渠道传播信息；同时，加强全源情报收集的可用性并增进对北极地区海洋趋势、威胁和挑战的了解，这将确保海岸警卫队更有效地行动。④ 通过发展科学技术提升北极区域感知能力，是提升北极行动能力的重要前提。

第四，高度重视涉北极智库的影响力建设。智库又被称为"思想库"，一般是指由各学科的专家、学者组成的，为决策者处理政治、经济、军事、外交等领域事务出谋划策，提供策略、思想和方法支持的科研机构。⑤ 美国十分重视智库在参与北极治理话语能力提升中的积极作用，将智库作为塑造北极舆论引导能力的重要主体，充分发挥智库作为非官方主体的身份优

---

① USCG, "Arctic Strategy Implementation Plan," August 25, 2017, https://www.dco.uscg.mil/Portals/9/DCO%20Documents/5pw/Arctic%20Policy/CGAS%20IPlan%20Final%20Signed.pdf?ver=2017-08-25-075935-927, p.9, accessed: 2020-04-02.

② Department of Defense, "Department of Defense Arctic Strategy 2016," October 20, 2016, https://dod.defense.gov/Portals/1/Documents/pubs/2016-Arctic-Strategy-UNCLAS-cleared-for-release.pdf, p.2, accessed: 2023-06-28.

③ Department of Defense, "The 2019 Department of Defense (DOD) Arctic Strategy," May 29, 2019, https://media.defense.gov/2019/Jun/06/2002141657/-1/-1/1/2019-DOD-ARCTIC-STRATEGY.PDF, pp.9-10, accessed: 2023-06-28.

④ USCG, "Arctic Strategic Outlook 2019," April 21, 2019, https://www.uscg.mil/Portals/0/Images/arctic/Arctic_Strategic_Outlook_APR_2019.pdf, p.28, accessed: 2020-04-02.

⑤ 中国现代国际关系研究所编《美国思想库及其对华倾向》，时事出版社，2003，第4页。

势,将官方不便发表的意见传播出去,为话语体系的构建营造有利的舆论环境。冷战结束后,随着北极地缘态势的加速变迁,众多美国智库学者参与到北极问题研究中,对资源开发、航道利用、环境保护等事务予以进一步关注,相关观点和政策建议体现在研究报告、期刊文章、听证会证词、媒体访谈中。① 不仅如此,美国智库还充分发挥报刊、网络、电视等现代媒介的作用,通过举办学术会议、出版图书等多种方式,积极推动在北极事务领域的影响力建设,这些取得了显著效果。

二 美国智库开展北极影响力建设的主要做法②

智库在美国的内政、外交事务中发挥十分重要的影响力,智库关于相关问题的研究常常预示着美国政府未来的政策走向,被视为立法、行政和司法之外的"第四部门"。党的十八大以来,以习近平同志为核心的党中央高度重视智库建设,智库建设受到高度重视,提升中国特色新型智库的影响力成为一项重要的时代课题。美国智库的影响力建设为中国智库的影响力建设提供了有益借鉴和重要参考,要学习和借鉴美国智库在影响力建设方面的经验,有针对性地加强中国智库的影响力建设。

(一) 智库样本的选取

本书选取布鲁金斯学会(Brookings Institution)、战略与国际研究中心(Center for Strategic and International Studies)、外交关系委员会(Council on Foreign Relations)三家有代表性的美国主流智库作为样本,探究智库在美国北极事务领域中的影响力建设。三家智库在全球享有盛名,根据美国宾夕法尼亚大学于2020年6月公布的《全球智库报告(2019)》,这三家智库无论是全美排名还是外交类智库排名,均名列前茅。以外交类智库排名为例,布鲁金斯学会、战略与国际研究中心和外交关系委员会分别位于榜

---

① 刘建华、朱光胜:《试析美国智库对美南海政策的影响》,《太平洋学报》2017年第4期,第32页。
② 部分内容发表在黄雯、杨松霖、张维冲《美国智库开展影响力建设的主要做法及其启示——基于对三家主流智库在北极事务领域影响力建设的考察》,《情报杂志》2023年第5期,第42~48页。

第四章　美、俄、日、德极地科技发展提升北极治理能力的实践及对我国的启示

单的第一位、第三位和第六位。①

著名智库专家詹姆斯·麦甘将美国智库的政治倾向划分为保守、古典自由、中间和进步/自由四类，按照政治与哲学导向又进一步划分为保守派、古典自由派、中右派、中间派、中左派、进步/自由左派六种。一般而言，保守派智库通常会赞成自由市场的经济政策和传统主义的社会政策。自由派智库同保守派智库类似，但是更为强调自由放任的经济政策，不鼓励政府干预社会政策。当今中间派智库备受关注，不仅因为其学者认为用超然及无党派的方法来研究政策能够使政策的制定兼顾保守与进步两个方面，而且因为中间派学者的观点范围跨度很大。进步派总体上支持国家干预经济，但不赞成国家对社会问题的过多干涉。在政治倾向上，布鲁金斯学会为中左派，战略与国际研究中心为中右派，外交关系委员会为中间派。从成立时间来看，三家智库成立时间较早，具有较为深厚的文化底蕴和研究传统，为美国社会各界人士所熟知。从研究领域来看，三家智库研究领域相对广泛，涉及国内外政策的诸多方面，具有较广阔的研究视野。其中，布鲁金斯学会的研究领域覆盖全球经济发展、政府研究、外交政策、都市政策等诸多方面；战略与国际研究中心则关注美国的经济、国防、网络安全、气候变化、全球健康以及国际发展等议题；外交关系委员会的研究兴趣相对集中在涉及美国国家利益的外交类事务上。

一是布鲁金斯学会。布鲁金斯学会建立于1916年，是美国乃至全球最负盛名的智库之一。布鲁金斯学会一直致力于为解决社会、国家和全球问题提供务实和创新的思路，其使命是在世界范围内推动和开展经济学、政府管理、政治和社会科学领域的研究。董事会是智库的最高决策机构，布鲁金斯学会董事会由不同背景的精英人士组成，例如，现任董事会联合主席格伦·哈钦斯（Glenn Hutchins）是美国著名金融家，曾于1992年加入克林顿总统过渡团队，担任经济政策领域的高级顾问；现任董事会副主席亚瑟·科林斯（Arthur Collins）曾于2008年总统大选期间担任奥巴马的高级政治策略师。布鲁金斯学会的前身政府研究所（Institute for Government Research，IGR）是美国第一个分析公共政策问题的私人组织。1927年，

---

① James McGann, "2019 Global Go to Think Tanks Index Report," https://repository.upenn.edu/think_tanks/17/, accessed：2023-06-25.

IGR 与经济研究所（Institute of Economics）及其研究生院合并组成了如今的布鲁金斯学会。学会经费来源主要包括政府拨款、基金会基金以及个人的捐赠、教育培训收入等。①

二是战略与国际研究中心。1962 年，在冷战对峙的背景下，海军上将阿里·伯克（Arleigh Burke）和大卫·阿布希尔（David Abshire）在华盛顿的乔治敦大学建立了战略与国际研究中心。自成立以来，该中心一直以定义国家安全的未来为目标，为实现美国民族自立和繁荣昌盛的前景而努力。目前，董事会主席由美国知名商人、投资家托马斯·普里兹克（Thomas Pritzker）担任，美国前参议员山姆·努恩（Sam Nunn）担任联合主席，国防部前副部长约翰·哈姆雷（John Hamre）担任总裁。该中心的部门包括总裁办公室、发展规划部、对外关系部等。② 2019 年财报显示，其经费主要来自企业赞助和捐款（30%）、基金会基金（29%）、政府拨款（24%）、个人捐款（11%）、奖金（3%）和其他收入。

三是外交关系委员会。外交关系委员会成立于 1921 年，一直致力于帮助其成员、政府官员、民众等人群更好地了解美国或其他国家面临的外交政策选择。目前，董事会由大卫·鲁宾斯坦（David Rubenstein）担任主席，他曾于 1975 年到 1976 年担任参议院修宪小组委员会首席法律顾问；贾米·米西克（Jami Miscik）和布莱尔·埃夫隆（Blair Effron）担任副主席，贾米·米西克曾任美国中情局情报部门副主任，布莱尔·埃夫隆是知名独立投资银行和咨询公司的联合创始人。外交关系委员会的职能部门包括行政办公室、项目办、《外交事务》编辑部等。③ 经过提名程序获得会员资格的有近 4000 人，主要分布于纽约、华盛顿特区和美国其他地方。④ 经费主要来自会员费和会员捐款等。其创办的《外交事务》杂志，自 1922 年以来，始终致力于研究美国外交政策与全球事务，是目前国际政治经济

---

① 高春玲：《布鲁金斯学会的核心价值、运行机制及未来构想》，《智库理论与实践》2016 年第 2 期，第 98 页。
② 孔青青：《美国战略与国际研究中心的运营机制、研究产出及主要特点分析》，《智库理论与实践》2017 年第 5 期，第 92 页。
③ 金龙云：《美国外交关系委员会研究（1921—1991）》，东北师范大学出版社，2010。
④〔美〕詹姆斯·G. 麦甘：《美国智库与政策建议：学者、咨询顾问与倡导者》，肖宏宇、李楠译，北京大学出版社，2018，第 220 页。

第四章 美、俄、日、德极地科技发展提升北极治理能力的实践及对我国的启示

领域的顶尖学术期刊之一。

（二）美国智库在北极事务领域的影响力建设

为了最大限度地在政策制定过程中发挥影响力，美国智库采取多种手段开展影响力建设，不断提升智库在美国政治、社会生活中的影响力。在北极事务领域，三家智库通过多元化的建设手段，持续提升其学术影响力、社会影响力、政策影响力和国际影响力，稳步推进智库在北极事务领域的影响力建设。总体而言，美国智库在北极事务领域开展影响力建设的主要做法分为以下四个方面。

其一，设立相关研究机构，不断拓展学术影响。研究机构数量的增加和相关研究项目的设立，以及智库研究成果的持续快速增多，为智库学术影响的拓展奠定了扎实的基础。

第一，设立研究项目和组建研究机构。三家智库主要通过相关研究项目和研究机构对北极问题开展深入研究，由该领域的相关专家作为负责人具体推动，提供有影响力的知识产品。具体而言，布鲁金斯学会主要依托能源安全与气候倡议项目小组对北极问题进行研究，战略与国际研究中心依托欧洲项目、能源与国家安全项目对北极问题进行动态追踪，外交关系委员会则通过国际机构和全球治理项目进行北极非传统安全问题的研究（见表4-1）。

表4-1 三家智库涉北极问题的研究机构/项目概况

智库	研究机构/项目	负责人
布鲁金斯学会	能源安全与气候倡议项目小组	萨曼莎·格罗斯（Samantha Gross）
战略与国际研究中心	欧洲项目、能源与国家安全项目	希瑟·康利、莎拉·拉迪斯劳
外交关系委员会	国际机构和全球治理项目	斯图尔特·帕特里克（Stewart Patrick）

资料来源：作者根据智库网站的信息整理而得。

第二，积极发布研究成果。本书对三家智库的官方网站进行检索，将检索条件设置为"Arctic"，以冷战结束至2020年10月15日为期间，剔除活动预告、会议视频、播客、专访、评论、公告、研讨会简讯以及与主题不符的文献，最终获得三家智库有效研究报告和文章36篇（见表4-2）。分智库进行统计，布鲁金斯学会发文9篇，战略与国际研究中心发文20篇，外

交关系委员会发文7篇,共计36篇。其中,希瑟·康利发表18篇,占三家智库发文总数的1/2,是该中心也是三家智库发文最多的学者。智库发表大量北极领域的研究成果,将智库对北极问题的认知和意见集中对外发布,不断影响学术界对北极问题的研究进而提升影响力。

表4-2 三家智库的北极问题研究情况

单位:篇

智库	发文篇数	高产作者	关键词
布鲁金斯学会	9	查尔斯·埃宾格（Charles Ebinger）	地缘政治、国际合作、气候变化、土著社群、油气治理、资源开发
战略与国际研究中心	20	希瑟·康利	国际合作、安全、北极理事会、俄罗斯、海事纠纷、航道治理、资源开发、伙伴关系、大国竞争、中国
外交关系委员会	7	无*	气候变化、经济发展、海岸警卫队、安全、原住民、资源开发、环境保护、基础设施、竞争

* 外交关系委员的7篇文献,为7位不同的作者撰写完成,故此处"高产作者"不将7位作者统计在内。

资料来源:作者根据智库网站的信息整理而得。

其二,充分运用现代媒介手段,提升社会影响力。借助现代化的媒介手段,智库学者的认知观点实现了快速传播,对社会舆论产生重要的影响。

第一,通过学术刊物等媒介进行认知观点传播。新闻媒体已经成为今天美国政治的权力中心之一,在美国,新闻媒体可以左右公众舆论,甚至操控政府,推行自己的政策。[①] 布鲁金斯学会、战略与国际研究中心、外交关系委员会等著名智库的学者通过在电视、报纸、网络等大众媒体表达对北极领域相关问题的看法,在潜移默化之中塑造和引导社会认知。比如,2008年3月,外交关系委员会的斯科特·博格森（Scott Borgerson）在外交学顶级刊物《外交事务》上发表《北极融化:全球变暖的经济和安全影响》,指出目前国际社会没有明确的规则来管理北极地区

---

① 〔美〕罗杰·希尔斯曼、劳拉·高克伦、帕特里夏·A.韦茨曼:《防务与外交决策中的政治——概念模式与官僚政治》,曹大鹏译,商务印书馆,2000,第346页。

第四章　美、俄、日、德极地科技发展提升北极治理能力的实践及对我国的启示

的经济和战略发展，美国必须引领制定多边外交的解决方案，否则北极可能会陷入武装冲突。① 2013年7月，博格森再次在《外交事务》上发表学术文章，探讨气候变化将给北极地区经济发展带来何种机遇。② 也有智库学者在博客中发表对相关问题的看法，系统论述对北极事务相关问题的看法，推动读者深入、系统地认知北极问题。例如，2015年5月，战略与国际研究中心的希瑟·康利发表博客文章《通往伊魁特之路：美国就任轮值主席国前夕的北极议程》，分析了美国担任北极理事会轮值主席国的工作任务。③ 再如，布鲁金斯学会的学者发表题为《美国海岸警卫队的未来在太空》的博客文章，强调应重视与太空军的合作，进一步强化太空力量建设。④

第二，通过播客、简报、图书等形式扩大影响。为实现及时捕捉热点、快速出版的目的，各大智库都定期或不定期地推出自己的播客、简报、图书、杂志、报告等，扩大其思想产品的社会影响。例如，2013年1月，布鲁金斯学会发布了题为《北极原住民、流离失所与气候变化：寻找联系》的博客文章，探讨了气候变化与北极地区人口迁移之间的关系。⑤ 又如，2020年5月，外交关系委员会的布莱恩·西特洛（Brian Sittlow）发表《北极地区日趋激烈的竞争意义何在？》简报，探讨了北极地区战略博弈加剧的重要原因和影响，其中还对中国参与北极事务的意图进行了解读。⑥ 通过多元化的传播渠道，美国智库与政府及社会各界形成良性互动，

---

① Scott Borgerson, "Arctic Meltdown: The Economic and Security Implications of Global Warming," *Foreign Affairs*, 2008, 87, pp. 63-77.
② Scott Borgerson, "The Coming Arctic Boom: As the Ice Melts, the Region Heats Up," *Foreign Affairs*, 2013, 92 (4), pp. 76-89.
③ Heather Conley and Caroline Rohloff, "The Road to Iqaluit: The Arctic Agenda on the Eve of the U.S. Chairmanship," https://www.csis.org/blogs/smart-global-health/road-iqaluit-arctic-agenda-eve-us-chairmanship, accessed: 2023-06-25.
④ Michael Sinclair, "The Future of the U.S. Coast Guard Is in Outer Space," https://www.brookings.edu/blog/order-from-chaos/2020/10/15/the-future-of-the-u-s-coast-guard-is-in-outer-space/, accessed: 2023-06-25.
⑤ Brookings Institution, "Arctic Indigenous Peoples, Displacement, and Climate Change: Tracing the Connections," https://www.brookings.edu/events/arctic-indigenous-peoples-displacement-and-climate-change-tracing-the-connections/, accessed: 2023-06-25.
⑥ Brian Sittlow, "What Are China's aspirations in the Arctic?" https://www.cfr.org/in-brief/whats-stake-rising-competition-arctic, accessed: 2023-06-25.

进而塑造公众舆论和政府决策。

其三，采取多元化的交流方式，增强国际影响力。上述智库通过举办国际研讨活动，邀请国外官员、学者共同参与北极研究等方式，增强其在北极事务领域的国际影响力。

第一，举办国际研讨活动以强化舆论宣传。积极举办研讨活动是智库增强影响力的重要手段。[①] 三家智库积极召开与北极议题相关的国际研讨活动，增强其在北极事务领域的国际影响力。2009年5月，战略与国际研究中心召开了"北极的全球挑战"（Global Challenges in the Arctic）研讨会，指出随着科技的发展和环境的改变，北极地缘政治的重要性凸显，该中心号召与会各国进一步加强对北极问题的关注和重视。[②] 2016年5月，该中心与中国同济大学在华盛顿共同举办了为期两天的第二届中美北极社会科学研讨会，来自中美两国的学者和政府官员分别就中美北极合作的领域、障碍等问题进行了交流，[③] 增进了对彼此北极观点的认识。2017年4月，外交关系委员会召开了"气候变化与北极演变"（Climate Change and the Evolving Arctic）研讨会，与高校、智库学者以及官员等就气候变化的影响展开讨论。[④]

第二，邀请国外官方机构、人员共同参与北极研究。邀请国外北极事务领域的政府官员、科学家加入美国智库的北极问题研究中，通过合作开展北极问题研究，深入了解彼此对北极问题的认识和看法，进而扩大美国智库北极问题认知的影响，这是美国智库开展国际影响力建设的重要手段。例如，2019年5月，战略与国际研究中心欧洲项目副主任和高级研究员雷切尔·埃勒胡斯（Rachel Ellehuus）邀请美国海岸警卫队退役司令保罗·祖昆夫特（Paul Zukunft）上将、丹麦联合北极司令部司令金·乔根森（Kim Jørgensen）少将、加拿大海事大西洋司令部司令克雷格·贝恩斯（Craig Baines）少将发表联名文章，对北极地区的变化趋

---

① 张建：《美国智库对香港问题的认知及其影响》，《国际展望》2018年第3期，第135页。
② https://www.csis.org/events/global-challenges-arctic，accessed：2023-06-25。
③ 潘敏、徐理灵：《中美北极合作：制度、领域和方式》，《太平洋学报》2016年第12期，第87页。
④ https://www.cfr.org/event/climate-change-and-evolving-arctic，accessed：2023-06-25。

第四章　美、俄、日、德极地科技发展提升北极治理能力的实践及对我国的启示

势进行解读。① 毋庸置疑，在共同开展研究的过程中，美国智库的观点以"润物细无声"的方式潜移默化地影响外国官员、专家的观点，进而不断增强美国智库的国际影响力。

其四，主动加强与官方交流，拓展政策影响。智库通过与官方保持密切联系、进入决策团队，甚至借用新闻媒体进行舆论造势等途径"贩卖"其思想产品，进而增强其政策影响力。

第一，举办政策主题论坛、讲座、研讨会等。美国智库组织和推动北极政策主题论坛、讲座、研讨会，积极探讨在北极地缘政治环境和自然环境双重剧变的时代背景下，北极地区变化对美国国家利益的影响以及美国政府的应对方案，通过举办政策主题论坛、讲座、研讨会等吸引官方关注，对官方决策施加影响。例如，2015年11月，外交关系委员会电话连线阿拉斯加大学费尔班克斯分校地理和北极政策领域的杰出教授劳森·布里格姆（Lawson Brigham），讨论气候变化、全球化及地缘政治如何驱动北极地区发生变化，美国应该如何应对北极地区的自然环境、地缘政治环境变化。② 2021年5月，布鲁金斯学会召开题为"中国的北极活动和雄心"（China's Arctic Activities and Ambitions）的线上研讨会，讨论美国及其盟国和合作伙伴应如何应对中国在北极地区日益增加的军事投资和经济活动。③

第二，智库专家学者出席国会听证会。美国国会是一个相对松散的决策机构，在审议外交议案时，议员们需要外交政策专家的专业知识，这就为智库影响外交决策提供了机会和舞台，邀请著名智库专家和学者出席国会听证会是国会议员理解政策思想的重要途径。④ 美国智库专家、学者借助出席国会听证会，积极宣介美国智库关于北极问题的认知，影响国会议员的认知和态度。例如，2009年3月，众议院外交委员会

---

① Rachel Ellehuus, Paul Zukunft, Kim Jørgensen, Craig Baines, "Shifting Currents in the Arctic: Perspectives from Three Arctic Littoral States," https://www.csis.org/analysis/shifting-currents-arctic, accessed: 2023-06-25.
② "The Future of the Arctic," https://www.cfr.org/conference-calls/future-arctic, accessed: 2023-06-25.
③ https://www.brookings.edu/events/chinas-arctic-activities-and-ambitions/, accessed: 2023-06-25.
④ 穆占劳：《美国思想库与美中关系研究》，博士学位论文，中共中央党校，2004年。

(House Foreign Affairs Committee)举办了题为"气候变化与北极：国家安全的新阵地"(Climate Change and the Arctic: New Frontiers of National Security)的听证会，外交关系委员会的斯科特·博格森出席作证，并就该问题发表意见。他认为，北极对于美国具有十分重要的地缘战略意义，而气候变化正在改写北极地区的地缘政治篇章。① 2011年7月，参议院商业、科学及交通委员会(Senate Committee on Commerce, Science and Transportation)举办了题为"在不断变化的北极地区捍卫美国的经济利益：是否有战略？"(Defending U.S. Economic Interests in the Changing Arctic: Is There a Strategy?)的听证会，斯科特·博格森出席并发表了证词。博格森认为，美国目前没有完善的北极战略投资策略，应在保护环境和资源开发之间保持平衡。② 通过出席国会听证会，智库为自身树立一个便捷、专业、掌握政策信息的"军师"形象，有利于加强与国会议员之间的互动和联系，以便推动将自身的政策主张融入国会议案，进而对国会决策产生影响。

第三，借助"旋转门"机制增强与官方交流。"旋转门"机制③使美国智库和政府之间实现人员流通，从而将智库的政策主张渗透到美国政治之中，使智库成为影响美国政治政策走向的重要力量。④ 上述智库积极推动部分官员加入北极问题研究，搭建知识与权力之间的桥梁，增强北极问题研究的政策针对性。例如，斯科特·博格森曾担任海岸警卫队上尉，加入外交关系委员会后即开展有关海岸警卫队问题的研究。雷切尔·埃勒胡斯曾任国防部部长办公室欧洲和北约政策首席负责人，卸任后加入战略与

---

① https://www.govinfo.gov/content/pkg/CHRG-111hhrg48332/pdf/CHRG-111hhrg48332.pdf, accessed: 2023-06-25.

② https://www.govinfo.gov/content/pkg/CHRG-112shrg72568/html/CHRG-112shrg72568.htm, accessed: 2023-06-25.

③ 任恒：《构建我国新型智库"旋转门"机制：内涵、现状及思路》，《北京工业大学学报》（社会科学版）2021年第1期，第77页。

④ 所谓"旋转门"机制，是指智库学者在某一研究领域具有相当影响力以后，被引入政府决策部门担任一定的职务；与此同时，智库也会邀请部分卸任或退休的官员至智库工作，以此实现对美国外交决策的影响。因为他们既能利用各自的工作经验与人脉关系，继续从事公共政策研究，并对政府的外交决策施加影响，也能使自身得到学习机会，为日后再度"旋转"至政府部门丰富知识储备。参见元利兴《美国智库与政治》，中国经济出版社，2018，第211页。

第四章 美、俄、日、德极地科技发展提升北极治理能力的实践及对我国的启示

国际研究中心,专注于国防安全、地缘政治、欧盟、北约等领域,目前担任欧洲、俄罗斯和欧亚项目(Europe, Russia, and Eurasia Program)的副主任和高级研究员。希瑟·康利曾任欧洲和欧亚事务局副助理国务卿,负责美国与北欧、中欧国家的双边关系,目前担任战略与国际研究中心高级副总裁,主管欧洲、欧亚和北极地区项目。卸任官员在欧亚事务、美加关系以及国家情报等问题上拥有丰富的工作经验,能够协助智库及时把握官方对北极问题的关注点,从而推动智库的北极研究紧密贴合政策需要(见表4-3)。

表4-3 (曾)担任政府职务的智库学者(部分)

智库	学者	(曾)担任政府职务
布鲁金斯学会	布鲁斯·琼斯(Bruce Jones)	联合国中东和平进程特别协调员的特别助理、国务院和世界银行脆弱国家问题顾问
	伊丽莎白·费里斯(Elizabeth Ferris)	联合国难民与移民峰会高级顾问
战略与国际研究中心	希瑟·康利	欧洲和欧亚事务局副助理国务卿
	尼科斯·查福斯(Nikos Tsafos)	阿拉斯加州议会商务顾问
	雷切尔·埃勒胡斯	国防部部长办公室欧洲和北约政策首席负责人
外交关系委员会	斯科特·博格森	海岸警卫队Point Sal(WPB-82353)指挥官
	撒德·艾伦(Thad W. Allen)	海岸警卫队参谋长、第二十三任指挥官
	克里斯蒂娜·惠特曼(Christine Whitman)	新泽西州第五十任州长、老布什政府环保局局长
	埃斯特·布里默(Esther Brimmer)	国务院国际组织事务局助理国务卿

资料来源:作者搜集相关资料整理而得。

第四,智库专家进入政府部门开展相关工作,将智库观点带入决策体系中。例如,大卫·史蒂文(David Steven)于2013年至2016年在布鲁金斯学会的外交政策项目组中从事研究工作,2020年7月开始作为高级研究员加入联合国基金会,与此同时,他也是纽约大学国际合作中心的高级研究员。战略与国际研究中心的杰米·克劳特(Jamie Kraut)在2008年作为助理研究员加入该中心,2013年作为高级政策咨询师开始在财政部履职。彼得·特罗德森(Peter Troedsson)上校在1984年至2014年一直服役于美

国海岸警卫队，服役期间他于 2012 年至 2013 年在外交关系委员会从事危机管理、灾难响应、海事安全以及北极发展问题领域的研究工作。[①] 智库专家进入政府部门从事相关领域的工作，将智库的思想观点进一步传播到权力核心，使知识与权力得到了最有效的结合[②]（见表 4-4）。

表 4-4 进入政府部门等机构任职的智库学者（部分）

智库	学者	任职部门（或职位）
布鲁金斯学会	大卫·史蒂文	联合国基金会高级研究员
	艾莉莎·沙克曼（Alisa Schackmann）	国务院经济与科学事务工作人员
战略与国际研究中心	杰米·克劳特	财政部恐怖主义融资和金融犯罪办公室中东区主任
外交关系委员会	梅丽莎·伯特（Melissa Bert）	海岸警卫队上校、军法署署长、政府与公共事务办公室主任
	彼得·特罗德森	海岸警卫队上校、国防部海岸警卫队联络员

资料来源：作者搜集相关资料整理而得。

（三）美国智库开展影响力建设的特点

为了最大限度在北极事务领域发挥影响力，三家智库运用多种策略使其意见获得"倾听"，通过不断提升其学术影响力、社会影响力、政策影响力以及国际影响力来推动智库的影响力建设（见图 4-1），扩大其在北极事务领域的影响。开展影响力建设的过程，体现出如下四个特点。

第一，高质量的研究成果是影响力建设的重要基础。在开展影响力建设时，美国智库将高质量的研究成果作为智库影响力建设的重要基础，积极推动智库影响力建设。三家智库采取多种措施，积极推动智库的北极问题研究，不断产出高质量的研究成果，为智库学术影响力、社会影响力、政策影响力和国际影响力建设提供知识保障和学术基础。在积极推动学术生产的同时，三家智库还充分发挥知识优势，将智库学术产品转化为思想产品、政策产品等，重视借助现代媒体手段不断提升智库的政策影响力、

[①] "MOAA Board of Directors," https://www.moaa.org/content/about-moaa/meet-our-leaders/MOAA-board-of-directors/troedsson，-peter/，accessed：2023-06-25.

[②] 王莉丽：《美国智库的"旋转门"机制》，《国际问题研究》2010 年第 2 期，第 15 页。

第四章 美、俄、日、德极地科技发展提升北极治理能力的实践及对我国的启示

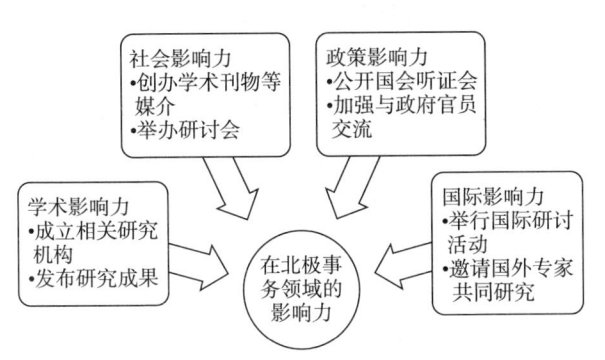

图 4-1 三家智库在北极事务领域的影响力

资料来源：作者自制。

社会影响力和国际影响力。

第二，充分发挥现代媒介推动影响力建设的积极作用。研究成果的快速传播是智库提升学术影响力、社会影响力、政策影响力和国际影响力的必要途径，对于智库影响力建设的重要性不言而喻。网络、电视等现代媒介对智库影响力建设具有重要的推动作用，智库可以借助现代媒介向国内外受众有效传播其政策观点，实现智库北极观点的快速传播。美国智库开展影响力建设的过程中，非常重视和积极运用电视、网络等现代媒介开展跨文化、跨国界传播，集中展示智库对北极问题的认知和看法，推动美国公众和国际社会了解美国智库及其北极观点，在此过程中，不断拓展智库的影响力。

第三，影响力建设手段具有较强的针对性。美国智库在开展影响力建设的过程中，针对不同的影响力，采用差异化的建设手段，十分具有针对性，确保了美国智库在北极事务领域开展影响力建设的高质量。具体而言，在开展学术影响力建设时更倾向于使用知识手段，通过北极知识的对外传播不断提升学术影响力；在开展社会影响力和国际影响力建设时较多地使用媒介手段，充分发挥和运用现代媒介的便捷性和高效率优势，取得了良好效果；在开展政策影响力建设时则侧重于与政府人员、机构的广泛交流，积极对北极政策施加影响。美国智库有针对性的建设手段，提高了智库影响力建设的效率，有力地推动了学术影响力、政策影响力、社会影响力和国际影响力的提升。

第四，多种手段之间互相配合，贯通融合。美国智库开展学术影响力、社会影响力、政策影响力和国际影响力建设时，多种手段互相配合、相互衔接、贯通融合。每一类影响力建设，均有助于推动其他影响力的提升，最终有助于取得全方位的综合效果。以学术影响力建设为例，成立相关研究机构并发表相关研究成果，可以有效推动学术影响力建设，学术成果的对外广泛传播又可以推动北极科学知识的传播，有助于拓展三家智库的社会影响，提高公众对北极智库的关注度，智库研究成果的广泛传播更是对官方决策和国际受众施加影响的重要条件，在此基础上，不断推动北极智库的政策影响力和国际影响力建设。

第二节　俄罗斯、日本、德国极地科技发展提升北极治理能力的实践

随着北极地区气候的快速变暖，北极地缘政治竞争越发激烈，北极地区正成为全球新的关键战略竞技场之一。[①] 在此背景之下，提升参与北极治理的能力，实现对北极事务的有效治理，维护在北极地区的国家利益是北极域内外国家共同面临的时代课题。作为重要的北极国家，俄罗斯借助极地科技发展大力推动参与北极治理的能力提升，注重对极地科技发展的规划和协调，以此推动舆论引导能力、态势感知能力、资源开发能力等的提升，实现其在北极地区的国家利益。作为北极域外国家的日本、德国则将极地科技发展作为参与北极治理的有效路径，以此扩大北极事务的国际合作，推动对北极事务的深度参与，进而实现各自在北极地区的国家利益。上述三国在通过极地科技发展推动参与北极治理能力提升的过程中，具体方式和手段有所不同，但均以国家利益实现为中心原则。俄罗斯、日本、德国以极地科技发展推动参与北极治理能力提升的先进经验，可以为中国参与北极治理能力的提升提供启发和借鉴。中国要加强对极地科学技术的统筹规划，完善政府对多元科技主体的协调与指导，

---

① 夏立平：《北极环境变化对全球安全和中国国家安全的影响》，《世界经济与政治》2011年第1期，第123页。

第四章　美、俄、日、德极地科技发展提升北极治理能力的实践及对我国的启示

通过科技合作不断优化参与北极治理的手段；同时，要明确极地科学技术的发展重点，借助科技合作塑造参与北极治理的积极形象。

一　俄罗斯提升参与北极治理能力的实践

积极回应来自北极地区的各方面挑战，维护在北极地区的战略利益是俄罗斯参与北极治理的重要任务。作为当今世界重要的极地科技强国，俄罗斯依托超强的科技实力，积极借助极地科技发展大力推动参与北极治理的能力提升，积累了丰富的经验。

第一，积极建设参与北极治理的科技能力。俄罗斯非常重视对北极的科学考察研究工作，[①] 将极地科技发展作为开发、利用北极资源的前提条件，科技能力的建设成为俄罗斯推动参与北极治理能力提升的重点内容。

在科技管理体制上，俄罗斯建立了层级明确、高度集中的科技管理体制，以加强对极地科技事务的有效管理。俄罗斯的极地科技管理机构大致可以分为三个层次，按照管理级别，从高到低分别为由总统（总统科技政策委员会）和联邦议会组成的最高决策机构、联邦政府的科技管理机构、科研机构，三层管理机构分工明确。以此为基础，俄罗斯逐步形成了由联邦政府主导的多元化极地科技体制。[②] 这种高度集中的科技管理体制将管理权收归中央，有利于集中有效的科技资源用于发展有助于俄罗斯北极利益实现的科技领域，推动该领域的科学研究在国际学术界占有一席之地。

在科技合作方面，俄罗斯积极推动极地领域的科学合作，提升参与北极治理的科技能力和国际合作能力。例如，2019年4月，青岛海洋科学与技术试点国家实验室和俄罗斯科学院希尔绍夫海洋研究所在俄罗斯圣彼得堡签署《共建北极联合研究中心协议书》，双方承诺组织相关领域的北极科学合作。[③] 在"冰上丝绸之路"倡议背景之下，中俄双方在上述领域的

---

① 刘新华：《试析俄罗斯的北极战略》，《东北亚论坛》2009年第6期，第65页。
② 张禄禄：《中国和主要极地国家极地科技体制研究及其启示》，博士学位论文，中国科学技术大学，2017，第59页。
③ 《中俄科研机构"牵手"共建北极联合研究中心》，央广网，2019年4月12日，http://news.cnr.cn/native/city/20190412/t20190412_524575386.shtml，最后访问时间：2023年6月28日。

科技合作不仅有利于双方极地科技水平的提升,也有利于推动"冰上丝绸之路"建设的顺利开展。

在研究机构和人才队伍建设方面,积极推进极地研究机构、人才队伍建设,为俄罗斯参与北极治理科技能力的提升提供支持。在俄罗斯高度集中的极地科技管理体制的系统指导之下,各地的涉北极科研院所、高等学校等积极开展科学研究,获得了较好发展。目前,俄罗斯拥有数量众多的科学院、部门研究机构和高等院校这三大类的极地科学研究机构,包括俄罗斯科学院及其下属研究所、圣彼得堡大学、国家水文研究院、莫斯科国立国际关系学院、斯拉夫海洋研究所、联邦航海测量研究院等。数量众多的研究机构为极地科技人才的培养和人才队伍的建设提供了便利条件。俄罗斯联邦政府将南北极研究的发展规划统一纳入国家长远规划之中,投入大量科研经费用于极地科学研究和人才培养与队伍建设。1993年,俄罗斯就已经拥有约2000名各类专家从事北极研究,此后专家数量一直在持续稳定增长,庞大的科研队伍是俄罗斯极地科技发展保持国际领先水平的重要保证。

第二,科学考察为维护俄罗斯北极权益提供科学依据。作为北极国家之一,俄罗斯在北极地区拥有重要的国家利益。近年来,俄罗斯积极主张200海里外大陆架边界向外延伸,力争最大面积的外大陆架,以强化对北极大陆架资源的掌控。根据《联合国海洋法公约》的相关规定,沿海国家除了有200海里的专属经济区外,从大陆向海洋延伸的大陆架,[1]最远可以达到350海里,不足200海里的,沿海国也可以扩展到200海里,沿海国基于勘探大陆架和开发其自然资源的目的,对大陆架行使主权权利。对于俄罗斯而言,其要使领土要求合法化,就必须向联合国大陆架界限委员会提交科学的证据。[2]因此,科学证明大陆架的自然延伸,成为俄罗斯北极政策的努力方向。[3]

为此,俄罗斯积极开展北极科学考察、研究,投入巨资开展北冰洋大

---

[1] 沿海国的大陆架包括其领海以外依其陆地领土的全部自然延伸,扩展到大陆边外缘的海底区域的海床和底土。

[2] 程群:《浅议俄罗斯的北极战略及其影响》,《俄罗斯中亚东欧研究》2010年第1期,第7页。

[3] 李连祺:《俄罗斯北极资源开发政策的新框架》,《东北亚论坛》2012年第4期,第93页。

第四章　美、俄、日、德极地科技发展提升北极治理能力的实践及对我国的启示

陆架地质科学调查，用以完善俄罗斯大陆架自然延伸的科学证据。为尽快拿出可靠、翔实的科学证据，俄罗斯加快了对北冰洋大陆架的地质科学考察。2005年，俄罗斯对门捷列夫海岭进行了科学考察；2007年，俄罗斯又进行了代号"北极-2007"的深海考察行动，从4261米的北极海底深处采集了土壤和生物群样本。同时，俄罗斯自然资源部海洋研究所已经进行了两个阶段的系统性极地地质地理研究。科考活动的主要目的，就是要进一步证明北冰洋水下绵延近2000公里的罗蒙诺索夫海岭是俄罗斯西伯利亚北部地区大陆架的自然延伸，属于俄罗斯的大陆架。2008年，俄罗斯在北极地区进行了代号"北极-2008"的大规模科学考察活动。通过科学考察，对罗蒙诺索夫海岭地带进行深层地质探测，对洋底土壤样品进行研究，以推动俄罗斯大陆架权益的实现和维护。

第三，以科学技术为重要手段推动北极安全能力提升。军事安全向来是俄罗斯（苏联）在北极地区的重要安全利益，在冷战期间，北极地区就是美国与苏联战略对峙的前沿地区。冷战结束后，北极地区是俄罗斯重要的战略边疆地区，地缘战略价值重大，俄罗斯高度重视在北极地区的军事力量建设，积极提升维护国家权益的安全能力。科学技术是维护北极地区国家利益的重要手段和工具。俄罗斯一直致力于建设和升级位于北极地区的军事基地，以增强俄罗斯在北极地区的行动本领。俄罗斯升级了位于提克西（Tiksi）附近的空军基地，并激活了最新的北极防空系统，一支S-300地空导弹已投入战斗，以增强俄罗斯在北冰洋沿岸的防空力量。[①]

此外，生态环境保护等非传统安全领域的安全利益维护也是俄罗斯推动参与北极治理能力提升的重要方面。俄罗斯积极推动现代信息技术的快速发展，以支持安全能力建设。《2020年前俄联邦北极地区发展和国家安全保障战略》明确要求，俄罗斯将进一步加快发展现代信息技术，并将其应用于北极科学研究。同时，建立可靠的导航、水文气象和信息服务系统，以确保有效控制北极经济、军事和生态活动。此外，还要推进包括多

[①] Malte Humpert, "Russia Activates Newest S-300 Air Defense Unit in the Arctic," April 7, 2020, https://www.highnorthnews.com/en/russia-activates-newest-s-300-air-defense-unit-arctic, accessed: 2023-06-28.

进程通用网络在内的创新技术的生产和大规模使用，引进用于清除岛屿、沿海地区和北极水域人为污染的创新技术等，开发适合北极环境条件的材料和产品，等等。①

第四，为北极资源开发能力的提升提供科技支撑。众所周知，能源产业在俄罗斯国民经济中占据重要地位，是俄罗斯的主要财源，也是实现俄罗斯经济振兴和战略复兴的"发动机"。俄罗斯北极地区拥有极其丰富的自然资源，北极油气资源开发是俄罗斯参与北极事务的重要任务。不过，北极地区恶劣的自然环境对资源开发技术、设备、基础设施提出了较高要求。为提升在北极地区的资源开发能力，俄罗斯极为重视科学技术之于资源开发能力提升的重要性。俄罗斯在设备防冻、耐寒性等方面掌握技术优势，积极运用这一优势修缮、新建北极地区的基础设施，为沿岸地区的经济发展、油气资源出口、物流运输创造良好条件。② 伴随着北极冰盖融化以及资源开发的加快，北方海航道在俄罗斯国家发展战略中的地位进一步提升，整顿并重建核动力破冰船队，保障通航和航行安全逐步提上议事日程。俄罗斯发挥其在核动力、造船业等方面的技术优势，在重建核动力破冰船的基础上，进一步加大开发高科技造船业的力度，提升船舶在极地地区的航行性能，为北极地区的资源开发提供有力保障。借助科学技术的有力支持，俄罗斯在深水不冻港建设、破冰船队建设、救生以及辅助船队建设、岸上基础设施建设等方面得到快速发展，资源开发能力得到提升。

二 日本提升参与北极治理能力的实践

近些年，国际社会的目光不断聚焦到北极地区，北极地区的地缘价值逐步得到各国的关注和重视。除美国、俄罗斯等北极国家外，越来越多的北极域外国家加快了参与北极事务的步伐，逐步强化在北极地区的实质性

---

① "Osnovy gosudarstvennoi politiki Rossiiskoi Federatsii v Arktike na period do 2020 goda i dal'neyshuyu perspektivu," September 18, 2008, http://static.government.ru/media/files/A4qP6brLNJ175I40U0K46x4SsKRHGfUO.pdf, pp. 2-3, accessed：2023-06-28.
② 钱宗旗：《俄罗斯北极战略与"冰上丝绸之路"》，时事出版社，2018，第120页。

第四章　美、俄、日、德极地科技发展提升北极治理能力的实践及对我国的启示

存在，以求在北极权益争夺中分得一杯羹。① 作为地理意义上的非北极国家，北极域外国家在参与北极治理的过程中往往面临地理不便、北极话语权不足等问题的困扰，不利于争取和维护在北极地区的国家权益，这也对其参与北极治理的能力提出了挑战。作为重要的北极域外国家，日本和德国借助极地科学技术不断提升参与北极治理的能力，为实现各自在北极地区的国家利益提供有效支撑，可以为同样作为北极域外国家的中国提供有益借鉴。

虽然日本并非北极国家，但日本认为作为一个海洋国家和高度关注全球环境变化的国家，其必须以"适当方式"参与北极治理。② 日本意图通过极地科学技术的进步深度参与北极治理，实现日本在北极地区的国家利益。作为中国亚洲近邻的日本，与中国参与北极事务所面临的境况有诸多类似之处，日本借助极地科技发展推动参与北极治理能力提升的经验将给中国带来有益借鉴。

第一，借助极地科技发展推动参与北极治理的资源开发能力提升。随着全球气候变暖的加剧以及由此导致的北极地区的生态环境变化，北极地区航道利用、资源开发等的可能性直线上升，北极地区的资源战略价值凸显。由于国内自然资源和能源储量非常贫乏，日本对北极丰富资源及其开发利用有着高于其他国家的关注度和重视度。③ 在北极资源开发中赢得先机，成为日本参与北极事务的优先考量，为此，日本积极推动极地科学技术发展，并以此推动参与北极治理的资源开发能力提升。

推动北极资源开发和航道利用，首先需要对北极地区的气象、海洋、地质等基础性环境要素进行调查和监测。1990年，日本国立极地研究所成立北极环境研究中心，从事北极海洋大气状况和海洋环境变化等问题的研究，进行基础的科研数据和气候变化的分析研究。为进一步加强对北极地区气候、气象动态的观测，1991年，日本国立极地研究所在斯瓦尔巴德群

---

① 李振福、彭琰：《"冰上丝绸之路"与大北极网络：作用、演化及中国策略》，《东北亚经济研究》2018年第5期，第10页。
② 陈鸿斌：《日本的北极参与战略》，《日本问题研究》2014年第3期，第2页。
③ 李振福、何弘毅：《日本海洋国家战略与北极地缘政治格局演变研究》，《日本问题研究》2016年第3期，第1页。

岛设立科学考察站，监测大气和辐射情况，分析掌握北极地区气象环境。同时，日本持续加强与国外科研机构的科学合作，扩大对北极地区自然环境的监测和研究的范畴，加强日本对北极航道的实地调研。1992年，日本在斯瓦尔巴德群岛设立了与挪威共同使用的观测基地。1993年至1999年，日本海洋政策研究财团与挪威南森研究所、俄罗斯中央海洋船舶设计研究所共同开展"国际北极航道"调研项目，并于2000年发布《北极航道：连接欧洲与东亚的最短航道》调研报告，该报告分析和探讨了北极航道在亚洲和欧洲经济交流、人员往来等方面的战略价值。此后，日本又开展了"关于推动北极航道与寒冷海域安全航行体制"的调研课题，进一步探讨如何在极寒条件下确保北极航道使用的安全性。通过开展科学技术的国际合作，日本不断充实北极科研力量，加强对北极地区气象、海洋、地质等自然环境变化的认知和了解，这为日本参与北极治理的资源开发能力提升奠定了知识基础。

第二，注重开展北极科学合作，推动参与能力的提升。科学认知北极地区自然环境、地缘政治环境的变迁是参与北极治理的先决条件，日本十分重视从气候变化、生物多样性和人类活动的影响等方面，全面而广泛地了解北极变化及其对地球所产生的影响，增强认知北极事务变化的能力。在此基础上，预测变化未来可能的发展方向，并加强评估其社会经济影响。作为地理意义上的非北极国家，日本在北极没有领海和专属经济区，对于北极利用、保护的科学研究和该海域的全球环境研究，必须在与北极沿岸国家开展国际合作的基础上推进。① 因此，在北极科学考察发展过程中，日本十分重视开展科学技术合作，逐步与苏联（俄罗斯）、冰岛、美国、挪威等国在极地海域观测、北极航道调研、科研项目攻关等方面开展了不同形式的国际合作。2019年3月4日至2019年3月9日，美日北极科学合作会议在阿拉斯加大学费尔班克斯分校的国际北极研究中心举办。会议召开了系列分组会议和研讨会，商讨如何推动双方北极研究人员开展联合研究、制定开展新研究或推动现有研究的具体计划、使用美方现有研究

---

① 刘乃忠：《日本北极战略及中国借鉴》，《南海法学》2017年第6期，第105页。

第四章　美、俄、日、德极地科技发展提升北极治理能力的实践及对我国的启示

网络（合作伙伴组织）等事项。①

此外，科学研究的政治敏感度较低，是目前唯一得到国际社会广泛认可的极地活动。作为地理意义上的北极域外国家，日本参与北极治理面临来自北极国家的防范，通过极地领域的科技合作，向国际社会提供知识类公共产品，推动极地科学技术的发展和北极治理的演进，不仅可以消除北极国家的质疑，还可以提升日本参与北极治理的话语能力，塑造日本参与北极治理的积极角色，推动日本深度参与北极治理以实现在北极地区的国家利益。早在1991年，日本海洋研究开发机构就与美国方面合作观测北极海域。此后，日本进一步强化国际合作与"北极外交"，推动北极多边治理、深化参与北极治理，取得了一定成效。② 日本的努力得到了国际社会的认可，日本于2013年5月，与中国、韩国等国一起成为北极理事会观察员国。值得注意的是，日本通过科技合作提升参与北极治理的能力是一项长期、持续的举措，并未因成为北极理事会观察员国而有所停滞。2020年3月2日至2020年3月6日，第六届国际北极研究研讨会在日本东京举办，研讨会由日本北极环境研究财团（Japan Consortium of Arctic Environmental Research）组织，重点讨论过去十年北极研究的进展情况，探讨未来十年应当采取的措施。会议对气候变化、海洋环境、冰川和冰芯、陆地和海洋生态系统等自然环境主题以及地缘政治、民俗文化与健康、经济开发等经济社会主题展开了讨论。③ 毋庸置疑，极地领域的科技合作为塑造日本在北极治理中的积极角色发挥了积极作用，推动了北极话语能力的建设。

三　德国提升参与北极治理能力的实践

由于北极地区气候变化不断加快以及一系列连锁反应不断凸显，北极气候变化已逐渐成为全球环境体系中的核心要素。北极地区气候环境变化

---

① "Japan-U.S. Arctic Science Collaboration 2019," June 13, 2019, https://uaf-iarc.org/event/japan-us-arctic-science-collaboration-2019/, accessed：2023-06-28.
② 张丽娟、许文：《主要国家北极研发政策对比分析》，《全球科技经济瞭望》2017年第3期，第6页。
③ "Sixth International Symposium on Arctic Research (ISAR-6)," September 26, 2019, https://www.arcus.org/events/arctic-calendar/29103, accessed：2023-06-28.

也给欧洲的气候环境带来不同层面的安全隐患，这引起了德国政府的高度关注。2013年9月，德国外交部公布了《德国北极政策指导方针》，标志着北极问题正式上升为德国国家战略。强化德国的北极身份、拓展德国在北极地区的诸多利益，① 成为德国北极政策的重要内容。作为老牌资本主义强国，德国凭借其强大的经济、科技实力，依托国际顶尖的科研机构，通过北极科学研究不断提升其参与北极治理的能力，维护其在北极地区的国家利益。

第一，积极推动极地科研机构的快速发展，以此为提升认知北极事务变化能力的重要抓手之一。德国拥有高度发达的北极科研体系，拥有配置完备的北极科研机构，能够为北极开发、北极治理以及北极发展提供充足的信息资料和数据支持。这些北极科研机构包括阿尔弗雷德极地和海洋研究所（Alfred Wegener Institute for Polar and Marine Research）、赫姆霍兹极地与海洋研究中心（Helmholtz Centre for Polar and Marine Research）、联邦地球科学和自然资源研究所（Federal Institute for Geosciences and Natural Researcg）等，在北极科学研究方面具有国际顶尖水平的科研人员、设备和产出。德国在斯瓦尔巴德群岛建设了永久性科考站，其中阿尔弗雷德极地和海洋研究所收集了长期的极地气象与水文数据，积累了丰富的专业知识和经验，为德国大规模参与北极治理提供了充足的信息资料和数据支持。联邦地球科学和自然资源研究所的工作宗旨是调查北极的地质构造并对极地资源储量进行评估，通过研究北极地区的地壳运动进一步精确评估北极的资源储量。②

在以阿尔弗雷德极地和海洋研究所为代表的科研机构支持下，德国已被公认为北极科学研究的主导国之一。德国的北极科学考察研究以此为依托，分别在斯瓦尔巴德群岛和萨莫伊洛夫拥有两个科考站，以及六艘科考船，还有德国科考破冰船"极地斯特恩"号和五架固定翼民用科研飞机。德国在气象学研究和全球气候变化影响分析等相关学科也积累

---

① The Federal Government, "Germany's Arctic Policy Guidelines: Assuming Responsibility, Creating Trust, Shaping the Future," August 21, 2019, https://www.auswaertiges-amt.de/blob/2240002/eb0b681be9415118ca87bc8e215c0cf4/arktisleitlinien-data.pdf, accessed: 2020-04-02.
② 肖洋：《德国北极战略及其外交实践》，《当代世界》2014年第11期，第69页。

第四章　美、俄、日、德极地科技发展提升北极治理能力的实践及对我国的启示

了较强的科研实力，对北极与全球气候环境变化过程之间的复杂关系有独到的研究见解。此外，德国的北极科研机构积极参加欧盟、北欧理事会和欧洲极地理事会的调研项目，提升其在国际北极科学研究中的影响力。

第二，借助科学技术发展提升参与北极环境治理的能力。北极大部分地区终年冰雪覆盖，是全球气候变化的主要驱动器，记录着古气候和地质演化、变迁的过程，是研究全球气候变化的关键地区。加快北极科学研究是认知北极生态环境、推动北极环境治理的先决条件。德国担心北极地区的气候变化会对德国乃至整个欧洲的生态环境造成负面影响，以及出于提升德国在全球的环境话语权的考虑，德国高度关注并积极参与北极地区的环境治理事务。[1]

北极地区的自然环境变化与德国国家利益密切相关，优化对北极自然环境变化的认知和理解是德国参与北极治理能力提升的重要内容。德国高度重视科学技术在能力建设和提升过程中的积极作用，积极借助极地科学技术更好地理解北极地区和全球生态系统之间的多维关联。极地科技发展具有国际政治的低敏感性，德国在此方面易于同其他国家构建北极合作互信，营造有利于德国北极事务参与的国际环境。德国积极参与北极领域的科学组织、论坛等，如北极圈论坛、国际北极科学委员会、国际制图大会、北极大学、北极科学高峰周、北极太平洋扇区工作组、新奥尔松科学管理委员会，以实现对北极治理事务的有效参与。例如，2018年10月，第二届北极科学部长级会议在德国柏林举行，致力于促进北极科学方面的国际合作。美国、俄罗斯等北极八国和英国、日本、法国、波兰、中国等北极研究主要国家，以及北极原住民组织均派出高级别代表团出席会议。会议包括三个方面的主题：整合和维护北极观测资料，促进对北极数据的访问，并共享北极研究的基础设施；了解北极的区域动态和全球动态；评估北极环境和社会的脆弱性并增强其复原力。[2] 与此同时，德国还注重开

---

[1] Helga Haftendorn, "Zaungast in der Arktis," July 1, 2011, https://internationalepolitik.de/de/zaungast-der-arktis, accessed: 2023-06-28.

[2] "Report from 2nd Arctic Science Ministerial Is Now Available," October 30, 2018, https://www.uarctic.org/news/2018/10/report-from-2nd-arctic-science-ministerial-is-now-available/, accessed: 2023-06-28.

展同其他国家的双边科学合作，与丹麦、芬兰、挪威等国建立了北极科考合作机制并开展了富有成效的科学合作，在增强北极科研实力的同时，不断提升参与北极治理的能力，拓展参与北极治理的深度和广度。另外，为推动极地科学技术的进步，进一步了解北极地区的环境变化以及评估北极生态环境变化对全球气候变化的影响，德国大力增加北极科研资金投入，努力改善北极科研条件，全力增强和提升北极生态环境科研成果的实用性与转化率。德国借助极地科学技术的发展不断提升参与北极治理的能力，在北极生态环保、资源开发、经济发展、航道利用、安全维护等领域的治理过程中发挥建设性作用，在国际层面确立德国重视和建设性参与北极环境治理的积极角色，为更广泛地维护和拓展德国北极利益做出了富有成效的贡献。

总体而言，无论是日本注重对北极科学研究的规划与指导、以资源开发为中心开展北极科学研究、注重开展北极科学国际合作等，还是德国借助科学研究提升参与北极环境治理的能力、重视科学研究机构在北极治理中的积极作用等，都是国家基于本国国力发展现实与北极治理态势所做出的、适宜本国发展需求和北极治理需要的选择，其成效是显而易见的。

第三节　对中国的启示

一　北极国家的能力提升实践对中国的启示

作为重要的北极国家，美国和俄罗斯均十分重视对极地科学技术发展的协调和规划，有针对性地借助极地科技发展推动参与北极治理能力的提升。结合中国参与北极治理的实践，借鉴两国参与能力提升的成功经验，可从以下几个方面采取措施，推动中国参与北极治理能力的有序提升。

第一，加强政府对极地科学技术发展的统筹规划。由于北极地区复杂的地质、气象、海洋、冰川等自然条件，极地科技发展广泛涉及地理学、生物学、气象学、海洋学、环境科学等多个学科门类，以及工程技术、地质勘探、遥感测绘等技术门类，极地科技发展创新成为一项复杂的系统性工程。如何利用有限的科技资源集中发展紧缺、急需的技术领域，以推动

第四章　美、俄、日、德极地科技发展提升北极治理能力的实践及对我国的启示

参与北极治理能力的提升是决策者需要考虑的问题。这要求主权国家从战略层面对极地科技发展进行顶层设计和政策规划，站在国家长远利益的高度规划科技目标，分清近期目标和长期目标，确定主要研究方向和研究内容，① 推动科技力量的凝聚，增强极地科技发展的可持续性。俄罗斯十分注重有关北极大陆架的科学研究，投入大量科研经费和人力、物力。对于中国而言，中国参与北极治理面临诸多方面的不利因素，在短时间内寻求参与北极治理的全面突破难以实现，因此应当将有限的资源集中在国家亟须完善的重点领域、方向，这也意味着要对中国参与北极治理的科技发展进行科学、长期的规划，有针对性地提升参与能力。当前，中国尚未出台针对极地科技发展的专门规划，极地科技发展缺乏针对性、前瞻性，对中国参与北极治理能力的战略支撑有待加强。中国应当尽快从宏观层面对极地科技发展进行科学规划和指导，明确极地科技发展的重点领域、重点方向，推动极地科学技术的有序发展和参与能力的快速提升，为中国深度参与北极治理提供有力支持。

第二，完善政府对多元科技主体的协调与指导。伴随着经济全球化、科技全球化的加速发展，加之网络信息技术的传播与广泛使用，科研设备、科研软件、科技数据等科技资源不断增多，② 政府、企业、科研院所等科技主体不同程度地参与到极地科学技术发展过程中，促成了极地科技发展多元主体参与的趋势。推动极地科技发展、提升参与北极治理的能力需要协调多元科技主体，使其扮演好各自角色并科学分工，这就需要从政策层面进行引导和协调，以确保多元科技主体共同致力于参与北极治理能力的提升。以美国为例，美国十分重视多元科技主体的协调整合，建立跨部门、跨地域的协调机制，③ 对各行为体的参与活动进行规划，颁布配套政策进行具体指导，为参与北极治理的能力提升奠定良好基础。中国参与

---

① 赵进平：《我国北极科技战略的孕育和思考》，《中国海洋大学学报》（社会科学版）2014年第3期，第1页。
② 李欢：《大数据背景下科技管理创新平台构建研究》，《科学管理研究》2014年第3期，第45页。
③ 这些协调机构包括跨部门北极政策研究委员会（Interagency Arctic Research Policy Committee，IARPC）、阿拉斯加北极政策委员会、北极事务行政指导委员会（Arctic Executive Steering Committee）等。

北极治理的科技发展涉及政府、企业、科学家等多类主体，当前尚无有效的科技协调机制对各类主体在极地科技发展中的角色和作用进行科学的分配和界定。可以考虑建立极地科技领域的跨部门协调机构，统筹分配有限的科技资源，避免出现缺乏科技协同造成的资源浪费、重复研究、利益冲突、目标不明确等弊病，协调政府、科学家、社会组织等的功能，发挥各自的比较优势，提高极地科技发展效率，推动中国参与北极治理能力的跃升。

第三，借助科技合作不断优化参与北极治理的方式。北极地区生态环境脆弱，一旦破坏便难以恢复，迫切需要可持续的生产、开发方式，以实现对北极问题的有效治理，这也对各国参与北极治理提出了更高的技术、环保要求。生产、开发方式的变革离不开科学技术的创新和发展，只有依靠科技创新与合作才能持续地推动生产、开发方式的变革以及参与北极治理方式的升级，而极地科学技术的创新离不开国际合作的支持。事实上，在北极地区环境迅速变化的今天，北极治理过程中所面临的风险和挑战，单凭一国之力难以应对，需要借助国际科技合作的有序开展。极地科技合作的有序开展将有利于合作伙伴国家之间建立友好的科技关系，提高极地科技研发、转化效率，推动科学技术的创新发展，优化参与北极治理的方式、手段，进而提升参与北极治理的能力。对于美国、俄罗斯等北极国家而言，推动科技领域的国际合作可以丰富北极科学研究的信息来源，实现科技资源的优势互补，增强其在国际社会中的科技优势，保持其参与北极治理的技术、设备等方面的世界领先水平，有助于其北极政策目标的实现。因此，两国在各自的北极政策中都明确强调，加强科学技术的国际合作是实现北极政策目标的重要方式，在北极实践中，积极推进与其他国家、国际组织的科学技术合作。作为参与北极治理的后来者，中国参与北极治理的相关技术、设备尚未实现国产化，借助极地科技合作可以有效地推动中国极地科技的快速发展，不断更新和完善参与北极治理的工具、方式，推动中国有效地参与北极资源开发、环境保护、航道利用等领域的相关事务，提升参与北极治理的能力，维护在北极地区的国家利益。

第四，树立科学的北极智库意识。智库建设先要回答智库主要干什

第四章 美、俄、日、德极地科技发展提升北极治理能力的实践及对我国的启示

么，将要发挥什么作用的问题。① 中国特色新型北极智库建设之初即要明确功能定位，树立科学的智库意识，这是中国特色新型北极智库建设的前提和基础。科学的北极智库意识包括两个方面的内涵。首先，北极智库要树立科学的任务意识，即专门研究北极地区政治、经济、社会发展动态和趋势，向政府提出有针对性的政策建议以影响政府决策。尽管智库类型和研究领域各有不同，但它们都应以影响政府决策和公众舆论为主要活动目标。同时，智库还要发挥"二轨外交"②的作用，通过学术研讨会、论文、著作等形式阐释中国在北极地区的合法权益，发挥官方渠道所不具备的身份优势，增强国际社会对中国参与北极事务的认可和尊重。其次，树立科学的智库发展意识。作为中国特色新型智库建设的有机组成部分，北极智库建设要按照中国特色新型智库建设的总体要求，有针对性地提升智库的学术影响力、社会影响力、政策影响力和国际影响力，为中国参与北极事务提供智力支持。

第五，紧密贴合北极政策需求开展研究，增强政策影响力。只有智库的研究选题契合国家发展需要，智库研究成果才会得到决策者的重视，进而产生政策影响力。美国智库对北极问题的研究选题密切配合美国北极战略的调整，使美国智库的研究成果能够对国家北极决策产生影响，不断提高智库的政策影响力。中国参与国际事务所面临的问题和挑战日益呈现出多元化、复杂化的发展趋势，智库的研究成果要想对官方决策产生影响就必须贴合北极政策需求，全面系统地研究决策部门亟待解决的问题，力争在这些问题领域提出有效的应对之策。智库研究选题要契合国家发展需要，就必须在前期调研上下功夫，了解并熟悉北极政治经济环境变化以及中国北极政策动态，尤其是要善于梳理和分析中国参与北极治理所面临的风险和挑战，结合中国北极政策定位和政策理念，提出具有可行性的研究选题，使研究契合中国参与北极事务的需要。

第六，多层面推进北极智库的协同创新发展。中国的涉北极研究智库建设尚处于起步阶段，迫切需要在人才建设、经费投入、设备支持等方面

---

① 叶林峰：《建设中国特色新型智库的若干建议》，《情报杂志》2016年第3期，第33页。
② 翟东航、孙德翔、钟新海等：《军民融合视角下我国军事战略智库体系建设研究》，《情报理论与实践》2017年第1期，第24页。

给予更大支持。当前,涉北极研究智库尚未形成统一的管理协调机制,智库之间的协同创新亟待深入,要进一步加强涉北极研究智库间的协同发展。结合现实情况,可从区域、研究领域以及智库类型等方面入手推动北极智库的协同创新发展,如按照区域进行智库间的协同创新,以区域为中心,加强特定区域内北极智库之间的协同创新,整合各方研究力量共同推动智库的协同创新发展。北极地区涵盖美国、俄罗斯、加拿大、芬兰、丹麦等八个国家,涉及环境、航道、能源、安全等多个领域,因此可以国别或研究领域为中心,与相同或相似研究方向的北极智库开展联合攻关,加强对北极问题的深入认知和研判。要培育和发挥社会智库对中国参与北极治理的智力贡献。社会智库是中国特色新型智库建设的有机组成部分,也是激发智库活力、完善思想市场的关键所在。[①] 应当深入考察社会智库对北极问题研究以及北极决策科学化、民主化的功能,培育和推动北极社会智库的成长发展,使其融入服务于北极决策科学化和民主化的时代浪潮。

二 北极域外国家的能力提升实践对中国的启示

结合各自国情和参与北极治理的实践现状,日本、德国采取了各具特色的科技措施,推动参与北极治理能力的提升,其成功经验和做法为中国参与北极治理的能力提升提供了有益借鉴。借鉴上述国家的经验,中国可从以下两个方面着手,发展科学技术,以推动参与北极治理能力的提升。

第一,明确极地科技发展重点,着力提升在该领域的参与能力。冷战结束后,美苏在北极地区的战略对峙结束,北极事务由此进入"建章立制"的新阶段。在参与北极治理过程中,各国逐步认识到科学技术之于提升参与北极治理的能力的重要性和战略意义。地理位置、国家实力、外交政策的不同,使不同国家在北极地区的利益定位有所不同,不同的利益定位又会导致不同国家参与北极治理能力提升的重点有所不同,继而导致不同国家对科学技术的需要也有所不同,这就要求极地科技发展要突出重点,具有针对性。探究北极地区自然生态变化与生态环境保护之间的密切

---

① 刘德海等:《江苏新型智库体系建设研究》,江苏人民出版社,2014,第33页。

第四章　美、俄、日、德极地科技发展提升北极治理能力的实践及对我国的启示

关系，积极推动北极环境治理，维护德国自然生态平衡是德国的重要国家利益。参与北极环境治理能力的提升离不开环境科学、气象学、海洋科学等学科的支持，也离不开环境监测设备、技术的保障，这些技术领域成为德国极地科技发展的重点方向。探索开发北极地区丰富的航道、渔业等资源是日本参与北极事务的重要目标，通过科学技术进步推动北极资源开发就成为其能力提升的重点内容，其科学技术密切围绕这一方向推动创新和进步。日本对北极高空物理、气候变化、生态、海洋等领域进行了专门研究，具备了一定的科技实力，建立了初步观测体系，形成了素质较高的专家队伍。

对于中国而言，在积极推动极地科技发展的同时，还要根据中国参与北极治理的政策目标、治理任务等，重点强化相关领域的极地科技发展，以此为参与能力的提升提供有效支撑。中国在北极资源开发、环境保护、航道利用、安全维护等领域拥有重要的国家利益，中国参与北极治理的重要任务即是维护在上述领域的国家利益。根据《中国的北极政策》白皮书，中国的北极政策目标是：认识北极、保护北极、利用北极和参与治理北极，维护各国和国际社会在北极的共同利益，推动北极的可持续发展。[①]因此，推动中国参与北极治理能力的提升要紧密围绕上述任务、目标进行，有针对性地加强相关领域的极地科技发展。

第二，借助科技合作塑造参与北极治理的积极形象。在北极海冰加速融化、北极资源亟待开发的今天，加强涉北极国际科学合作已成为国际社会的共识。[②] 如前文所述，科学技术具有较低的政治敏感度、明确的国际法依据，科技合作可以作为参与北极治理的重要方式，不易引起国际社会的质疑和猜忌，这也成为日本、德国等北极域外国家参与北极治理的重要路径。对于中国而言，可将极地科技合作作为推动参与北极治理能力提升的重要手段，通过极地科技合作提升应对北极多方面挑战的能力，实现和维护在北极地区的国家利益。

[①] 国务院新闻办公室：《中国的北极政策白皮书（全文）》，国务院新闻办公室官网，2018年1月26日，http://www.scio.gov.cn/zfbps/32832/Document/1618203/1618203.htm，最后访问时间：2023年6月25日。

[②] 白佳玉、王琳祥：《北极理事会科学合作新规则的法律解析》，《中国海洋大学学报》（社会科学版）2018年第4期，第48页。

极地科技合作不仅具有较高的国际接受度，也是各国塑造参与北极治理积极形象、实现北极利益的重要手段。有学者指出，各国在科研领域开展国际合作的同时，往往也具有为自身利益服务和争夺北极科研主动权的战略意图。[①] 通过极地领域国际合作的有序开展，可以向国际社会贡献极地科技成果、提供知识类公共产品，推动北极地区的可持续发展，进而塑造参与北极治理的积极形象，有助于消除国际社会对本国参与北极治理的质疑和猜忌。同时，在组织、参与科技合作的过程中，同他国进行意见交流和沟通，可以有效地向国际社会表达自身对北极治理的看法和意见，是争取北极事务话语权的重要方式。因此，科学技术的国际合作成为塑造参与北极治理话语能力的有效手段，受到了日本、德国等北极利益攸关方的青睐。日本、德国积极参与国际北极科学委员会等科技组织的相关活动，拓展科技合作的对象国，积极开展联合攻关，为参与北极治理能力的提升夯实基础。中国与日本、德国同为北极域外国家，在参与北极治理的过程中容易遭到北极国家的质疑和猜忌，极地科学技术所具有的"低政治"性、合法性等特征可以使极地科技合作成为参与北极治理的重要路径。这不仅可以增强对北极自然环境、政治环境的认知和了解，还有利于塑造参与北极治理的积极形象，进一步推动提升北极事务国际话语权，应当作为提升参与北极治理能力的重要手段。

从美国、俄罗斯、德国、日本通过极地科技发展推动参与北极治理能力提升的实际来看，各国通过不同形式的极地科技发展推动参与北极治理能力的提升，在极地科技发展方式、极地科技发展重点、极地科技发展目标上体现出各自的特色。产生差异的原因在于，各国地理位置、北极政策、国家实力、极地科技发展水平不同，对北极治理的利益诉求存在差异，因而对极地科技发展的需求有所不同。不过，上述四国通过极地科技发展推动参与能力提升又体现出共同的特点，即四国参与北极治理能力的提升紧密围绕各国在北极地区的国家利益展开。具体而言，塑造和维护在北极治理中的主导权是美国参与北极治理的重要国家利益，也是美国参与北极治理能力提升的重要任务。因而，美国参与北极治理能力提升的重点

---

① 陆俊元：《北极国家新北极政策的共同取向及对策思考》，《国际关系学院学报》2011 年第 3 期，第 67 页。

第四章 美、俄、日、德极地科技发展提升北极治理能力的实践及对我国的启示

集中在保持极地科学技术的领先优势、通过国际合作塑造北极治理领导地位、提升北极行动能力和话语引导能力等方面。而争取实现在北极地区的大陆架权益是俄罗斯参与北极事务的重要任务，这一政策目标迫切需要海洋地质、勘探等相关科学技术的支撑。因而，在大陆架勘测、考察等方面的技术能力成为俄罗斯参与北极治理能力提升的重要内容之一。日本、德国同为北极域外国家，在参与北极治理的过程中都面临来自北极国家的排斥和不信任，因而两国将极地科技发展作为参与北极治理的重要路径，借助科技事务的国际合作塑造其在参与北极治理中的积极形象，进而维护国家利益。

通过科学技术的发展进步推动参与北极治理能力的提升，其最终目标是实现和维护北极地区的国家利益。无论是美国、俄罗斯等北极国家，还是日本、德国等北极域外国家，其参与北极治理的能力提升都紧紧围绕实现国家利益展开，这为中国参与北极治理的能力提升提供了重要借鉴。以极地科技发展推动中国参与北极治理能力的提升必须始终把握以国家利益为中心这一基本原则。

第五章　极地科技发展提升中国参与北极治理能力的路径

科学技术不仅是生产力的手段,还在思想竞争、法律建设、军事斗争以及国家间对抗中发挥着重要作用。① 科学技术不断进步的过程拓宽了国家的利益范围,改变了国家主权的行使范围与空间,能够引起某些国家经济实力和军事实力的革命性增长,短时间内改变国家实力对比关系,促使国际政治格局发生改变。

极地科技发展不仅对中国参与北极治理具有重要的支撑意义,还具有推动中国参与北极治理能力提升的可行性,能够有效地推动中国深度参与北极治理、构建北极事务国际话语体系。② 对于中国而言,要以极地科技发展为先导、抓手,推动中国参与北极治理能力的提升。在系统梳理中国参与北极治理能力不足及其原因的前提下,科学借鉴相关国家通过极地科技发展推动参与北极治理能力提升的经验,从战略高度谋划极地科技发展的整体方向,采取多种措施调动和发挥各类科技主体的积极性,加快极地科学技术发展,提升支撑中国参与北极治理的经济能力,完善认知与塑造北极事务变化的科技能力,加强维护中国北极合法权益的安全能力,推动设置北极事务议程的话语能力提升。

第一节　基本原则

探讨中国参与北极治理的科技发展战略,应从知识与权力关系的角度

---

① 罗骞政、任建国:《走向交融:科技与政治互动关系》,兵器工业出版社,2010,第74页。
② 杨振姣、郭纪斐:《北极生态安全对中国的影响及应对研究——基于非传统安全视角》,《辽宁大学学报》(哲学社会科学版)2017年第6期,第148页。

进行实践建构和机制设计,处理好科学真理与政治权力之间的关系,将科技发展与北极政策规划有机结合。

一 处理好科学真理与政治权力之间的关系

首先,科学知识与政治权力良性互动。一方面,北极科学研究要承担认识使命,推动科学的进步,还要以国家海洋战略为指导,解决带有经济发展、社会进步和极地治理色彩的科学问题。多重因素的影响极易使知识主体的角色发生扭曲,造成知识与权力的背离与冲突。尽管科学技术发展具有科学理性的内在特点,但其发展目标应当是明确的,即推动中国深度参与北极治理。只有如此,科技发展才不会导致北极政策目标的"割裂"。另一方面,追求真理是科技活动的目标,[①] 必须尊重知识理性和自主性,使科技发展有机渗透到北极治理的各个领域。知识理性与权力价值相协调,才能探索出使北极政策要求和科技发展融合一致的契合点,最终达到形式多样、方法各异而又殊途同归的治理效果。

其次,科学研究的综合性与针对性相统一。将科技发展作为中国参与北极治理的路径,必须坚持科学研究的综合性原则,在各活动领域之间追求和谐共进。综合性原则包含两层含义:一是要使科技发展走向中国参与北极治理的各个领域,使其成为一种全方位各领域的知识生产活动;二是要将科技发展和其他参与路径结合起来,实现多个路径的优势互补。具有合法性、"低政治"性、工具性特点的科技发展应当成为中国参与北极治理的基础和关键路径,并在与其他路径配合的过程中实现中国对北极事务的有效参与。在坚持综合性原则的同时,面对资源开发、环境保护、安全维护等彼此之间存在明显差异的议题领域时,还要针对不同领域的具体要求和特点有所调整,注重科技发展路径的灵活性。

最后,理论创新与科技开发相结合。将科技发展运用于中国参与北极治理过程中必须推动科技知识开发,把最新的北极科学知识成果转化为中国参与北极治理急需的核心、关键技术,提升中国的北极行动能力。同时,极地科技发展作为海洋科技创新的一部分,其知识成果还可以满足国

---

① 〔法〕昂利·彭加勒:《科学的价值》,李醒民译,商务印书馆,2010,第1页。

内海洋产业布局、社会经济发展的客观需求。同时，科学知识生产必须坚持理论创新原则，形成兼顾"理论创新"与"科技开发"的中国参与北极治理的科技路径。

二 将科技发展与北极政策规划有机结合

知识与权力之间的关系是辩证统一的。既要看到知识与权力的良性互动所带来的积极意义，又要看到权力与知识之间的冲突对两者的伤害。化解知识与权力之间的矛盾，需要明确两者之间的边界和各自角色，设计出促使知识和权力维持张力关系的运作机制、程序和法律制度。从中国参与北极治理的实际出发，科技发展要与北极政策规划有机结合，为提升中国北极事务的话语权服务。

极地科技发展在中国参与北极治理的议程设置、话语权争取等方面发挥着越来越重要的作用，成为中国进入北极治理场域的关键工具。中国参与北极治理的科学技术发展受到北极政策、国家海洋战略等政治因素的指导和影响，要解决带有经济发展、社会进步和北极治理色彩的多种科学问题，极地科技发展极易受到政治、经济、社会等多种因素的影响。多种因素的影响容易使科技主体的角色发生扭曲，偏离追求客观真实性的科学价值取向，这不利于极地科学技术的可持续发展。

毋庸置疑，追求真理是科技活动的目标。[①] 一方面，要尊重科学技术发展理性和自主性，营造适合极地科技发展的经济、社会环境，保障极地科技发展的自主性。要科学界定政府介入极地科技活动的范围，自然资源部、国家海洋局、财政部等涉北极事务机构要依照法律规定对极地科技活动进行宏观指导，推动极地科学技术遵循自身规律实现可持续发展。另一方面，科学研究具有明确的目的导向，是为实现科技主体的利益需求服务的，不同的科技主体具有不同的利益需求，[②] 这决定了科学技术的发展方向。极地科学技术具有科学理性的内在特点，但其发展目标应当是明确的，即提升中国参与北极治理的能力，实现中国在北极地区的国家利益。

[①] 〔法〕昂利·彭加勒：《科学的价值》，李醒民译，商务印书馆，2010，第1页。
[②] 徐治立：《科技政治空间的张力》，中国社会科学出版社，2006，第59页。

第五章　极地科技发展提升中国参与北极治理能力的路径

只有如此，极地科技发展的价值才能充分体现，不会导致与北极政策目标的背离。要科学引导极地科学技术的发展方向，引导极地科技发展有机渗透到中国参与北极治理的资源开发、航道利用、环境保护、气候变化应对等多个领域。① 具体如下。

第一，合理划定权力的基本边界，为北极知识增长创造空间。权力对知识的介入要遵循适度原则并划定合理边界，才能为知识创新和增长留下空间和自由度。② 建立健全北极科技法律机制，合理界定政府干预北极科技活动的范围，对涉北极科技事务主管部门的职责权限、法律地位做出明确的法律规定。涉北极事务机构要依照法律规定对科技活动进行宏观调节，对于具有产业化前景的研究项目，尽快推动其参与市场运作，同时健全科技市场机制和知识产权制度予以保障；对于北极基础研究或投资数额巨大、确需国家支持的科研项目，可给予适当的补贴、资助。通过科技法律、市场机制的完善，增强权力对知识介入的灵活性和科学性，营造适合北极知识增长的经济、社会环境，保持知识增长的活力和动力。

第二，树立科学的北极知识观，有效指导中国参与北极治理。科学的北极知识观要兼顾开放性与动态性、国内层面和国际层面，涵盖北极科研人员、政府部门、社会公众以及非政府组织等知识主体，科学的北极知识观要从狭义的科研知识拓展至涵盖资源、环保、航道、渔业等领域的多元知识，亦包括反恐、偷渡和走私等与国土安全相关的知识。借助多领域、全方位的北极知识整合科技资源，加强对科技政策决定权、执行权和监督权的规范化、科学化指导。③

第三，提高北极知识的共享度，推动多元主体协同参与。权力运行的科学化和民主化，离不开社会公众的参与和监督，公众参与权力运行的基础是掌握必需的知识。一般而言，在北极科技发展的开启阶段，需要发挥政府的动员、主导作用，随着时间的推移，应由"官方主导"逐渐过渡到"社会化多元参与"阶段。知识共享是社会公众参与北极科技发展的桥梁，

---

① 杨振姣、崔俊、韩硕洋等：《北极生态安全对中国国家安全的影响及应对策略》，《海洋环境科学》2013年第4期，第633页。
② 徐治立：《科技政治空间的张力》，中国社会科学出版社，2006，第225页。
③ 曾婧婧、钟书华：《论科技治理》，《科学经济社会》2011年第1期，第117页。

应当努力提高社会公众对北极问题的认知水平和科学素养。为此，可以创新科普方式，运用现代传媒工具搭建公众与科学家、政策部门之间的沟通平台，推动三者之间的交流互动，加快北极政策的科学化和民主化进程。

第四，增加知识类公共产品的供给，提升北极事务话语权。中国向国际社会和北极国家提供高质量的知识类公共产品，有助于建立参与者之间的信任关系，提升中国在北极事务中的议题设置能力和话语权。[①] 中国应充分整合北极科技合作的参与要素，利用与各国、国际组织签订的各类极地合作协定，推动相关高校、科研机构及企业与国外高水平科研院所建立长效的合作关系，不断提升北极科技合作层次。与此同时，积极参与国际社会的北极科学研究，借助国际智力资源提升中国的科学研究水平，传播中国的声音，彰显中国实力与责任，推动北极科学研究国际知识共同体的形成与发展，为北极可持续发展做出知识贡献。

第二节　提升支撑中国参与北极治理的经济能力

要进一步完善中国的极地科技管理体系，优化对极地科技资源的有效配置，推动极地科技资源的统筹协调。在此基础上，提升支撑中国参与北极治理的经济能力。具体而言，明确政府在极地科技发展中的角色和作用，不断优化有利于科技资源整合的政策环境，推动对极地科技资源的有效整合。在此基础上，强化市场对极地科技资源的配置，发挥市场调动科技主体积极性的优势，引导极地科技发展为国民经济提供支持，推动国民经济的可持续发展，不断提升支撑中国参与北极治理的经济能力。

一　优化政府对极地资源配置的调控能力

政府调控极地资源配置的目标就是在坚持市场起决定性作用的基础

---

① 赵宁宁：《中国北极治理话语权：现实挑战与提升路径》，《社会主义研究》2018年第2期，第137页。

第五章 极地科技发展提升中国参与北极治理能力的路径

上,由政府各职能部门以及军队相关部门按照市场经济规律、极地科技生产活动规律,分配、管理、调控、评估、组合极地资源,以规避市场"失灵风险",实现极地资源规模、结构的有效调整,使极地资源配置最终达到优化目标。

第一,科学划定政府行为边界,提升政府宏观调控能力。当前,涉及极地发展的政府部门包括自然资源部、外交部、科技部、教育部、交通运输部、国家自然科学基金委员会等,要统筹上述部门意见,广泛调动外交、经济、技术、人才等各方面的资源,避免"政出多门"致政策难以协调的情况,将有限的资源集中于极地发展的关键领域。可以自然资源部为主导,其他部门参与并提供支持,各部门分工协作,形成跨部门的极地管理机制,统筹调配、管理极地资源。

在调控极地资源配置中,政府是一个特殊主体,科学界定政府行为,有一个必须把握的"度"。[①] 如果不能合理划定政府行为边界,政府力量的运用会破坏市场环境和相关规则,在调控极地资源配置过程中就会陷入政府失效、低效的困境,从而阻碍极地资源配置结构优化和配置效率提升。在资源配置中,政府应主要关注"市场失灵"问题,充分发挥政策牵引、投入导向及制度保障的作用,通过制定和优化极地资源配置相关政策与调整财政投入等方式,引导极地资源配置规模的科学化、配置结构的合理化和配置效率的高效化。

在调控极地资源配置中,政府的宏观调控能力关系到极地资源能否实现高效配置。政府不仅要在宏观设计上制定相关政策、法律和制度,而且要根据北极政策需求方向、结构调整与变化,结合我国实际,通过科学制定极地事业发展规划、提供财税金融服务、加强科技管理以及制定教育发展战略等措施来引导与调整极地资源配置规模、配置结构,使其与中国极地事业发展需求相适应。

第二,在项目建设中加强与市场主体的合作。发展"冰上丝绸之路"要充分利用"PPP模式",采取政府与社会合作的方式,在公共基础设施建设、经济发展、互动交流等方面发挥出政府与社会合作的优势。其中,

---

① 张远军:《政府调控国防科技资源配置的动因、风险与对策》,《科技进步与对策》2015年第22期,第113页。

对完全营利性的工程和项目,要更多地吸引市场资金的流入,加强资金投入、项目建设、财税管理等方面的动态监管。在政府的宏观主导下,加强与有实力的企业的合作,并进一步改进和优化激励考核机制,采取公私合营的"PPP模式",采取计划外包、特许经营以及私有化发展三种形式,增强"冰上丝绸之路"建设的政府与市场主体合作。其一,采取政府出资进行项目市场外包的方式,由政府提供部分公共管理职能服务,社会承包主体收费实施相关项目。① 其二,政府结合"冰上丝绸之路"建设的现实需求,以需求为导向,围绕建设项目赋予社会主体特许经营权,并结合项目建设的基本特点收取部分费用或资助特许经营主体。其三,发挥社会主体的综合实力,社会主体需在自觉接受政府调控和监督的前提下,对项目建设予以资金投入。

第三,进一步加强资金、人才等方面的政策扶持。"冰上丝绸之路"倡议有助于平衡我国对外开放渠道、协调国内发展、统筹国内国际两个市场,为调动社会主体参与"冰上丝绸之路"建设的积极性,政府必须在调控环节补齐政策短板。一是依靠经济扶持,鼓励民间具有一定经济实力的企业加强对"冰上丝绸之路"共建国家的投资,在财政转移支付、税收减免等方面,政府要在政策上予以必要的扶持,推动资源的有序加速流动。二是要在政策上协调人力资源的配置。加强与完善极地事业人才培养机制,将高素质的人才资源不断输送到极地事业发展的工作岗位,输送到"冰上丝绸之路"共建国家的关键岗位,加速社会人才资源的自由流动。在这一过程中,政府要对人力资源的合理流动做好政策扶持,建立人力资源培育和输送的引导基金,充分做好培育人才、留住人才、发展人才的配套工作,以实现人力资源的合理流动。三是增强对落后区域参与极地建设的金融支持,吸引民间企业的金融投入,重点将社会资本向资本密集型极地产业,如极地船舶制造、极地能源开发等行业引流。政府需在资本市场的直接融资以及金融机构、民间企业的间接融资上加强宏观调控,为"冰上丝绸之路"建设中的关键行业、重点领域提供经济资源上的适当、合理倾斜。

---

① 杨丽:《"一带一路"建设中政府调控与市场配置的互动》,《人民论坛》2018年第5期,第72页。

二 调动市场在极地资源配置中的积极性

极地科技发展是一项涉及船舶制造、人工智能、机械制造等多领域的系统性工程，需要政府、市场等多方面的资源投入才能有效推进。在中国参与北极治理进程中，政府扮演着重要的资源配置者角色，取得了重要成绩。然而，市场在极地资源配置中的作用和特色发挥有待进一步加强。因此，要采取积极措施进一步发挥市场的积极作用，提升和增强极地资源配置的效率和灵活性。

当前，中国参与北极治理的科技资源主要依靠政府配置，政府掌握和支配着绝大多数的科技资源，并由此形成了以政府为主导、市场为辅的极地科技资源配置模式。以政府为主导的极地科技资源配置模式具有一定的优势，政府可以有选择性地将科技资源配置给极地科技发展的重点领域、重点行业、重点企业，推动该领域科学技术的快速发展，追赶或超越世界先进水平，有效避免部分行业领域因为投入成本高、盈利周期长而难以得到市场青睐的尴尬局面。然而，这种配置模式的弊端也是显而易见的：难以满足各类主体的需求并发挥其科技创新的积极性。由市场对极地科技资源进行配置可以很好地弥补这一劣势，尽管市场配置科技资源具有明显的趋利性，但其具有的优势也是非常明显的，即效率高、速度快，有利于满足各类主体对科技资源的需求，为中国参与北极治理的科技发展贡献力量。

为实现对中国北极科学考察所需资源的有效配置，不断提升资源配置效率，既要发挥政府对极地科技发展方向的把控作用，也要增强市场对科技主体积极性的调动能力，合力推动中国参与北极治理的极地科技创新。在极地科技发展的部分领域，政府可以将科技资源配置的主动权交给市场，充分发挥市场在资源配置中的决定性作用，提升和增强极地科技资源的配置效率和灵活性。与此同时，完善科技市场及相关的法律体系，加大知识产权保护力度，为推动市场对极地科技资源的配置创造良好的社会环境并提供有力的法律保障，让极地科技人员、资金、技术、专利等科技资源在更广范围内自由流动，推动科研设备、实验室等资源的合理配置，为北极科学技术的可持续发展提供助力。

三 完善极地资源配置的政策体系

中国参与北极治理涉及能源开采、船舶生产、精密仪器制造、工程机械制造、人工智能、电子通信等多个行业领域,要发挥市场在这些领域的资源配置作用,需要不断完善极地资源配置的相关政策体系。

第一,健全极地技术创新和支撑体系。极地产业要摆脱政府主导和依靠政府补贴的发展模式,就必须不断推进产业技术的进步。中国极地产业的发展需要巩固当前已经具有的产业技术优势,掌握具有自主知识产权的核心技术,形成较为完善的技术创新和支撑体系。一方面,应当以极地市场为导向、以极地企业为主体,建立极地产业技术创新体系,为技术进步创造良好的政策环境。加强产学研联动,利用高校、科研院所的研究力量和优势,组织实施重大技术攻关专项,形成企业、高校、科研院所等多方主体参与、利益共享的技术合作开发机制,建立极地产业技术创新联盟,切实提高极地产业的技术创新能力。另外,还应注重以引进的先进技术为基础,进行再创新和再开发,改变极地产品在低水平重复建设开发,产品经济性、稳定性和可靠性差的不利境况,弥补亟须发展的极地行业的技术空白,形成拥有独立知识产权的核心技术和产品,提升中国极地产业装备的制造能力和技术。另一方面,应当不断健全极地技术标准、产业评价、产品认证体系,加强极地开发人才队伍建设,建立企业、高校和科研院所联动的极地技术人才培养基地,积极引进极地领域的优秀专家和技术人才,营造适宜中国极地产业发展的技术创新环境和人才发展环境。

第二,给予极地产业发展更多的财税政策优惠。极地产业发展对技术有着较高的要求,技术壁垒也是影响极地产业发展的主要障碍。极地企业在生产和经营过程中,需要为技术创新付出较高成本,并且承担较高的风险,政府应利用财税政策予以支持。[①] 对于极地行业中具有创新精神的企业,除要对研发费用进行加计扣除外,还应允许对研发费用依照一定比例在企业所得税中直接抵扣,确保企业能够拥有更多的资金用于技术创新。

---

① 吴锦明:《新能源产业发展需要哪些"政策红利"》,《人民论坛》2019年第8期,第67页。

根据极地领域不同行业、不同企业，政府应设置一定的研发费用减免额度，极地企业一旦进行技术研发，就可享受该项财税优惠，直至本年度研发费用总额消耗完毕，这样不仅能够降低极地企业研发成本，还能鼓励更多极地企业参与到技术研发中来，从而提高我国极地产业的技术水平。同时，由于极地行业技术研发成本过高，单纯依赖政府的财税优惠政策还不够，应鼓励金融机构为极地企业提供技术研发贷款，不过极地行业技术研发风险系数过高，多数金融机构可能不愿意向极地企业提供信贷服务，此时，政府应通过金融税收优惠政策，依照金融机构对极地行业的信贷比例，给予金融机构财税优惠，鼓励金融机构提高对极地行业的信贷比例，确保极地行业能够拥有充足的信贷资金。

完善极地产业财税政策绩效评估需要从两个方面入手。一方面，需要考虑极地企业的生产效率，依靠政府财税优惠政策是否能有效提高极地企业收益，极地企业是否能利用政府财税优惠政策创造出最大效益，极地企业是否满足社会公众对于极地产品的需求，结合这些问题综合对极地企业进行评估，最终明确政府是否需要进一步加强对该企业的财税优惠。另一方面，在极地企业发展过程中，政府利用财税优惠政策给予企业实际的帮助，也就确定了双方协作关系，政府不仅要依照相应的标准提供财税优惠，也要对自身的选择承担责任。政府实施财税优惠政策的原则是选择具有代表性、收益高的极地企业，政府给予某极地企业财税优惠，就要承担该笔费用的支付责任，确保该极地企业能够按照要求进行生产和技术研发，一旦极地企业未达到社会要求，政府就需要承担连带责任，重新审视财税优惠对象的选择。

第三，加快极地科技中介发展。中小企业融资问题是世界性难题，作为专门服务于中小企业的科技中介机构，各地风险投资工作站要深刻领会党的二十大精神，真正把握时代脉搏，推动创新资源市场化，想企业所想、急企业所急，为那些资金匮乏却胸怀大志的中小企业提供现代的、高科技的中介服务，积极构建创新服务体系，坚定不移地贯彻创新驱动发展战略，引导风险投资向极地重点行业和关键领域倾斜。[①] 风险投资专业组

---

① 赵芸：《中国科技中介发展的优化路径探析》，《科学管理研究》2014 年第 5 期，第 26 页。

织建立跨地域的投融资公共资源服务平台，通过"企业集聚创新网络平台"与国内各有关行业协会建立合作交流机制，与科研院所建立高新技术与市场对接合作机制，与部分省市建立境外技术引进合作项目筛选和技术转移合作对接机制，与中国外商投资企业协会建立科技兴贸长期战略合作机制以及为创新型中小企业和潜在上市资源提供社会化评估增信服务，引导风险投资向极地事业倾斜，培育和发展战略性新兴产业。

科技中介应创新服务内容与模式，不断深化服务内容，做好"企业集聚创新网络平台"工作，积极推广运用电子商务等新型销售渠道，降低营销费用，提高企业盈利率；推广新型商业模式，优化整合资源，协助企业构建自身核心竞争力；为中小企业提供市场咨询服务，扩大企业盈利空间；鼓励中小企业采用先进实用技术，对原有产品进行升级换代，拓展新的市场。此外，还应创新风险投资工作站服务模式，形成多元化、多层次的服务体系，为"企业集聚创新网络平台"的重点中小企业提供高质量的信息咨询、技术引进、人才培训、市场开拓、商业模式创新、企业挂牌或上市等公共服务。

此外，现实生活中，调整人们行为的规范体系是多元的，但法律作为一种依靠国家强制力保证实施的社会控制系统，其权威性和稳定性等特点是其他规范系统所不及的。[①] 同时，还应强化相关责任的规定，强调政府能源责任，以刚性责任追究制度为主要手段，对政府的不作为和不恰当作为都应设置具有可操作性的处罚措施，加大处罚力度。另外，新能源产业的发展离不开法律制度的建立健全。各地应当在新能源产业发展的法治市场环境下，建立健全新能源法律制度：建立健全新能源产业发展标准、专利、检测、认证等服务体系制度，加强新能源行业的管理与服务；建设产品认证、检测等公共服务平台，建立符合各地具体情况的新能源地方、行业标准体系，包括多种新材料、组件的产品标准以及生产设备标准和系统的验收标准等标准体系；此外，还应健全新能源产业市场准入制度、环境影响评价制度以及产业争议调处制度等。[②]

---

① 徐本鑫、陶伦康：《论低碳经济下生态效率的法律调整》，《现代经济探讨》2010年第10期，第90页。
② 韦冉、秦鹏：《山东省新能源产业发展政策法规体系保障研究》，《中国人口·资源与环境》2015年第5期，第143页。

第三节　完善认知与塑造北极事务变化的科技能力

针对认知与塑造北极事务变化的科技能力存在的不足，要着力提升极地科技自主创新能力，加快极地科学技术发展，逐步缩小与国外先进水平之间的差距。为此，要明确政府在极地科技发展中的角色和作用，建立和健全有利于极地科技创新发展的管理机制、评价机制、人才机制，为极地科技创新营造良好的社会环境。同时，加快中国北极领域科研机构的协同发展，有效整合科技资源，推动极地科学技术的均衡、可持续发展。在极地科技发展过程中，还应当兼顾极地科技发展的广泛性和针对性，以满足中国参与北极治理多样化的科技需求。

一　明晰政府的科技角色

中国参与北极治理涉及资源开发、航道利用、环境保护、气候变化应对等多个领域，涵盖自然科学研究和社会科学研究，科学家群体、政府部门、社会公众等多元主体均参与其中。在推动中国参与北极治理的科技发展过程中，政府要营造有利于极地科技发展的社会环境，推动科学家群体、社会公众等多元行为体共同致力于极地科技进步，加快认知与塑造北极事务变化的科技能力的提升，其扮演着不可替代的重要角色。

一般而言，政府在科技发展过程中的作用包括：战略制定、规划设计、制度保障、组织与实施以及服务、协调与监督。[①] 结合中国参与北极治理的实际情况和极地科技发展的重要任务，笔者认为政府应当在中国参与北极治理的科技发展中扮演以下角色。

第一，政府是极地科技发展的组织者。毋庸置疑，在极地科技发展过程中，政府主体是重要的组织者，不仅需要为极地科技活动的开展营造良好的社会环境、文化环境，通过出台极地科技发展"政策""规划"等方

---

① 科学技术部人才中心编《现代科技创新管理概论》，科学出版社，2018，第33页。

式，科学谋划极地科技发展重点，为极地科技活动明确战略方向，还需要为极地科技活动的顺利推进提供必要的资金、人才、设备等多方面支持，将有限的科技资源集中在中国参与北极治理急需和紧缺的行业领域，推动极地科技活动可持续展开。同时，政府也是极地科学技术发展的重要评价和监督主体，负责对极地科研活动进行监督和评价。可以看出，在极地科技发展过程中，扮演组织者角色的政府主体发挥着不可替代的重要作用。

第二，政府是极地科技发展的制度供给者。与所有的科技活动一样，极地科技发展也是一项系统性综合工程，需要教育、文化、财政等多个部门、多个领域的协同配合和共同参与。这就需要政府主体不断建立和完善与极地科技发展相适应的社会文化、财政金融、教育科研等相关制度体系，保证政府、企业、智库等多元主体按照一定的社会规则有序参与极地科技活动，各自扮演不同的科技角色，为极地科技发展营造一个尊重知识、鼓励创新的良好环境，保证极地科学技术在遵循客观规律的基础上满足社会经济发展、国家政策规划的需要，不断鼓励科技工作者通过科技创新为极地科技发展做贡献。在此过程中，政府是极为重要的制度供给主体。

第三，政府是极地科技发展的支持者。众所周知，极地科技发展需要经费、平台、人才、项目、国际环境等的大力支持才能有序进行，需要政府主体提供财政、人才、项目等资源支持才能有序推动。政府要为极地科技发展提供必需的经费、人才、合作平台、科技机制等保障，为极地科技发展营造有利环境，保证北极科学研究、技术创新的顺利实施和开展。极地科技发展除了要依靠政府主体提供相应支持外，还需要企业等其他非政府主体提供资源支持，但极地科技发展需要大量前期资金投入，经济回报慢，往往难以得到市场资源的青睐，因而需要政府力量的介入，政府通过制定合理的市场准入条件、信贷融资政策等优惠政策，引导非政府主体有序进入极地科技市场，为极地科技发展提供有力支持。

二 健全极地科技发展体系

加快极地科技体制建设，为极地科技创新发展提供必要的资金、人才保障，完善认知与塑造北极事务变化的科技能力。

第五章 极地科技发展提升中国参与北极治理能力的路径

第一，健全极地科技人才的引进、培养和激励机制。国际竞争归根结底是综合国力之间的较量，其实质是科技竞争，而科技竞争的关键是科技人才的竞争。有学者曾指出，"谁能足够地拥有研究开发关键前沿技术的高级专门人才，谁就能够在科技竞争中'执天下之牛耳'"①。科技人才在极地科技发展中的作用，可见一斑。

为加快北极科学技术的创新发展，可从以下三个方面采取措施，推动科技人才的引进与培养。其一，加强对青年科技人才的培养。中国参与北极治理的科技发展尚处于起步阶段，未来发展应更多地依靠青年科技人才的成长和培养。要鼓励在校研究生、青年科技人才申报极地科技项目，以科技项目为载体培养青年科技人才，进一步激发青年学生对北极问题的兴趣，推动对北极问题有爱好、志趣的青年学生脱颖而出。其二，积极引进海外高层次人才、港澳台人才等，特别是极地科技发展急需的专业人才。对于引进的人才，在专项经费、报酬、住房、安置家属、医疗、奖励等各方面提出相关优惠政策，积极引导其向极地科技发展的重点领域、项目流动，推动极地科学技术的创新发展。其三，建立系统的极地科技人才激励体系。不断完善贯穿极地科技人才引进、培养、流动等多个环节的人才激励政策，鼓励极地科技人才围绕极地科技难题进行科技攻关，在极地科技发展的薄弱技术领域实现创新突破。

第二，构建多元化的极地科技评价体系。构建多元化的极地科技评价体系，科学地评估极地科技发展情况，有利于引导科学技术为中国的北极政策服务。极地科技评估既包括政府内部的评估，也包括来自社会组织和公民对北极科学技术发展的考核评价，要实现多角度、全方位的科技评估。评价考核的主要内容应当包括：是否满足国家的北极利益需求，是否在本领域内产生深远影响，是否取得预期的科研效果，是否引起国际同行关注，是否获得社会公众的认可，等等。② 要允许和鼓励社会咨询机构、研究所等社会评估机构开展对北极科学技术发展的评估和监督，按照科学的标准、方法和程序，对极地科技发展发表意见，增强评估的代表性和广

---

① 游光荣：《中国科技国情分析报告》，中国青年出版社，2001，第226页。
② 孙立广：《中国的极地科技：现状与发展刍议》，《人民论坛·学术前沿》2017年第11期，第19页。

泛性。还可通过社会调查、问卷测验、民主评议等方式了解社会公众对极地科技发展的态度,将之作为极地科技评价的重要组成部分。

第三,健全和完善极地科学普及工作体系。科技创新和科学普及是科技工作的"一体两面"[①]:科技创新要求不断突破人类现有认知,紧跟和突破科技前沿;科学普及则要求社会公众不断深化对科技发展特别是科技创新成果的理解,使科技创新成果走入千家万户,成为社会大众的共同财富。当前,我国极地科学技术快速发展,在多个领域取得了优异成绩,而与之相匹配的极地科普工作,无论在重视程度上还是在实践层面都有相当提升空间。

要以落实提升公民科学素质为抓手,在资金投入、组织管理等方面加大投入,加快推进极地科普工作。其一,健全全社会动员机制。切实加强船舶、航运、人工智能、海洋工程等与极地事业关联紧密的重点行业、重点人群的极地科学素质建设,进一步加强农村、贫困地区、民族地区群众的极地科学普及工作,提升其对中国极地事业的科学认知,加强对公务员、教师、科技工作者、军人等关键群体的极地科普教育,通过提升关键群体的极地素养,发挥"以点带面"的联结作用,加快极地科普教育。其二,探索建立极地科学家带头作科普的机制。强化极地科研与极地科普相互结合,推动落实在极地科技发展规划中增加极地科普任务的明确要求,明确公立科研机构、科研人员在极地科普工作中的权利与义务,鼓励极地科研项目结项时将科普报告作为重要考核内容。其三,健全青少年极地科普机制。高度重视青少年群体的极地科学素质养成,推动提升大中小学极地科学教育水平,将极地科学普及与国家安全教育进行结合,发挥好科技馆、科普教育基地等校外极地科普资源的教育功能。在此基础上,可组织开展极地知识竞赛、极地故事演讲等系列校园活动,积极传播极地科学知识、弘扬极地科学精神。

第四,探索建立极地科技合作指导机制。客观而言,当前极地国际科技合作在科技支撑经济社会发展中的贡献还有较大提升空间,要进一步强化科技发展的国际合作战略全局的思考。[②] 鉴于此,需要组织专门的

---

① 徐冠华:《中国科技发展的回顾和几点建议》,《中国科学院院刊》2019年第10期,第1103页。
② 霍光峰、张换兆:《中国科技发展国际合作战略的评价与建议》,《中国科技论坛》2010年第4期,第140页。

队伍，从中国参与北极治理的实际出发，强化国家层面的极地科技发展的国际合作战略全局性思考和政策制定，进一步促进对极地科技活动的指导和引领。

其一，进一步优化中国极地科技国际合作布局。对于美国、加拿大、挪威、丹麦等北极国家的极地科技合作，侧重尖端技术领域的人才、项目、资金合作，争取掌握一定的运营权、债权；对于日本、韩国、意大利、新加坡、印度等北极利益攸关方，侧重搭建极地科技合作平台，重点加强在极地话语权建设等方面的国际合作。其二，探索建立跨部委、跨地区、跨行业的极地科技信息共享机制。加强中央海权办、自然资源部、外交部、财政部等涉极地科技发展主管部门的协调，成立极地科技管理协调机构，负责对中国极地科技发展相关活动进行统筹协调，共享国际极地科技工作的相关资料和信息，包括国际极地合作国别研究、领域研究、极地科技发展动态信息等，协调涉极地科技发展的驻外机构、相关高校、科研机构、企业、金融机构等有序推动极地科技发展。其三，加强对极地科技合作成效的监测。对国外极地技术进口、消化、吸收和再创新带来的科技效益、经济效益、社会效益和出现的问题进行评价、梳理和分析，以加强对极地科技合作的监督，增强国际合作的针对性和有效性。同时，可建立定期或不定期的极地科技国际合作的成效反馈机制，对极地科技合作平台建设情况、极地科技项目进展情况、极地科技人才培育情况等进行动态跟踪，及时发现问题并加以解决，增强中国在极地科技合作中的主动性。

三 加快极地科研机构的协同发展

加快北极研究机构的协同发展，有效整合中国参与北极治理的科技资源，推动北极问题的跨学科研究，推动极地科学技术的均衡、可持续发展。

第一，加快北极研究机构的信息化建设。对北极问题进行跟踪监测、数据采集和整理入库，逐步建立北极监测和评估数据库，[①] 这是获取北极

[①] 吴雪明、张侠：《北极跟踪监测与评估体系的设计思路和基本框架》，《国际观察》2011年第4期，第16页。

地区动态信息的重要渠道。丰富和拓展北极信息的来源，注意开拓非书面、非媒体传播的信息渠道。例如，邀请北极国家政府官员、科学家来华发表演讲、参加学术会议等。在此基础上，建立、健全北极地区的信息数据库，为极地科学技术发展提供信息支持。北极信息数据库应当包括北极地区相关国家自然地理、生态环境、北极战略、经济社会等基本数据，并运用大数据、云计算等技术，进一步丰富相关数据信息，增强北极信息数据库的系统性。

第二，加快北极研究机构的协同发展。当前，涉北极问题的相关研究机构主要集中在北京、上海等地，在地域上具有集中性。可以研究机构所在区域为中心，加强该区域内的极地研究机构的信息共享、合作交流。根据各自研究特色和研究优势，进行合理分工，避免重复研究、恶性竞争，共同致力于中国参与北极治理的科技发展。此外，北极地区涵盖美国、俄罗斯、加拿大、芬兰、丹麦等多个国家，涉及环境、航道、能源、安全等多个领域。相关研究机构往往在某一问题领域具有相对科技优势，人才、课题项目等科技资源相对集中。因此，可以国别或研究领域为中心，相同或相似研究方向的研究机构可以开展联合攻关，便于集中优势资源加强该领域的科学研究和技术创新。

第三，提高企业的极地科技创新水平。在维护中国北极合法权益的过程中，维权技术、设备稳定性、可靠性有待改进，与世界先进水平之间存在差距。加强极地科技创新，推动极地科学技术的转化与应用，不断提升维护中国北极合法权益的技术、设备性能，是解决这一问题的重要方式。企业是科技创新的重要主体，其主要任务是实现重大技术成果的转化与应用。[①]要充分重视企业在极地科技创新中的积极作用，通过多种手段提高企业的极地科技创新水平，加快极地科学技术成果的转化、应用，改善维护中国北极合法权益的技术、设备性能。

一方面，鼓励相关企业聚焦北极领域科学技术的研发，不同企业可依据各自比较优势、价值链与产品功能模块进行分工协作，实现企业技术优势与人力资源优势的互补，缩短极地科技产品的开发周期，加快北极科学

---

① 科学技术部人才中心编《现代科技创新管理概论》，科学出版社，2018，第18页。

技术的发展。在此过程中，通过技术创新，掌握具有自主知识产权的核心技术，建造一批国际先进水平的核心装备和关键技术体系，维护极地科技安全、设备安全、技术安全。

另一方面，在科学技术与经济社会发展结合日益密切的科技全球化时代，科技发展创新活动日趋复杂化和系统化，迫切需要多元科技主体的有效协同。积极推动企业与科研机构、高等院校等极地科技主体的协同合作，形成科技优势互补，推动北极科学技术的创新。其一，加强企业与科研机构的科技协作。通过科研机构与企业之间的产学研合作，为企业开展极地科技创新提供技术支持，为科研院所进行科技创新提供资金支持，推动极地科技创新活动的可持续发展。通过企业对极地科技市场信息的掌握，引导科研院所从事与市场需求相关的北极科研活动，提高极地科技成果转化效率和经济收益，激发企业、科研机构从事极地科技活动的积极性。其二，加强企业与高等学校的科技协作。对于高等学校而言，利用企业掌握的市场需求信息从事极地科技创新，通过企业实现极地科技成果的顺利转化，有利于高等学校和企业的利益双赢。[1] 作为极地科技人才培养的重要场所，高校、科研院所为企业进行极地科技创新培训、输送科技人才，推动企业的极地科技创新。与此同时，高校、科研院所可以根据企业的用人需求，有针对性地培养极地科技人才，满足极地科技市场需求。

四　兼顾极地科技发展的广泛性和针对性

极地科学技术是中国参与北极治理的重要工具和手段，服务于中国参与北极治理的进程。中国参与北极治理涉及资源开发、环境保护、航道利用、气候变化应对等多个领域，各领域事务又具有不同的特点和属性，不同领域事务之间呈现出相互交叉、日益复杂的特点，这对北极治理活动的开展和极地科学技术的发展提出了严峻挑战。为推动极地科学技术的可持续发展，实现对中国参与北极治理的有效支撑，极地科技发展要兼顾广泛性和针对性。

极地科技发展要具有广泛性，包括参与主体的广泛性和研究领域的广

---

[1] 鲁敏：《我国民生科技发展问题研究》，博士学位论文，吉林大学，2013，第67页。

泛性。

第一,参与主体要具有广泛性。客观而言,北极地区在地理、气候、外交上具有一定的独特性和复杂性,使极地科技进步面临严峻挑战,这客观上要求更多科技主体参与其中。此外,极地科学技术发展是一项系统性工程,不同主体扮演不同角色,发挥不同作用。科学家群体在科研攻关、专门研究等方面发挥重要作用,为中国参与北极治理提供智力支持,然而,这种作用的发挥需要依托资金、政策、环境等多方面的支持,这就要求企业、智库等多元主体积极参与极地科技发展,为极地科技发展贡献力量。

第二,研究领域要具有广泛性。北极科学技术要坚持发展的广泛性原则,广泛涉及中国参与北极治理的多个领域,争取对北极资源开发、环境保护、航道利用、安全维护等多个领域的全面认知,避免出现中国参与北极治理的"科技盲区"。不仅要对美国、俄罗斯、加拿大、丹麦等北极国家的北极政策情况进行跟踪研究,也要对日本、韩国、新加坡、德国、英国等北极利益攸关方展开相关研究,及时把握全面、系统的北极政治、经济、战略动态信息,为中国在上述领域的治理活动提供科技支撑,使极地科技发展成为一种全方位、多领域的参与活动。

极地科技发展也要有针对性,包括科学设置极地科技发展的重点领域、重点方向,加快构建极地科技发展的优势学科、优势领域,以及树立极地科技安全意识与加强北极关键技术攻关。

第一,要设置极地科技发展的重点领域和重点方向。面对北极资源开发、环境保护、安全维护等存在明显差异的治理领域,要根据不同领域事务对科学技术的不同需求,有针对性地调整极地科技发展的重点、方向,实现北极科学技术发展的灵活性。同时,中国参与北极事务的不同历史时期的主要任务有所不同,在不同的发展阶段,极地科技发展的重点方向也要进行调整,根据北极政策的客观需求开展有针对性的研究。

第二,要构建极地科技发展的优势学科和优势领域。毋庸置疑,极地科技发展是一项系统性工程,涉及海洋经济、船舶制造、机械工程等国民经济发展的多个部门和领域,需要依托强大的综合国力。中国参与极地事务起步晚,底子薄,可以将构建优势学科和优势领域作为初步目标,以此为前提基础,推动极地科技水平的跃升。此外,极地治理的深入推进迫切需要科学技术的有效支撑，从极地治理实践来看，一旦参与主体掌握了先进的极地科学技术，其就可以提出有效的治理方案，这将极大地提升其在极地事务中的话语权，进而有效维护其极地利益。对于中国而言，有必要尽快构建极地科技发展的优势学科和优势领域，并以此为依托提出具有中国特色的极地治理方案，推动极地治理走向深入。

第三，要树立极地科技安全意识，加强北极关键技术攻关。要高度重视科学技术的重要地位，不断增强极地科技安全意识。要从国际政治、国家安全的战略高度出发，对科学技术在维护中国北极资源开发、环境保护、气候变化应对、军事安全等领域合法权益中的关键作用有清晰的认识，对世界范围内极地科技发展的重点领域、发展趋势等进行及时跟踪了解，建立和健全极地科技保密政策法规体系，维护极地科技安全。

结合中国极地科技发展的实际情况，对确需进行自主开发的关键技术加大资源投入。在重要、关键领域培养一批具有自主知识产权的科技企业，以推动北极关键技术的科研攻关，加强极地科技安全建设。在加强自主创新的同时，积极争取其他国家的科技支持，打破西方国家的技术遏制。在"冰上丝绸之路"建设过程中，考虑构建多层次的科技合作交流平台，创立新的合作机制和规则，推动极地科技资源的国际共享，积极推进中国自身的北极技术标准建设，提升中国在极地技术标准制定领域的国际地位和话语权。

第四节　加强维护中国北极合法权益的安全能力

积极维护中国在北极地区的合法权益是中国参与北极事务的重要任务之一。要充分发挥极地科技对完善北极权益认知、更新权益维护手段所具有的推动作用，进一步加强对中国北极维权活动的政策设计、规划，发挥多元参与主体的积极性，有效维护中国北极合法权益。要加快中国北极社会科学研究，针对北极"低政治"和"高政治"领域事务的不同特点，有针对性地对中国维护北极合法权益进行科学的政策设计与规划。同时，以企业为主体加强极地科技创新，推动极地科学技术的转化与应用，不断完善维护中国北极合法权益的技术、设备性能。提升极地科技安全意识，推动极地科技安全建设，确保极地科技发展为维护中国北极合法权益提供不竭动力。

一　塑造系统的北极权益观

在科技全球化时代，维护中国北极合法权益的安全能力提升需要相应的自然科学知识予以支持，在海洋环境、气象观测、工程技术等方面为参与北极治理提供必需的知识，以使决策者掌握北极自然环境变化及其对中国的影响情况，进而为中国北极安全决策提供依据。同时，维护中国北极合法权益的安全能力提升离不开北极社会科学研究的智力支持，在地缘政治竞争、外交政策、军事战略等方面为中国参与北极治理提供全面剖析和对策建议，有针对性地参与"高政治"领域事务，维护中国的北极合法权益。

第一，加强对北极事务变化的科学认知。在推动北极科学考察研究快速发展的同时，要加快北极社会科学研究，满足维护中国北极合法权益的战略需求。北极社会科学研究涉及国际政治、国际关系、国际法学、世界历史、公共管理、民俗学、世界经济等多个学科，能够对北极地区社会经济、人文地理、地缘政治的变化进行有效识别，在北极地缘政治与国际法、资源开发与航道利用等方面形成全面的知识储备，提供维权思路和对策建议，为中国参与北极"高政治"领域治理提供科学支撑。

为此，要营造有利于北极社会科学研究的社会环境，加强北极社会科学人才的引进与培养，推动社会科学研究机构的科研协作，在研究资金、研究项目、研究设备等方面予以支持，加快北极社会科学研究的成长进步。推动北极社会科学研究的全面发展，对中国参与北极治理的多个领域进行系统、跟踪研究，密切关注北极域内外各国的北极政策变化，对维护中国北极合法权益的政策进行前瞻性设计，为维护中国北极合法权益的安全能力提升提供智力支持。

第二，明确北极权益保护的工作重点。随着中国北极权益内容的拓展，北极权益保护面临的工作内容愈加繁杂，有必要明确现阶段北极权益保护的重点，集中优势资源确保中国北极权益处于安全状态。毋庸置疑，随着赴北极国家的中国公民数量快速增加,以及中资企业北极投资金额的增长,保障在北极地区的中国公民、法人的人身安全和经济权益是中国北极权益保护的当前目标。

在日渐制度化、规范化的国际社会,海外利益维护表面上是具体利益的损益问题,实质上关乎国际治理机制存在的"制度失灵"问题。① 作为地理意义上的北极域外国家,中国参与北极事务起步晚、底子薄,参与北极事务过程中面临政治、经济、文化等多个方面的现实困难,尤其是面临北极国家针对包括中国在内的北极域外国家的"治理排斥""话语排斥"等限制政策。因此,中国北极权益保护的战略目标应当设定为促进北极治理机制的演进,不断提升在国际机制和北极治理中的话语权、决策权。

第三,构建"官民一体"的北极权益保护格局。随着中国参与北极事务步伐的加快,中国公民、企业、社会组织等民间力量跨国、跨文化流动加速,成为推进中国北极权益快速发展的主体,也成为中国北极权益保护的重要对象,是遭受恐怖袭击、暴力犯罪、自然灾害、歧视性经贸政策的客体。现阶段,政府主体是中国北极权益保护的主导力量,由于民间力量参与积极性不强、维权能力有限等多种因素的制约,民间主体对政府有较强的依赖性,不足以成为应对中国北极权益威胁的独立力量。鉴于此,要进一步丰富中国北极权益保护的层次性,通过资金、政策、人才等多种手段,进一步释放民间主体参与北极权益保护的积极性和主动性,构建一套以政府为主体,以公民、企业、社会组织等民间力量为重要辅助的北极权益保护机制,加快形成"官民一体"的北极权益保护格局。

二 加强北极权益保障能力建设

近年来,中国在北极地区的合法权益在快速拓展,面临的安全威胁也日益增多,这对中国北极权益保障能力提出了更大挑战。为更好地保护中国北极权益,可以从完善国内立法和政府机构建设、强化对现有北极治理机制的运用、提升在北极地区的军事行动能力等方面进一步提升北极权益保障能力。

---

① 王发龙:《美国海外利益维护机制及其对中国的启示》,《理论月刊》2015年第3期,第182页。

第一，完善国内立法和政府机构建设。客观而言，中国北极权益保护是一个重要的法律命题，国际法是保障中国北极合法权益的重要工具和框架。中国有关北极合法权益的法律建设尚处于起步阶段，并未形成较为完备的法律体系，难以为北极权益保护提供充分的法律制度保障。鉴于此，要尽快制定、完善"对外援助法""海外反腐败""海外投资法"等相关法律，其中涉及北极事务的相关内容，将为维护中国北极合法权益提供更有力的法律依据。

当前，政府仍然是北极权益保护的主导力量，在权益保护中扮演着关键角色。应健全跨部门北极权益保护机制，统合外交部、商务部、自然资源部、国防部等相关部门机构，加强有关北极权益保护的政策制定、信息分享、应急管理工作，探索成立高级别、综合性的北极（极地）权益保护协调机构，如"北极（极地）权益保护中心""北极（极地）权益安全协调小组（办公室）"等，解决当前北极权益保护实践中存在的"多头管理""政出多门"等问题，形成北极权益保护的合力。

第二，强化对现有北极治理机制的运用。全球化时代的海外权益具有合理性、合法性，往往受到利益攸关国家法律、国际法、国际机制等合法框架的承认和保护。因此，国际机制往往成为主权国家进行海外权益保护的有效工具。要充分运用以北极理事会为代表的北极治理多边机制赋予中国的合法权利。2013年5月，在北极理事会第八次部长级会议上，中国、印度、日本、韩国被批准成为北极理事会观察员国。北极理事会观察员国虽不具有投票权，也无权在年会上发言，但在北极议题上具有合法的权利，是近距离追踪北极事务动态的窗口。对于中国而言，要有选择地参与北极理事会相关活动，充分享受北极治理多边机制赋予中国的合法权益，增强北极权益保护的合法性与有效性。

值得关注的是，俄乌冲突爆发以来，由西方国家主导的北极理事会、北极经济理事会、北欧部长理事会、巴伦支欧洲－北极理事会等均以机构名义发表声明，谴责俄罗斯。国际北极科学委员会也发表声明支持北极理事会关于俄乌冲突的立场，并表示"2022年北极科学峰会周"组委会将对俄代表关闭参会渠道。不仅如此，俄乌冲突爆发后不久，美加等北

第五章　极地科技发展提升中国参与北极治理能力的路径

极七国①发表联合声明，将终止在北极理事会中与俄罗斯的相关合作。2022年6月8日，上述国家发表联合声明，计划在不涉及俄罗斯的项目中有限恢复其在北极理事会的工作。

西方国家利用其在北极理事会中的强势地位，试图将俄罗斯排除出当前的北极治理体系，这在客观上弱化了俄罗斯在北极治理中的作用，但也对北极理事会的代表性与合法性产生破坏。一是弱化了北极理事会的完整性和代表性。从成员构成上看，包括俄罗斯在内的北极八国处于北极理事会的核心地位，对北极事务享有投票权。如果把俄罗斯从现有的北极理事会中剥离出来，那么北极理事会完整的代表性将受到破坏。二是暴露了北极理事会在安全治理上的缺陷。西方国家与俄罗斯日益加剧的北极安全对峙，对北极治理造成了严重冲击，凸显出以北极理事会为核心的北极治理体系的短板和不足，当前该体系尤其难以解决事关全局的北极安全问题。三是俄罗斯或有意组建自己主导的北极治理体系。面对西方国家在北极治理中的一系列"排俄"活动，俄罗斯或更有意愿去组建自己主导的北极治理体系，吸纳包括金砖国家和集安组织成员国在内的更多北极利益相关者参与北极治理。四是北极国际合作恐将受到严重影响。西方国家与俄罗斯的战略博弈和对峙，不可避免地将影响资源开发、环境保护等多个领域的北极合作，也为其他国家参与北极事务制造了政治障碍。

毋庸置疑，北极事务的有效治理离不开包括俄罗斯、美国在内的北极国家以及北极域外国家的共同努力。中国要继续支持北极理事会推动环境保护、经济发展、人文交流等领域的北极国际合作，推动北极理事会改革进程，提升北极域外国家在北极治理中的话语权，推动提升北极理事会统筹北极各领域治理的能力。同时，中国应适时提出北极安全治理的中国方案——"北极安全中国倡议"。其内容可包括：以合作的方式推进北极安全治理，反对将大国地缘博弈带入北极安全治理，反对单边主义给北极和平稳定带来的威胁，反对以军事手段解决北极争端。

此外，要积极发挥双边北极合作机制的作用。如前文所述，中国与德国、芬兰、挪威等多个国家签订不同形式的极地合作协定（备忘录），加

---

① 一般而言，北极国家包括加拿大、丹麦、芬兰、冰岛、挪威、瑞典、俄罗斯和美国八个国家。随着北极安全态势的恶化，除俄罗斯以外的北极七国采取联合行动，集体孤立俄罗斯。

强双方在极地科学领域的国际合作，推动科研项目、设施、人员、数据等方面的交流合作。然而，在上述双边极地合作中，北极权益保护方面的合作力度有待加大，如北极投资协定、北极争端司法解决机制等内容涉及得较少。在接下来的双边北极合作过程中，尤其是与北极域外国家的北极合作，可进一步拓展双方在北极权益保护方面的合作，这符合双方共同的国家利益。

第三，提升在北极地区的军事行动能力。当前，境外针对或波及中国公司、公民的暴恐袭击、犯罪活动等，已经成为中国公民、企业在北极地区合法权益面临的重大威胁。俄乌冲突以来，北极地区的安全形势急剧恶化，俄罗斯和西方有关各国加紧在北极地区进行战略部署，双方的战略博弈和对峙持续加剧。北极国家的安全焦虑不断加剧，进而倾向于提升军事能力以维护安全利益。俄乌冲突后，北极国家重新评估区域战争风险，高度关注西方国家与俄罗斯在北极地区的战略对峙。2020年6月以来，芬兰、瑞典、冰岛等国相继更新本国的北极政策，调整本国在北极地区的军事安全部署。与此同时，俄罗斯加快出台北极政策以加强在极地地区的军事力量部署。在北极地区安全形势日益紧张的背景下，提升中国在北极地区的军事行动能力、有效保护我国在北极地区合法权益的重要性进一步提升。

提升海外军事行动能力的一个核心要素就是，跨地域远洋机动、部署和作战能力的提升。[①] 首先，适时构建北极军事行动指挥体制，统筹陆军、空军、海军等军兵种力量，防范北极地缘安全形势突变可能给中国北极合法权益带来的巨大安全威胁，确保在紧急状态下能够快速、有效组织力量在北极地区开展撤侨、救灾、兵力投送等行动。其次，加快适应北极严寒自然环境的海空武器装备建设，积极整合高校、科研院所、企业等相关科研资源推动北极军事科技创新，特别是远洋水面舰艇、大型运输机、单兵武装等适应北极地区严寒自然环境的实用装备。最后，加强对北极地区地缘形势发展的跟踪监测。随着俄罗斯与西方国家关系急转直下，北极地区安全形势短期内可能难以缓和，相关国家的战略对抗、战略博弈随时有进

---

① 胡欣：《国家利益拓展与海外战略支撑点建设》，《世界经济与政治论坛》2019年第1期，第31页。

一步升级的可能，要进一步加强对北极安全形势的动态跟踪、监测、研判，提升应急处置能力。

三 加强中国北极形象建设

"国家形象"是"对于一个国家及其民众的历史、政治、现实、经济、文化生活以及价值观等的综合印象，在一定程度上体现着一个国家的整体实力和竞争力"①。近年来，随着中国北极投资的快速增长，部分西方政府、媒体、智库等大肆鼓吹"中国北极投资阴谋论""中国地缘经济扩张论"，污化中国政府、企业、金融机构等的海外形象，严重侵害我国在北极地区合法的经济权益。对于中国而言，开展多元渠道的北极形象构建活动，广泛参与北极人文交流，不断增进包括北极国家、民众在内的国际社会对中国北极政策的认知和理解，构建和塑造一个"负责任的北极利益攸关方"的国家形象，有利于维护中国在北极地区的合法权益。

第一，增强多元主体的公共外交意识。近年来，中国参与北极治理的主体越发多元，从以政府为主逐步拓展到政府、智库、媒体等多元化主体。因此，在构建北极国家形象的过程中，要培育并发挥不同主体在塑造北极形象各向度的长处。应大力支持北极智库发挥"二轨外交"的作用，使其成为中国向国际社会传达北极政策理念的桥梁和纽带，鼓励其为塑造中国北极形象、维护中国北极合法权益提供智力支持。同时，培养企业主体的北极公共外交意识，提升其人文交流水平，引导和帮助赴北极地区开展投资的中资企业不断提升国际传播能力，自觉履行社会责任，与所在国政府、公众分享发展成果，让当地政府、公众看到、得到实实在在的好处，改善对中国的北极认知。推进相关媒体的国际传播能力建设，特别是面向美国、俄罗斯、加拿大、丹麦、挪威等北极国家的传播能力建设，通过报刊、电视、网络等多元渠道传播中国北极声音，适当时候可以搭建专门化的中国北极发声平台，积极开展精准化的北极国际传播。倡导公民、社会组织等多元主体在各行业领域借助各种机会、传播平台（国际研讨

---

① 察哈尔学会、中国外文局对外传播研究中心、华通明略：《中国国家形象调查报告2012》，《公共外交季刊》2012年第4期，第5页。

会、网络论坛、社交媒体等）与北极同行建立良好的互动关系，促进北极人文交流方式的多元化建设，积极打造政府、民间组织、社会精英、公众等多元主体构成的北极人文交流主体体系，更好地传播中国北极声音。

第二，完善中国北极人文交流方式。一般而言，在人文交流的开启阶段，需要发挥政府的动员力量和搭桥作用，因而这一时期政府的引导角色可能会较为突出。然而，"国与国之间的关系归根到底还是根植于人民"[1]，这也是人文交流的真谛所在。因此，随着时间的推移，人文交流应由"自上而下"逐渐过渡到"自下而上"，更多地发挥地方、民间、个体的力量。换言之，在中国北极人文交流发展过程中，政府应当淡化自身角色，从"台前"走向"幕后"，成为中国北极人文交流这场大戏的"导演"，而非"演员"。此外，在人文传播方式上，有必要采用"精英为首要，平民为基础"的目标群体双轨并行模式，[2] 既要针对国外精英阶层，特别是能够影响对华北极决策和公众舆论的"意见领袖"，注重精英舆论对大众舆论所具有的引导性和疏导力，[3] 又要注意人文交流的"社会驱动力"与"平民浪潮"，重视对国外高校、智库、劳工组织、利益集团等非政府机构的对口交流。只有统筹国际与国内、中央与地方、官方与民间等多元力量，才能形成北极人文交流的合力。同时，为了加强中国北极人文交流中的机制协调，可以考虑设立一个综合性、常年运转的北极人文交流总协调处或者领导委员会，来统领有关机构和地区的北极人文交流事务，推进部门协调、任务分解、数据分析、效果评估等常务性工作，并对各部门、各地区、各单位的资源投放进行统筹规划。

第三，加强中资企业北极合法权益保护能力。随着国际化水平的不断提升，中资企业赴北极地区投资的规模快速扩大，在北极地区的影响力不断提升。然而，赴外企业普遍存在海外安全责任意识淡化、安全投入不足等安全隐患。[4] 这不利于中资企业北极合法权益的有效保护。鉴于此，可

---

[1] "Remarks by Hillary Rodham Clinton at the People-to-People Dialogue Plenary Session," May 4, 2012, http://m.state.gov/md189330.htm, accessed: 2015-04-13.
[2] 郑华：《中国公共外交发展进程中的困惑及其应对》，《国际观察》2012年第2期，第66页。
[3] 郭可：《当代对外传播》，复旦大学出版社，2003，第170页。
[4] 于军、程春华：《中国的海外利益》，人民出版社，2015，第200页。

从以下三个层面采取措施。其一，推进赴北极投资相关企业的北极安全预警和应急处置能力制度建设，采取更为系统、安全、有力的安全保护措施。其二，积极调整北极投资模式，采用"上层路线"（与政府开展合作）与"底层路线"（加强与当地民众的利益共享）相结合的投资模式，加快推进构建与当地民众共享开发与发展利益的机制，激励企业积极履行社会责任，打造"所在国政府+中资企业+当地民众"利益共同体，提高抵御北极安全风险的能力。其三，完善中资企业北极权益保护的保障体系。加大对赴北极投资相关企业的金融信贷的支持力度，为中小型跨国企业提供资金、法律、人员培训等项目开发与启动方面的支持，培养跨学科、综合性和专业化的北极维权人才队伍。

第五节　推动设置北极事务议程的话语能力提升

推动北极科普事业的快速发展，加快北极科学知识的普及，不断增强政府、科学家、媒体等多元行为体的北极话语意识。着力发挥智库在构建中国北极事务话语权中的积极作用，借助现代媒体加快智库的北极话语传播，提升智库的舆论引导能力。同时，积极开展极地科技合作，促进极地科学技术水平的提升，突出中国对北极可持续发展的科技贡献，塑造中国参与北极治理的积极形象和话语能力。在此基础上，不断增强中国北极话语的构建能力，争取设置北极事务议程的话语效果，推动设置北极事务议程的话语能力提升。

一　加快中国极地科普事业发展

多元行为体需要持续学习议程设置、话语引导、国际传播等方面的相关知识，才能有效参与北极治理，提升设置北极事务议程的话语能力。要通过推动极地科技知识的传播与普及，不断优化政府、科学家、媒体等行为体对北极问题的认知和理解，着力增强北极话语意识和提升话语传播技巧，为争取中国北极事务话语权做出贡献。为此，可从基础设施建设和科普机制建设两个方面着手。

在基础设施建设方面,要继续推进已有设施的翻新、完善,以满足更多社会公众的北极知识需求,同时,提供财税、资金等政策优惠,吸引企业、学校等非政府机构参与其中,加快极地科普设施的建设。具体而言,可从以下三个方面采取措施。其一,推进极地科普基础设施建设。在完善现有极地科普场馆的基础上,推进北极科普大篷车、数字科技馆、北极文化展览馆等形式的设施建设,① 为旧场馆改扩建提供土地、金融、资金等政策支持,鼓励社会投资加盟,加快推进现有极地科普基础设施的完善。其二,推动社会力量参与极地科普事业。鼓励企业、高校等社会力量参与极地科普事业,兴办北极科普场馆,并依托各自优势开展多种形式的科普宣传活动,为企业就极地科普事业开展投融资提供支持,加快极地科普产业进一步发展,繁荣极地文化事业。其三,加快数字场馆的建设。随着数字化时代的加快到来,数字技术为人类社会沟通交流、信息传播提供了更为便捷的渠道。在加强原有极地科普设施建设的同时,要借助网络、媒体等信息化、数字化技术,进一步搭建社会公众与科学家、政策部门之间的交流平台,提升极地科普事业的现代化、信息化水平。

在极地科普机制建设方面,要进一步增强机制建设的系统性和完整性,重点加强极地科学普及的长效机制建设,推动极地科普事业的可持续发展。其一,构建多元联动的极地科普机制。当前的极地科普事业更多的是以政府主体为主导,非政府主体参与不足,要进一步加强对企业、高校、研究院所等主体的培育,引导其有序进入极地科普市场,通过联合参与、自主参与等方式加入进来。在此过程中,要给予非政府主体适当的自主权、决策权等,释放非政府主体的科普活力。其二,探索建立极地科普考核退出机制。进一步加强对极地科普场馆日常运营的监督、检查,对其是否履行极地科普职责进行考核,对不符合要求的场馆限期整改、责令退出,使极地科普主体既能"进来",也能"出去",为极地科普事业的可持续发展提供有效保障。其三,加快极地科普产业的发展。引导和加强极地科普产业的市场培育,推动北极类图书、影视、玩具等科普产品的研发创

---

① 苏勇军、陆月、蒋祺:《加强我国极地文化科普教育的思考》,《海洋开发与管理》2016年第1期,第123页。

新,在产品的技术研发、市场融资等环节给予适当的政策优惠。同时,加快与国际极地科普产业的交流合作,特别是与美国、俄罗斯等极地强国科普产业的合作,加快中国极地科普产品的国际传播和营销,积极开拓国际消费市场。

二 提升北极智库的国际话语能力[①]

智库是体现一个国家、地区软实力的重要标志,是国家战略、政府政策的主要思想来源。[②] 同时,智库是公共外交的主体之一,在对北极问题进行多学科综合研究的同时,智库还可以提升中国在北极事务中的话语权,[③] 在中国参与北极治理的过程中发挥重要作用。面临错综复杂的国际形势和北极事务挑战,中国参与北极治理迫切需要中国特色新型北极智库的支持,以有效维护中国在北极地区的国家利益。为此,北极智库要深入研究北极地区政治、经济、社会发展动态和趋势,分析和总结不同国家构建北极事务话语体系的特点、方式等,结合中国构建北极事务话语体系的实际情况,提出提升设置北极事务议程的话语能力的意见、建议,进而推动决策者有效整合中国参与北极治理的话语资源,有针对性地争取中国在北极事务中的国际话语权。

第一,重视现代媒介手段,加强对公众北极认知的引领。如何让社会公众更好地了解中国参与北极事务,不断提升对北极问题的关注度,是北极智库影响力建设的重要目标。要高度重视电视、微信、微博等媒体在传播信息中的重要作用,畅通智库与社会公众交流的渠道和方式,不断增强社会公众的北极意识和参与北极事务的意愿,提升北极智库的社会影响力。其一,与电视、报刊、微信公众号等媒体平台建立相对稳定的合作关系,定期发布智库的研究成果和对北极问题的观点。例如,智库专家可就北极热点问题,接受电视、网络、报刊等大众媒体的采访并发表时评,引

[①] 部分内容发表在杨松霖《涉北极研究智库国际传播能力建设:现实基础与优化路径》,《情报杂志》2022 年第 4 期,第 84~89 页。

[②] 李桢:《智库对我国政府公共决策的影响力研究——以社科院系统为例》,《情报资料工作》2012 年第 6 期,第 98 页。

[③] 孙凯、武珺欢:《北极治理新态势与中国的深度参与战略》,《国际展望》2015 年第 6 期,第 78 页。

导社会公众对北极地缘形势以及中国参与北极事务的认知，同时提升智库的社会知名度。随着互联网的快速发展，微信、QQ、贴吧、博客、微博等新媒体层出不穷。北极智库要充分重视新媒体手段在智库思想观点传播、社会影响力提升中的重要作用，有针对性地将其应用于智库产品的推广中。其二，通过电视电话会议、视频会议等方式不定期开展交流活动，就社会公众感兴趣的北极问题进行解答。其三，运用网络大数据及时采集社会公众对智库北极问题研究的观点、意见，客观认识北极智库社会影响力建设情况，进而有针对性地调整智库社会影响力建设的方式和手段。其四，举办讲座、论坛、培训等活动，提升社会大众对北极问题的认知水平，促使社会公众主动、踊跃地参与到北极智库开展的科学调研问卷、访谈等研究活动中，推广智库的思想产品、思想观点。

第二，多渠道获取北极动态信息，建立北极信息数据库。信息资源是智库建设不可或缺的要素，为方便地获取北极智库研究所需要的信息资源，应加快智库的信息化建设。首先，加强对北极动态信息的多渠道采集。丰富和拓展北极信息的来源渠道，注意开拓非书面、非媒体传播的信息渠道。例如，邀请北极国家政府官员来智库发表演讲、参加学术会议，及时了解政府的动态信息。其次，建立现代化的北极信息数据库。建设各类专题特色数据库将为智库的前端服务奠定重要基础。[①] 应尝试建立现代化的北极信息数据库，数据库不仅包括北极地区和国家自然地理、经济发展、外交政策等基本数据，还应包括世界知名智库所提供的有关北极问题的相关数据，甚至可以将日本、韩国、德国、新加坡等北极利益攸关方的相关数据纳入其中，并运用大数据、云计算等技术，建设丰富、充实、准确和共享的专业资料室和数据平台，[②] 实现跨学科、跨部门、跨智库的北极信息互通和资源共享，增强北极决策咨询研究的现代色彩和科学性。

第三，借鉴国外智库的先进经验，加快北极智库的国际化建设。随着全球化进程的加快以及中国海外利益的拓展，中国参与北极治理也对北极智库建设提出了新的时代要求。智库在全球性问题和北极事务中的作用越

---

① 王世伟：《试析情报工作在智库中的前端作用——以上海社会科学院信息研究所为例》，《情报资料工作》2011年第2期，第93页。
② 杨发庭：《生态文明智库：现状、问题与建议》，《图书与情报》2017年第1期，第140页。

第五章　极地科技发展提升中国参与北极治理能力的路径

来越重要，北极智库迫切需要加强国际化建设并拓展国际影响力。一方面，积极借鉴北极强国智库建设的经验。注重对西方智库国际话语运作的学习研究，特别是美国、俄罗斯等国北极智库的先进经验，重点完善北极智库在议程设置、舆论引导等方面的能力建设，[①] 增强国际话语运作的能力，对中国北极软实力的构建和公共外交的推进发挥应有作用。另一方面，国内学者"走出去"和海外学者"引进来"相结合。选派优秀学者走进国外高端北极智库，了解和学习国外北极智库的研究情况、建设进展，可以为中国北极智库建设和北极问题研究提供借鉴。积极营造和创造有利于海外学者来华开展北极研究的良好科研环境、条件，吸引海外留学的高层次北极人才加入中国北极智库，优化现有人才队伍结构。

第四，着力提升中国北极智库的国际传播能力。随着中国参与北极治理步伐的加快，涉北极研究智库的国际传播能力建设越发迫切。涉北极研究智库的国际传播是跨国界的传播，也是跨语言和跨文化的传播，在国际传播的过程中，面临语言、风俗习惯、表达方式不同可能导致的隔阂，因而国际传播渠道和手段的多样化，有利于传播受众选择易于听懂和理解的方式接收信息。要充分利用国际媒体、学术期刊、国际会议等方式和载体向国际社会传播"中国声音"，扩大中国北极智库的国际影响力，为提升中国北极事务的国际话语权提供支持。[②] 应着力加强智库与国际媒体之间的合作，充分利用媒体这一传播渠道宣传智库思想产品，提升涉北极研究智库的国际影响力。例如，智库专家可就北极热点问题，接受欧美发达国家媒体的采访等，引导国际媒体对中国参与北极事务的认知，同时提升智库的国际影响力。与此同时，要积极提出有价值的北极治理中国方案。智库要发挥官方主体所不具备的身份优势，通过学术研讨会、论文、著作等方式阐释中国在北极治理中的观点、态度、立场等，促进国际社会对中国参与北极事务的认可和理解。此外，应加强智库与媒体、企业等参与主体的话语配合，向国际社会准确传达中国对北极问题的态度、

[①] 杨松霖：《美国智库对"冰上丝绸之路"倡议的认知及启示》，《情报杂志》2019年第7期，第53页。

[②] 黄雯、温芳芳：《美国智库的成果传播及其对北极决策的影响——以传统基金会、卡内基国际和平基金会和外交关系委员会为例》，《情报杂志》2020年第2期，第33页。

意见，在部分议题领域提出有价值的治理方案，引导国际舆论朝有利于中国参与北极治理的方向发展。

综上所述，近年来我国北极智库建设实现了快速发展，为中国参与北极治理和维护北极权益建言献策做出了重要贡献。不过，当前北极智库的建设实践尚不能满足中国参与北极治理的实际需求，与新时代党和国家建设新型智库的总体要求也存在一定差距，亟待完善。为此，需要针对发展过程中存在的诸多问题，有重点地加以改进。将北极智库建设纳入中国参与北极治理和中国特色新型智库建设的总体布局之中，明确中国特色新型北极智库的角色和使命，着力提升北极智库的社会影响力，加快智库信息化和国际化建设，进一步发挥北极智库的积极作用，为有效维护中国在北极地区的国家利益贡献智慧。

三　提升极地科技国际合作水平

加强与北极利益攸关国家、国际组织、非政府组织的极地科技合作有利于推动极地科技水平的不断提升，向国际社会贡献更多科技类公共产品，推动北极治理的有序演进。同时，中国与上述各方的极地科技交流，有利于中国极地科技故事的国际传播，塑造国际社会对中国参与北极事务的积极认知，改善中国北极形象，进而提升中国北极话语权。

第一，积极搭建多层次科技交流平台，深化科技人文交流。积极搭建多层次科技交流平台，布局科研创新网络，实施科学外交是世界主要发达国家开展国际科技合作的主要举措。① 在推动"冰上丝绸之路"建设过程中，要进一步加强极地科技合作与交流，积极发挥现有极地科技合作平台的重要作用，进一步参与北极理事会、国际北极科学委员会等组织的科学研究计划、研究项目，如国际极地年、北极科学高峰会议，与国际社会一道对共同关注的北极科技难题开展联合攻关，突出中国对北极可持续发展的科技贡献。围绕北极地区可持续发展面临的重大科学问题，考虑发起相关科学计划、合作项目，推动北极科学研究的国际合作。

---

① 王亮、周靖、李莲英：《典型发达国家国际合作对中国与"一带一路"国家科技创新合作的启示》，《科技管理研究》2023年第2期，第38页。

第五章　极地科技发展提升中国参与北极治理能力的路径

此外，通过对接洽谈、交流研讨、成果分享等多种形式，着力开展与印度、新加坡、日本、德国、法国等北极域外国家的双边极地科技合作，积极搭建极地科技交流平台，将各国优质科研成果引进来，促进极地科技成果本地化，向国内企业推介可供合作或转化的极地科技项目。同时，加强与相关国家的极地科技联合攻关，着力解决极地产业发展进程中的"卡脖子"难题，重点推动在油气资源开发、航道利用、环境保护等领域的极地科技合作，共同推动极地科学技术发展进步，为北极治理贡献科技方案。

第二，加强同金砖国家的极地海洋科技合作。当前，国际格局正经历深刻变动。金砖国家面临的复杂困难日益增多，海洋与极地科技合作面临新的机遇和挑战。作为一个海洋大国，中国在金砖国家海洋与极地科技合作领域，应通过务实的双边、多边合作，在关键方向和重大问题上主动凝聚共识，[①] 推动金砖国家在海洋和极地科技领域创新合作以取得新突破。

在双边合作层面，中国应该主动参与并引导与俄罗斯、巴西、印度、南非等金砖国家的极地科技合作。其一，积极搭建双边科技合作平台。建立双边极地事务高层协调与合作委员会，定期召开工作会议，就项目协商、筛选和对接等相关事务开展对话，就共同关心的极地科学问题展开交流。同时，不断增强双方智库、媒体、企业、公民等主体的极地人文交流，夯实双边极地科技合作的人文基础。发挥中国在基础设施建设、资金等领域的相对优势，为相关国家的极地科技发展提供帮助。例如，以承建巴西费拉兹科考站工程为合作起点，争取未来在南极科考站基础设施建设中开展更深层次的科研合作。其二，重点加强与金砖国家知名极地科研机构的合作，如俄罗斯科学院希尔绍夫海洋研究所、俄罗斯科学院远东分院太平洋海洋研究所等，拓展在深水勘探、极地科考、海洋新能源、海洋污染治理等领域的学术交流和人才培养，采取设立极地科技奖学金、人才交流基金等形式，组织海洋极地论坛、研讨会等活动，丰富极地科技人才交流与培养渠道。其三，推动关键技术和关键领域的深度合作。按照优势互补、合作共赢的原则，整合双方优势的极地科技资源、技术，开展多学

[①] 黄晶主编《金砖国家海洋极地科技创新合作机制与未来模式》，科学技术文献出版社，2021，第249页。

科、多领域、全方位的极地科技合作，探索建设极地科研数据库，将极地科学考察、极地海洋气象观测等相关数据纳入其中，深入开展极地自动观测仪器研发、极地长期观测能力与组网能力建设、深海钻探、极地海工装备等领域的科技合作。

在多边合作层面，要积极搭建多边合作平台，加强金砖国家优势科技资源的整合，并进一步协调极地政策立场和科技发展政策。其一，搭建和完善金砖国家极地科技合作平台。筹划设立金砖国家极地科技合作平台，充分利用工作组会议、部长级会议等，从科研议题设置、科研项目合作、资金投入等方面加强研究部署，就共同关心的海洋塑料污染、灾害预警、深水油气田开发、海上风电等方面的科学问题展开联合科研攻关，推动合作领域、合作规模不断拓展。其二，加强极地政策规划方面的沟通协调。就共同关切的极地治理问题进行政策、战略方面的立场沟通，增进各国极地政策的理解和政治互信，加强在国际海底管理局、国家管辖范围以外区域海洋生物多样性养护与可持续利用国际协定、北极科学部长级会议等多边磋商中的合作，提前识别极地海洋合作中潜在的政治、经济、文化风险，为极地科技合作营造良好的社会环境和政策环境。其三，整合金砖国家极地海洋技术信息资源。收集金砖国家政治、经贸、科技等领域动态信息以及相关法律法规信息，形成较为完备的极地海洋政策信息库，为开展宏观形势研究和制定具体项目方案提供信息支持。同时，探索建立海洋科学样品库和数据库、共享航次信息平台等，在金砖国家之间形成相应标准、规范和共享机制。

第三，加快极地科技期刊建设，争取科技话语首发权。积极扩大中国期刊在国际学术舞台中的影响，将中国极地科技成果传播出去，为国际社会贡献知识类公共产品，为北极治理贡献中国智慧是提升中国极地科技话语权、塑造中国良好国家形象的有效办法。2019年8月，中国科协、中宣部、教育部、科技部联合印发《关于深化改革 培育世界一流科技期刊的意见》，意见明确指出："以全球视野谋划开放合作，促进产学协同发展，聚合优质资源，创新传播机制，提升科技期刊规模化、集约化办刊水平，推进科技期刊集团化建设，搭建新型传播平台，有效提升我国科技期刊的国际传播力和影响力。"2021年6月25日，中宣部、教育部、科技部联合印发的《关于推动学术期刊繁荣发展的意见》指出:"学术期刊是开展学术研究交流的重要平台,是传播思想文化的重要阵地,是促进理论创新和科技进步的重要力量。加强学术期刊建设,对于提升国家科技竞争力和文化软实力,构筑中国精神、中国价值、中国力量具有重要作用。"

要找准国际科技期刊战略定位,加快建设具有世界一流水平的科技期刊,特别是要在我国优势学科领域建设一批具有国际影响力、学术权威性的科技期刊,争取科技创新的首发权。[①] 立足当前中国参与北极治理的客观实际,通过"人才引进"和"加强培养"两种方式,提升我国极地科技期刊出版人才的业务水平和国际传播能力。通过国际招聘的方式,引进一批国际出版复合型人才为我所用,加强我国出版创新人才的培养,着力培养熟悉国际出版业务、国际贸易规则、极地政治经济情况以及外售能力强的复合型人才,逐步满足当下中国出版行业"走出去"的客观需求。在此基础上,瞄准国际高端学术交流平台建设,优化极地科技资源布局,积极搭建国家极地科研论文和科技信息高端交流平台,抢占极地科技创新交流制高点,推动我国极地科技创新成果为国际社会所共享。

---

① 于仰飞:《出版"走出去"提升中国科技话语权策略研究》,《赤峰学院学报》(哲学社会科学版) 2022 年第 4 期,第 70 页。

结　论

近代以后，北极逐渐进入国际政治视野，并引发了国际社会越来越广泛的关注。① 在全球气候变暖日益加剧的时代背景之下，北极地区自然环境发生的重大变化以及由此导致的地缘态势变迁对中国在北极地区的国家利益产生了重要影响。为有效应对来自北极地区的战略挑战，维护中国在北极地区的国家利益，中国逐步加快了参与北极事务的步伐，积极参与北极环境保护、资源开发、航道利用、安全维护等领域的治理活动。然而，作为地理意义上的北极域外国家，中国参与北极治理起步相对较晚，面临经验缺乏、地理不便、技术装备不足、北极国家的战略猜忌等问题的困扰，这不利于实现和维护中国在北极地区的国家利益。在此背景之下，提升中国参与北极治理的能力，有效应对来自北极地区的多方面挑战，成为中国参与北极事务面临的重要时代课题。不断提升中国参与北极治理的能力，可以有效缓解中国参与北极治理面临的来自国际、国内层面的多方面制约，逐步推动中国参与北极治理走向深入，实现和维护中国在北极地区的国家利益。同时，提升中国参与北极治理的能力也是促进北极地区有效治理，推动北极地区可持续发展，进而实现北极领域"人类命运共同体"的时代要求。随着《中国的北极政策》白皮书的发布，以及"冰上丝绸之路"倡议的顺利推进，中国参与北极事务进入了一个新的历史阶段，推动中国参与北极治理能力提升的重要性和紧迫性愈加凸显。

中国参与北极治理的能力是一个内涵十分丰富的系统性概念。正确把握中国参与北极治理能力的内涵，是科学探讨中国参与北极治理能力的现

---

① 阮建平：《"近北极国家"还是"北极利益攸关者"——中国参与北极的身份思考》，《国际论坛》2016 年第 1 期，第 47 页。

状，进而提出有针对性的完善对策的前提基础。中国参与北极治理的能力是指在中国参与北极治理的过程中，多元行为体发挥主观能动性和运用客观条件，支持和推动中国有效参与北极治理，实现和维护中国在北极地区的国家利益以及推动北极地区可持续发展的能力。包括支撑中国参与北极治理的经济能力、认知与塑造北极事务变化的科技能力、维护中国北极合法权益的安全能力、设置北极事务议程的话语能力。中国参与北极治理的能力并不是一个可以从单一角度衡量和审视的概念，它具有综合性、复杂性、动态性和客观性特征。随着中国参与北极事务步伐的加快，中国参与北极治理的上述四种能力不断发展，成效显著。不过，中国参与北极治理的能力在发展过程中，也存在诸多不足，这些不足制约着中国参与北极治理能力的可持续发展。

极地科学技术具有的合法性、"低政治"性、工具性等特点，能够为中国参与北极治理提供有效手段，为中国拓展北极合作空间提供重要路径，成为中国参与北极治理的关键路径，是中国参与北极治理的其他路径奏效的基础。极地科技发展的上述特点和优势，使其有助于提升支撑中国参与北极治理的经济能力，有助于完善认知与塑造北极事务变化的科技能力，有助于加强维护中国北极合法权益的安全能力，有助于推动设置北极事务议程的话语能力提升。因此，以极地科学技术提升中国参与北极治理的能力具有可行性。在中国参与北极治理的实践过程中，应当注重发挥极地科技的独特优势和重要作用。

极地科学技术之于北极治理的重要性得到了国际社会的广泛关注和高度重视。事实上，无论是北极国家，还是北极域外国家，在参与北极治理的过程中，科学技术均扮演着极为重要的角色，为各国参与北极治理提供重要的战略支撑。相关国家通过大力发展极地科学技术，不断提升参与北极治理的能力，以此提升北极事务中的国家话语权，实质性地参与北极事务治理，有效地实现和维护在北极地区的战略利益。美国、俄罗斯等北极国家，日本、德国等北极域外国家在参与北极治理的过程中，尤为注重通过科学技术发展来推动参与北极治理能力的提升，取得了良好的效果。美国、俄罗斯注重通过极地科技发展提升参与北极治理的军事、话语能力，以维护在北极治理中的主导地位。德国、日本则倾向于通过科技合作塑造其参与北极治理的积极形象，以此为其参与北极治理的重要路径。

上述四国通过极地科技发展推动参与能力提升的重点和方式有所不同，但均以国家利益为中心，这是共同特点，也为中国借助极地科技发展推动参与北极治理能力的提升提供了借鉴和启示。要充分发挥极地科学技术在中国参与北极治理中的独特优势，借助极地科技提升中国参与北极治理的能力。为此，要科学谋划极地科技发展方向和重点，调动各类科技主体的积极性，统筹多方科技资源，完善极地科技发展体制，推进极地科学技术国际合作，有针对性地弥补中国参与北极治理能力的不足。通过多种形式的极地科技发展提升支撑中国参与北极治理的经济能力，完善认知与塑造北极事务变化的科技能力，加强维护中国北极合法权益的安全能力，推动设置北极事务议程的话语能力提升。

提升中国参与北极治理的能力是中国参与北极治理逐步走向深入的必然之举，是有效平衡北极资源开发与环境保护关系、推动北极地区可持续发展的客观要求。基于前文分析，笔者认为，以极地科技发展提升中国参与北极治理的能力，具有现实可行性，能够助力中国深度参与北极治理，更好地满足中国参与北极治理和推动北极治理演进的时代要求，具有重要的实践价值。

2022年初爆发的俄乌冲突激化了西方国家与俄罗斯的战略矛盾，其所导致的地缘安全风险延伸至北极地区，北极地区的安全态势随之恶化。随着北极国家瑞典和芬兰加入北约，俄罗斯与北约的矛盾进一步升级，北极国家中的"仇俄"情绪持续扩散，导致俄罗斯与北极七国的集体战略对抗。至此，北极国家间安全互信困境进一步加剧，北极地缘安全格局不稳定性明显增强。作为维护多边主义和国际关系民主化的中流砥柱，中国要不断提升参与北极治理的能力，坚决反对任何形式的北极"再军事化"，将低政治敏感度事务作为一定时期内参与北极事务的重点，避免卷入西方国家与俄罗斯的战略对抗的旋涡之中。不仅如此，还要积极讲好中国北极故事，凝聚国际社会开展北极合作的共识，推动北极治理回归正常治理轨道。

参考文献

中文著作

[1] 北极问题研究编写组编《北极问题研究》,海洋出版社,2011。

[2] 蔡拓:《全球化与政治的转型》,北京大学出版社,2007。

[3] 陈正良:《软实力发展战略视阈下的中国国际话语权研究》,人民出版社,2016。

[4] 程曼丽、王维佳:《对外传播及其效果研究》,北京大学出版社,2011。

[5] 程萍、陶春、程志波:《中国科技创新体制现代化》,国家行政学院出版社,2017。

[6] 辞海编辑委员会编《辞海》,上海辞书出版社,1999。

[7] 《邓小平文选(一九七五——一九八二年)》,人民出版社,1983。

[8] 丁煌等:《极地治理与中国参与》,科学出版社,2018。

[9] 丁煌:《政策执行阻滞机制及其防治对策——一项基于行为和制度的分析》,人民出版社,2002。

[10] 丁煌主编《极地国家政策研究报告(2012—2013)》,科学出版社,2013。

[11] 丁煌主编《极地国家政策研究报告(2013—2014)》,科学出版社,2014。

[12] 丁煌主编《极地国家政策研究报告(2014—2015)》,科学出版社,2015。

[13] 丁煌主编《极地国家政策研究报告(2015—2016)》,科学出版社,2016。

［14］杜宝贵：《转型时期中国科技政策资源优化配置研究》，清华大学出版社，2018。

［15］杜跃平、王林雪、段利民：《科技创新创业政策环境研究》，企业管理出版社，2016。

［16］冯留建：《中国科技软实力的发展战略研究》，北京师范大学出版社，2016。

［17］郭培清等：《北极航道的国际问题研究》，海洋出版社，2009。

［18］何亚非：《选择：中国与全球治理》，中国人民大学出版社，2015。

［19］胡长生：《科技跨越发展的政策选择研究》，江西人民出版社，2008。

［20］贾庆国主编《全球治理与中国作用》，新华出版社，2011。

［21］贾庆国主编《相互建构：崛起中的中国与世界》，新华出版社，2013。

［22］贾宇主编《极地法律问题》，社会科学文献出版社，2014。

［23］江泽民：《论科学技术》，中央文献出版社，2001。

［24］科学技术部人才中心编《现代科技创新管理概论》，科学出版社，2018。

［25］梁西原著主编，曾令良修订主编《国际法》（第三版），武汉大学出版社，2011。

［26］〔芬〕拉塞·海宁恩、杨剑主编《北极合作的北欧路径》，时事出版社，2019。

［27］刘德海等：《江苏新型智库体系建设研究》，江苏人民出版社，2014。

［28］刘洪银、田翠杰：《我国科技人才政策实施成效评估》，中国社会科学出版社，2017。

［29］刘会民：《战略指挥能力研究》，海潮出版社，2019。

［30］刘惠荣、董跃：《海洋法视角下的北极法律问题研究》，中国政法大学出版社，2012。

［31］刘惠荣、杨凡：《北极生态保护法律问题研究》，知识产权出版社，2010。

［32］陆俊元：《北极地缘政治与中国应对》，时事出版社，2010。

［33］陆俊元、张侠：《中国北极权益与政策研究》，时事出版社，2016。

［34］陆铭、任声策：《基于公共治理的科技创新管理研究》，化学工业出

版社，2010。

[35] 《马克思恩格斯全集》，人民出版社，1980。

[36] 马德毅主编《中国第五次北极科学考察报告：首次北极五大区域准同步观测》，海洋出版社，2013。

[37] 〔美〕尼古拉·查强、沈伟烈、蒲宁编著《地缘战略与大国安全》，解放军出版社，2012。

[38] 倪世雄等：《当代西方国际关系理论》，复旦大学出版社，2001。

[39] 潘敏：《北极原住民研究》，时事出版社，2012。

[40] 钱宗旗：《俄罗斯北极战略与"冰上丝绸之路"》，时事出版社，2018。

[41] 饶玉柱、张权、李睿深：《信息化国家治理》，电子工业出版社，2018。

[42] 任福君、翟杰全：《科技传播与普及教程》，中国科学技术出版社，2012。

[43] 上海社会科学院世界经济与政治研究院编《负责任大国的路径选择》，时事出版社，2007。

[44] 史久新、苏洁、曹勇编《极地海洋》，海洋出版社，2009。

[45] 宋国涛等：《中国国际环境问题报告》，中国社会科学出版社，2002。

[46] 苏长和：《全球公共问题与国际合作：一种制度的分析》，上海人民出版社，2009。

[47] 孙立广等编著《国家极地科技发展战略报告》，中国科学技术大学出版社，2017。

[48] 王宏伟等：《科技体制改革和科技政策实施分析与评价——基于问卷调查分析》，经济管理出版社，2019。

[49] 王新和：《推进北方海上丝绸之路："北极问题"国际治理视角》，时事出版社，2017。

[50] 王逸舟：《创造性介入——中国之全球角色的生成》，北京大学出版社，2013。

[51] 王泽林：《北极航道法律地位研究》，上海交通大学出版社，2014。

[52] 吴伯田、吴伟浩主编《新科技革命与当代社会》，知识产权出版社，2009。

[53] 吴征宇：《地理政治学与大战略》，中国法制出版社，2012。
[54] 肖文：《科技进步与中国经济发展方式转变》，人民出版社，2017。
[55] 肖洋：《管理规制视角下中国参与北极航道安全合作实践研究》，清华大学出版社，2017。
[56] 徐治立：《科技政治空间的张力》，中国社会科学出版社，2006。
[57] 薛澜、陈衍泰、何晋秋等：《科技全球化与中国发展》，清华大学出版社，2015。
[58] 薛晓源、陈家刚主编《全球化与新制度主义》，社会科学文献出版社，2004。
[59] 杨剑等：《北极治理新论》，时事出版社，2014。
[60] 杨剑等：《科学家与全球治理：基于北极事务案例的分析》，时事出版社，2018。
[61] 杨洁勉等：《体系改组与规范重建——中国参与解决全球性问题对策研究》，上海人民出版社，2012。
[62] 叶江：《全球治理与中国的大国战略转型》，时事出版社，2010。
[63] 叶自成：《陆权发展与大国兴衰：地缘政治环境与中国和平发展的地缘战略选择》，新星出版社，2007。
[64] 游光荣：《中国科技国情分析报告》，中国青年出版社，2001。
[65] 俞可平主编《治理与善治》，社会科学文献出版社，2000。
[66] 张士运：《科技创新政策对经济社会的促进作用及其国际比较》，社会科学文献出版社，2018。
[67] 赵刚：《地缘科技学与国家科技安全》，时事出版社，2007。
[68] 赵隆：《北极治理范式研究》，时事出版社，2014。
[69] 中共中央文献研究室编《新时期科学技术工作重要文献选编》，中央文献出版社，1995。
[70] 中国社会科学院语言研究所词典编辑室编《现代汉语词典》（第6版），商务印书馆，2012。
[71] 中国现代国际关系研究所：《信息革命与国际关系》，时事出版社，2002。
[72] 朱广峰：《北极海洋环境法律规制的变迁与中国参与》，海洋出版社，2019。

[73] 庄贵阳、朱仙丽、赵行姝：《全球环境与气候治理》，浙江人民出版社，2009。

中文译著

[1] 〔美〕阿尔文·托夫勒：《第三次浪潮》，黄明坚译，中信出版集团，2018。

[2] 〔美〕阿尔文·托夫勒：《权力的转移》，黄锦桂译，中信出版集团，2018。

[3] 〔意〕安东尼奥·葛兰西：《狱中札记》，曹雷雨、姜丽、张跣译，中国社会科学出版社，2000。

[4] 〔法〕昂利·彭加勒：《科学的价值》，李醒民译，商务印书馆，2010。

[5] 〔挪〕奥拉夫·施拉姆·斯托克、盖尔·荷内兰德主编《国际合作与北极治理：北极治理机制与北极区域建设》，王传兴等译，海洋出版社，2014。

[6] 〔美〕奥兰·扬：《世界事务中的治理》，陈玉刚、薄燕译，上海人民出版社，2007。

[7] 〔美〕海伦·米尔纳：《利益、制度与信息：国内政治与国际关系》，曲博译，上海人民出版社，2010。

[8] 〔美〕罗伯特·基欧汉：《霸权之后——世界政治经济中的合作与纷争》，苏长和、信强、何曜译，上海人民出版社，2006。

[9] 〔美〕罗伯特·吉尔平：《国际关系政治经济学》，杨宇光等译，上海人民出版社，2011。

[10] 〔美〕罗伯特·杰维斯：《国际政治中的知觉与错误知觉》，秦亚青译，世界知识出版社，2003。

[11] 〔美〕威廉·J.克林顿、小阿伯特·戈尔：《科学与国家利益》，曾国屏、王蒲生译，科学技术文献出版社，1999。

[12] 〔日〕星野昭吉：《全球化时代的世界政治——世界政治的行为主体与结构》，刘小林、梁云祥译，社会科学文献出版社，2004。

[13] 〔美〕约瑟夫·S.奈：《硬权力与软权力》，门洪华译，北京大学出

版社，2005。

[14]〔美〕约瑟夫·劳斯：《知识与权力——走向科学的政治哲学》，盛晓明、邱慧、孟强译，北京大学出版社，2004。

[15]〔美〕詹姆斯·多尔蒂、小罗伯特·普法尔茨格拉夫：《争论中的国际关系理论》（第五版），阎学通、陈寒溪等译，世界知识出版社，2013。

中文论文

[1] 白佳玉：《北极多元治理下政府间国际组织的作用与中国参与》，《社会科学辑刊》2018年第5期。

[2] 白佳玉、王琳祥：《北极理事会科学合作新规则的法律解析》，《中国海洋大学学报》（社会科学版）2018年第4期。

[3] 白佳玉：《中国北极权益及其实现的合作机制研究》，《学习与探索》2013年第12期。

[4] 蔡拓：《全球治理与国家治理：当代中国的两大战略考量》，《中国社会科学》2016年第6期。

[5] 蔡拓：《中国如何参与全球治理》，《国际观察》2014年第1期。

[6] 陈鸿斌：《日本的北极参与战略》，《日本问题研究》2014年第3期。

[7] 陈玉刚、陶平国、秦倩：《北极理事会与北极国际合作研究》，《国际观察》2011年第4期。

[8] 程保志：《北极治理机制的构建与完善：法律与政策层面的思考》，《国际观察》2011年第4期。

[9] 程保志：《刍议北极治理机制的构建与中国权益》，《当代世界》2010年第10期。

[10] 程保志：《当前北极治理的三大矛盾及中国应对》，《当代世界》2012年第12期。

[11] 程群：《浅议俄罗斯的北极战略及其影响》，《俄罗斯中亚东欧研究》2010年第1期。

[12] 褚章正：《论中国参与北极环境治理的国际话语权构建》，《江汉论坛》2018年第5期。

[13] 丁煌：《美国的思想库及其在政府决策中的作用》，《国际技术经济研

究学报》1997年第3期。

[14] 丁煌、张冲:《中国参与北极治理的价值分析——基于新自由制度主义的视角》,《武汉大学学报》(哲学社会科学版)2016年第3期。

[15] 丁煌、朱宝林:《基于"命运共同体"理念的北极治理机制创新》,《探索与争鸣》2016年第3期。

[16] 董跃、许宁宁、黄昇:《北极国家对北极考察管理制度之比较研究》,《中国海洋大学学报》(社会科学版)2010年第2期。

[17] 顾兴斌、曾煜:《论中国参与北极事务的国际法依据和现实利益》,《学术探索》2017年第1期。

[18] 郭培清、卢瑶:《北极治理模式的国际探讨及北极治理实践的新发展》,《国际观察》2015年第5期。

[19] 郭培清、孙凯:《北极理事会的"努克标准"和中国的参与北极之路》,《世界经济与政治》2013年第12期。

[20] 何剑锋、吴荣荣、张芳等:《北极航道相关海域科学考察研究进展》,《极地研究》2012年第2期。

[21] 何剑锋、张芳:《从北极国家的北极政策剖析北极科技发展趋势》,《极地研究》2012年第4期。

[22] 何奇松:《气候变化与北极地缘政治博弈》,《外交评论(外交学院学报)》2010年第5期。

[23] 胡建:《从"韬光养晦"到"积极作为"——中国外交思维、战略与策略的转变刍论》,《理论导刊》2012年第4期。

[24] 胡敏:《知识权力观的历史演变与发展趋势》,《科学技术哲学研究》2017年第1期。

[25] 黄德明、章成:《中国海外安全利益视角下的北极外大陆架划界法律问题》,《南京社会科学》2014年第7期。

[26] 黄雯:《传统基金会的北极传统安全问题研究》,《智库理论与实践》2019年第5期。

[27] 贾桂德、石午虹:《对新形势下中国参与北极事务的思考》,《国际展望》2014年第4期。

[28] 姜胤安:《"冰上丝绸之路"多边合作:机遇、挑战与发展路径》,

《太平洋学报》2019年第8期。

[29] 匡增军：《2010年俄挪北极海洋划界条约评析》，《东北亚论坛》2011年第5期。

[30] 李欢：《大数据背景下科技管理创新平台构建研究》，《科学管理研究》2014年第3期。

[31] 李景治：《全球治理的困境与走向》，《教学与研究》2010年第12期。

[32] 李连祺：《俄罗斯北极资源开发政策的新框架》，《东北亚论坛》2012年第4期。

[33] 李桢：《智库对我国政府公共决策的影响力研究——以社科院系统为例》，《情报资料工作》2012年第6期。

[34] 李振福：《"冰上丝绸之路"与北极航线开发》，《人民论坛·学术前沿》2018年第11期。

[35] 李振福：《大北极国家网络及中国的大北极战略研究》，《东北亚论坛》2015年第2期。

[36] 李振福、彭琰：《"冰上丝绸之路"与大北极网络：作用、演化及中国策略》，《东北亚经济研究》2018年第5期。

[37] 李振福、彭琰：《"通权论"与"冰上丝绸之路"建设研究》，《东北师大学报》（哲学社会科学版）2019年第4期。

[38] 李振京、张林山：《"十二五"时期科技体制改革与国家创新体系建设》，《宏观经济管理》2010年第6期。

[39] 梁凯音：《论中国拓展国际话语权的新思路》，《国际论坛》2009年第3期。

[40] 刘芳明、刘大海：《北极安全与新〈国家安全法〉视角下中国国家安全利益》，《中国软科学》2018年第9期。

[41] 刘惠荣、陈奕彤、董跃：《北极环境治理的法律路径分析与展望》，《中国海洋大学学报》（社会科学版）2011年第2期。

[42] 刘惠荣、李静：《论〈联合国海洋法公约〉第234条在北极海洋环境保护中的适用》，《中国海洋大学学报》（社会科学版）2010年第4期。

[43] 刘新华：《试析俄罗斯的北极战略》，《东北亚论坛》2009 年第 6 期。

[44] 鲁炜：《经济全球化背景下的国家话语权与信息安全》，《求是》2010 年第 14 期。

[45] 陆钢：《"冰上丝绸之路"的商用价值及其技术支撑》，《人民论坛·学术前沿》2018 年第 11 期。

[46] 陆俊元：《北极国家新北极政策的共同取向及对策思考》，《国际关系学院学报》2011 年第 3 期。

[47] 陆俊元：《中国在北极地区的战略利益分析——非传统安全视角》，《江南社会学院学报》2011 年第 4 期。

[48] 陆龙骅、卞林根、效存德等：《近 20 年来中国极地大气科学研究进展》，《气象学报》2004 年第 5 期。

[49] 吕晓莉：《"中国责任论"语境下"负责任大国"外交理念浅析》，《当代世界与社会主义》2009 年第 4 期。

[50] 马皓：《合作治理理论视阈下的北极环境治理模式创新》，《理论月刊》2017 年第 6 期。

[51] 门洪华、周厚虎：《中国国家形象的建构及其传播途径》，《国际观察》2012 年第 1 期。

[52] 密晨曦：《新形势下中国在东北航道治理中的角色思考》，《太平洋学报》2015 年第 8 期。

[53] 潘正祥、郑路：《北极地区的战略价值与中国国家利益研究》，《江淮论坛》2013 年第 2 期。

[54] 彭秋虹、陆俊元：《原住民权利与中国北极地缘经济参与》，《世界地理研究》2013 年第 1 期。

[55] 阮建平：《北极治理变革与中国的参与选择——基于"利益攸关者"理念的思考》，《人民论坛·学术前沿》2017 年第 19 期。

[56] 阮建平：《国际政治经济学视角下的"冰上丝绸之路"倡议》，《海洋开发与管理》2017 年第 11 期。

[57] 阮建平：《"近北极国家"还是"北极利益攸关者"——中国参与北极的身份思考》，《国际论坛》2016 年第 1 期。

[58] 阮建平、王哲：《善治视角下的北极治理困境及中国的参与探析》，

《理论与改革》2018年第5期。

[59] 苏长和：《中国与全球治理——进程、行为、结构与知识》，《国际政治研究》2011年第1期。

[60] 苏平、项仁波：《中国科技外交的北极实践》，《国家行政学院学报》2018年第5期。

[61] 孙凯、吴昊：《北极安全新态势与中国北极安全利益维护》，《南京政治学院学报》2016年第5期。

[62] 孙凯、武珺欢：《北极治理新态势与中国的深度参与战略》，《国际展望》2015年第6期。

[63] 孙凯、杨松霖：《中美北极合作的现状、问题与进路》，《中国海洋大学学报》（社会科学版）2016年第2期。

[64] 孙凯、张亮：《北极变迁视角下中国北极利益共同体的构建》，《国际关系研究》2013年第1期。

[65] 孙立广：《中国的极地科技：现状与发展刍议》，《人民论坛·学术前沿》2017年第11期。

[66] 唐国强：《北极问题与中国的政策》，《国际问题研究》2013年第1期。

[67] 王发龙：《中国海外利益维护路径研究：基于国际制度的视角》，《国际展望》2014年第3期。

[68] 王公龙：《国家利益、共有利益与国际责任观——兼论中国国际责任观的构建》，《世界经济与政治》2008年第9期。

[69] 王利、杨林生、黄季夏、Jinmei Lu：《基于CiteSpace的北极研究综述》，《极地研究》2019年第3期。

[70] 王洛、赵越、刘建民等：《中国船舶首航东北航道及其展望》，《极地研究》2014年第2期。

[71] 王明国：《全球治理机制碎片化与机制融合的前景》，《国际关系研究》2013年第5期。

[72] 王世伟：《试析情报工作在智库中的前端作用——以上海社会科学院信息研究所为例》，《情报资料工作》2011年第2期。

[73] 王新和：《国家利益视角下的中国北极身份》，《太平洋学报》2013

年第 5 期。

[74] 王雪原、王宏起、李长云：《促进科技成果转化的政府行为研究》，《科技进步与对策》2015 年第 11 期。

[75] 王逸舟：《试论科技进步对当代国际关系的影响》，《欧洲》1994 年第 1 期。

[76] 王友云、朱宇华：《基于知识与权力关系视角的中国特色新型智库建设》，《探索》2016 年第 2 期。

[77] 王元：《知识权力的生成路径、作用机理及位域结构》，《内蒙古大学学报》（哲学社会科学版）2015 年第 3 期。

[78] 吴荣荣、何剑锋、王建国：《我国极地科考事业发展与第 26 次南极科考成果》，《上海地质》2010 年第 3 期。

[79] 吴雪明：《北极治理评估体系的构建思路与基本框架》，《国际关系研究》2013 年第 3 期。

[80] 吴雪明、张侠：《北极跟踪监测与评估体系的设计思路和基本框架》，《国际观察》2011 年第 4 期。

[81] 吴志成、何睿：《国家有限权力与全球有效治理》，《世界经济与政治》2013 年第 12 期。

[82] 夏立平：《北极环境变化对全球安全和中国国家安全的影响》，《世界经济与政治》2011 年第 1 期。

[83] 肖晞、宋国新：《中国"一带一路"建设中海外利益的脆弱性分析与保护机制构建》，《学习与探索》2019 年第 5 期。

[84] 肖洋：《北极科学合作：制度歧视与垄断生成》，《国际论坛》2019 年第 1 期。

[85] 肖洋：《北极理事会"域内自理化"与中国参与北极事务路径探析》，《现代国际关系》2014 年第 1 期。

[86] 肖洋：《德国北极战略及其外交实践》，《当代世界》2014 年第 11 期。

[87] 肖洋：《德国参与北极事务的路径构建：顶层设计与引领因素》，《德国研究》2015 年第 1 期。

[88] 肖洋：《地缘科技学与国家安全：中国北极科考的战略深意》，《国际

安全研究》2015 年第 6 期。

[89] 解思梅、郝春江、许淙等：《东南极海冰异常与中国夏季洪涝》，《海洋湖沼通报》1994 年第 2 期。

[90] 严双伍、肖兰兰：《中国参与国际气候谈判的立场演变》，《当代亚太》2010 年第 1 期。

[91] 杨发庭：《生态文明智库：现状、问题与建议》，《图书与情报》2017 年第 1 期。

[92] 杨光海：《国际制度与国家软实力的增进》，《教学与研究》2010 年第 3 期。

[93] 杨继明、冯俊文：《从创新治理视角看我国科技宏观管理体制改革走向》，《科技进步与对策》2013 年第 3 期。

[94] 杨剑：《北极航运与中国北极政策定位》，《国际观察》2014 年第 1 期。

[95] 杨松霖：《美国北极气候政策：历史演变与发展启示》，《领导科学论坛》2017 年第 17 期。

[96] 杨松霖：《中美北极科技合作：重要意义与推进理路——基于"人类命运共同体"理念的分析》，《大连海事大学学报》（社会科学版）2018 年第 5 期。

[97] 杨松霖：《中国参与北极治理的科技发展战略研究——基于 SWOT-PEST 分析范式》，《江南社会学院学报》2019 年第 1 期。

[98] 杨振姣、曹文振、吕远：《我国参与北极治理的理论依据及实践现状》，《海洋信息》2014 年第 4 期。

[99] 杨振姣、周言：《中国参与北极理事会利弊分析及应对策略》，《理论学刊》2015 年第 12 期。

[100] 姚冬琴：《本刊独家专访外交部气候变化谈判特别代表高风：开发北极成本高，一定要谨慎》，《中国经济周刊》2013 年第 20 期。

[101] 叶林峰：《建设中国特色新型智库的若干建议》，《情报杂志》2016 年第 3 期。

[102] 俞可平：《治理和善治引论》，《马克思主义与现实》1999 年第 5 期。

[103] 云宇龙:《国际社会理论视角下的北极安全治理与中国参与》,《领导科学论坛》2017年第17期。

[104] 曾婧婧、钟书华:《论科技治理》,《科学经济社会》2011年第1期。

[105] 翟东航、孙德翔、钟新海等:《军民融合视角下我国军事战略智库体系建设研究》,《情报理论与实践》2017年第1期。

[106] 张海滨:《气候变化对中国国家安全的影响——从总体国家安全观的视角》,《国际政治研究》2015年第4期。

[107] 张丽娟、许文:《主要国家北极研发政策对比分析》,《全球科技经济瞭望》2017年第3期。

[108] 张禄禄、臧晶晶:《主要极地国家的极地科技体制探究——以美国、俄罗斯和澳大利亚为例》,《极地研究》2017年第1期。

[109] 张涛、吴林强、徐晶晶等:《基于"冰上丝绸之路"的我国油气能源战略》,《海洋开发与管理》2019年第2期。

[110] 张侠、屠景芳:《北冰洋油气资源潜力的全球战略意义》,《中国海洋大学学报》(社会科学版) 2010年第5期。

[111] 张晓红、梅荣政:《经济全球化的历史前景透视》,《思想理论教育导刊》2002年第5期。

[112] 张瑞、杨柳:《中国北极安全法律保障研究》,《太平洋学报》2013年第6期。

[113] 张志生、张健、曹献飞:《基于科研质量管理体系的高校科研团队建设研究》,《科学管理研究》2011年第3期。

[114] 章成、黄德明:《中国北极权益的维护路径与策略选择》,《华东理工大学学报》(社会科学版) 2015年第6期。

[115] 赵进平:《我国北极科技战略的孕育和思考》,《中国海洋大学学报》(社会科学版) 2014年第3期。

[116] 赵隆:《北极区域治理范式的核心要素:制度设计与环境塑造》,《国际展望》2014年第3期。

[117] 赵隆:《共建"冰上丝绸之路"的背景、制约因素与可行路径》,《俄罗斯东欧中亚研究》2018年第2期。

[118] 赵宁宁：《中国北极公共外交的价值、路径及限度》，《社会主义研究》2019 年第 3 期。

[119] 赵宁宁：《中国北极治理话语权：现实挑战与提升路径》，《社会主义研究》2018 年第 2 期。

[120] 赵先进、黄靖兹：《中国参与共建"冰上丝绸之路"的动力、制约与路径选择》，《对外经贸实务》2019 年第 11 期。

[121] 郑海琦、胡波：《科技变革对全球海洋治理的影响》，《太平洋学报》2018 年第 4 期。

英文著作

[1] Barry Scott Zellen, *The Fast-Changing Arctic: Rethinking Arctic Security for a Warmer World*, University of Calgary Press, 2013.

[2] David Fairhall, *Cold Front: Conflict Ahead in Arctic Waters*, Group West, 2011.

[3] Elizabeth Tedsen, ed., *Arctic Marine Governance: Opportunities for Transatlantic Cooperation*, Springer, 2013.

[4] Franklyn Griffiths, ed., *Canada and the Changing Arctic: Sovereignty, Security and Stewardship*, Wilfrid Laurier University Press, 2011.

[5] Geir Honneland, *Arctic Politics, the Law of the Sea and Russian Identity: The Barents Sea Delimitation Agreement in Russia Public Debate*, Palgrave Macmillan, 2014.

[6] Gordon Houlden and Hong Nong, *Maritime Security Issues in the South China Sea and the Arctic: Sharpened Competition or Collaboration*, China Democracy and Legal System Publishing House, 2012.

[7] James Kraska, *Arctic Security in an Age of Climate Change*, Cambridge University Press, 2011.

[8] Jessica M. Shadian, *The Politics of Arctic Sovereignty: Oil, Ice, and Inuit Governance*, Routledge, 2014.

[9] Joseph Rouse, *Knowledge and Power: Towards a Political Philosophy of Science*, Cornell University Press, 1987.

[10] Joseph S. Nye, *Bound to Lead: The Changing Nature of American Power*, Basic Books, 1990.

[11] Kari Mottola, ed., *The Arctic Challenge: Nordic and Canadian Approaches to Security and Cooperation in an Emerging International Region*, Westview Press, 1988.

[12] Lilly Weidemann, *International Governance of the Arctic Marine Environment: With Particular Emphasis on High Seas Fisheries*, Springer, 2014.

[13] Marlene Laruelle, *Russia's Arctic Strategies and the Future of the North*, M. E. Sharpe, 2014.

[14] Mary Clay Berry, *The Alaska Pipeline: The Politics of Oil and Native Land Claims*, Indiana University Press, 1975.

[15] Michael Byers and James Baker, *International Law and the Arctic*, Cambridge University Press, 2013.

[16] Oran R. Young, Jong Deog Kim and Yoon Hyung Kim, *The Arctic in World Affairs: 2013 North Pacific Arctic Conference Proceedings*, Korean Maritime Institute and The East-West Center, 2013.

[17] Oran R. Young, Jong Deog Kim and Yoon Hyung Kim, *The Arctic in World Affairs: 2012 North Pacific Arctic Conference Proceedings*, Korean Maritime Institute and The East-West Center, 2012.

[18] Paul Arthur Berkman, *Environmental Security in the Arctic Ocean*, Springer, 2012.

[19] Peter Hough, *International Politics of the Arctic*, Routledge, 2012.

[20] Rebecca Pincus and Saleem H. Ali, *Diplomacy on Ice: Energy and Environment in the Arctic and Antarctic*, Yale University Press, 2015.

[21] Rolf Tamnes and Kristine Offerdal, *Geopolitics and Security in the Arctic: Regional Dynamics in a Global World*, Routledge, 2014.

[22] Willy Ostreng, ed., *Shipping in Arctic Waters: A Comparison of the Northeast, Northwest and Transpolar Passage*, Springer, 2013.

英文论文

[1] Aldo Chircop, "Should Observer Participation in Arctic Ocean Governance

be Enhanced," *Canada Naval Review*, Vol. 7, 2012.

[2] Andrew van Wagner, "It's Getting Hot in Here, So Take Away all the Arctic's Resources: A Look at Melting Arctic and the Hot Competition for its Resources," *Villanova Environmental Law Journal*, Vol. 21, No. 1, 2010.

[3] Claudia Cinelli, "The Law of the Sea and the Arctic Ocean," *Arctic Review on Law and Politics*, Vol. 2, No. 1, 2011.

[4] Damien Degeorges, "Polar Diplomacy in an Age of Climate Change and Energy Dependence—The Role of Greenland in Dealing with China in the Arctic," *The Yearbook of Polar Law*, Vol. 4, No. 1, 2012.

[5] Emily Hildreth, "Holes in the Ice: Why a Comprehensive Treaty Will not Succeed in the Arctic and How to Implement an Alternative Approach," *The Yearbook of Polar Law*, Vol. 3, No. 1, 2011.

[6] Heather N. Nicol and Lassi Heininen, "Human Security, the Arctic Council and Climate Change: Competition or Co-existence?" *Polar Record*, Vol. 50, No. 1, 2013.

[7] Heather N. Nicol, "Reframing Sovereignty: Indigenous Peoples and Arctic states," *Political Geography*, Vol. 29, No. 2, 2010.

[8] Ian G. Brosnan, Thomas M. Leschine and Edward L. Miles, "Cooperation or Conflict in a Changing Arctic," *Ocean Development and International Law*, Vol. 42, No. 1-2, 2011.

[9] J. Adele Buckley, "An Arctic Nuclear-Weapon-Free Zone: Circumpolar Non-Nuclear Weapons States must Originate Negotiations," *Michigan State International Law Review*, Vol. 22, No. 1, 2013.

[10] James Manicom and P. Whitney Lackenbauer "East Asian States, the Arctic Council and International Relations in the Arctic," *Policy Brief of CIGI*, No. 26, 2013.

[11] Joshua Ho, "The Implications of Arctic Sea Ice Decline on Shipping," *Marine Policy*, Vol. 34, No. 3, 2009.

[12] Kamrul Hossain, "International Governance in the Arctic," *The Yearbook of Polar Law*, Vol. 2, No. 1, 2010.

[13] Kathrin Keil, "The Arctic—A New Region of Conflict? The Case of Oil and Gas," *Cooperation and Conflict*, Vol. 49, No. 2, 2013.

[14] Kathryn Moran and John. W. Farrell, "U. S Arctic Research Policy," *Oceanography*, Vol. 24, No. 3, 2011.

[15] Linda Jakobson and Jingchao Peng, "China's Arctic Aspirations," *SIPRI Policy Paper*, No. 34, 2012.

[16] Linda Jakobson, "China Prepares for an Ice-free Arctic," *SIPRI Insights on Peace and Security*, No. 2, 2010.

[17] Md Waliul Hasanat, "The Role of International Governance Systems in Protecting the Arctic Environment," *The Yearbook of Polar Law*, Vol. 4, No. 1, 2012.

[18] Melissa Weber, "Comparing the robustness of Arctic and Antarctic Governance Through the Continental Shelf Submission Process," *Polar Record*, Vol. 50, No. 1, 2012.

[19] Michael A. Becker, "Russia and the Arctic: Opportunities for Engagement Within the Existing Legal Framework," *American University International Law Review*, Vol. 25, No. 2, 2010.

[20] Michal Meidan, "The Implications of China's Energy—Import Boom," *Survival: Global Politics and Strategy*, Vol. 56, No. 3, 2014.

[21] Olav Schram Stokke, "Asian Stakes and Arctic Governance," *Strategic Analysis*, Vol. 38, No. 6, 2014.

[22] Olav Schram Stokkle, "Environmental Security in the Arctic: The Case for Multi-level Governance," *International Journal*, Vol. 64, No. 4, 2011.

[23] Oran R. Young, "Arctic Governance—Pathways to the Future," *Arctic Review on Law and Politics*, Vol. 1, No. 2, 2010.

[24] Oran R. Young, "If an Arctic Ocean Treaty Is Not the Solution, What Is the Alterative," *Polar Record*, Vol. 47, No. 4, 2011.

[25] Oran R. Young, "The Future of the Arctic: Cauldron of Conflict or Zone of Peace," *International Affairs*, Vol. 87, No. 1, 2011.

[26] Pavel Baev, "Russia's Arctic Policy: Geopolitics, Mercantilism and Iden-

tity-Building," *Briefing Paper of Peace Research Institute*, No. 73, 2010.

[27] Piotr Graczyk and Timo Koivurova, "A New Era in the Arctic Council's External Relations? Broader Consequences of the Nuuk Observer Rules for Arctic Governance," *Polar Record*, Vol. 50, No. 3, 2013.

[28] Piotr Graczyk, "Observers in the Arctic Council: Evolution and Prospects," *The Yearbook of Polar International Law*, Vol. 3, No. 1, 2011.

[29] R. Douglas Brubaker, "The Arctic—Navigation Issues Under International Law of the Sea," *The Yearbook of Polar Law*, Vol. 2, No. 1, 2010.

[30] Sami Torssonen, "Material Talk: The Arctic Continental Shelf in the Law of the Sea Convention Discussion of the United States," *The Yearbook of Polar Law*, Vol. 4, No. 1, 2012.

[31] Scott G. Borgerson, "The Coming Arctic Boom: As the Ice Melts, the Region Heats Up," *Foreign Affairs*, Vol. 92, No. 4, 2013.

[32] Sebastien Duyck, "Drawing Lessons for Arctic Governance from the Antarctic Treaty System," *The Yearbook of Polar Law*, Vol. 3, No. 1, 2011.

[33] Shiloh Rainwater, "Race to the North-China's Arctic Strategy and Its Implications," *Naval War College Review*, Vol. 66, No. 2, 2013.

[34] Svein Vigeland Rottem, "A Note on Arctic Council Agreements," *Ocean Development and International Law*, Vol. 46, No. 1, 2015.

[35] Timo Koivurova et al., "The Present and Future Competence of the European Union in the Arctic," *Polar Record*, Vol. 48, No. 4, 2011.

[36] Timo Koivurova, "The Dialectic of Understanding Progress in the Arctic Governance," *Michigan State International Review*, Vol. 22, No. 1, 2013.

[37] Torbjorn Pedersen, "Debates over the Role of the Arctic Council," *Ocean Development and International Law*, Vol. 43, No. 2, 2012.

[38] Tore Henriksen and Geir Ulfstein, "Maritime Delimitation in the Arctic: The Barents Sea Treaty," *Ocean Development and International Law*, Vol. 42, No. 1-2, 2011.

[39] Valur Ingimundarson, "Managing a Contested Region: The Arctic Council

and the Politics of Arctic Governance," *The Polar Journal*, Vol. 4, No. 1, 2014.

[40] Waliul Hasanat, "Reforming the Arctic Council Against Increasingly Climate Change Challenges in the North," *Michigan State International Law Review*, Vol. 22, No. 1, 2013.

[41] Ye Jiang, "China's Role in Arctic Affairs the Context of Global Governance," *Strategic Analysis*, Vol. 38, No. 6, 2014.

网络、会议及其他材料

[1] 《国际北极科学委员会召开执行委员会会议》，中国海洋信息网，http://www.coi.gov.cn/news/guonei/201211/t20121115_25152.html，2012-11-15/2020-04-02。

[2] 国家海洋局极地考察办公室：《2014年度中国极地考察报告》（中文版），http://ipolar.org/caa/gb_news.php?modid=05001&id=1646，2015-10-16/2020-04-02。

[3] 国家海洋局极地考察办公室：《2015年度中国极地考察报告》（中文版），国家海洋局极地考察办公室官网，http://ipolar.org/caa/gb_news.php?modid=05001&id=1806，2016-05-20/2020-04-02。

[4] 国务院新闻办公室：《中国的北极政策（全文）》，国务院新闻办公室官网，http://www.scio.gov.cn/zfbps/32832/Document/1618203/1618203.htm，2018-01-26/2020-04-02。

[5] 《胡锦涛在中国共产党第十八次全国代表大会上的报告》，新华网，http://www.xinhuanet.com//18cpcnc/2012-11/17/c_113711665.htm，2012-11-17/2020-04-02。

[6] 江波：《深化中国道路研究，提升中国话语权》，《中国社会科学报》2015年7月30日，第3版。

[7] 鲁敏：《我国民生科技发展问题研究》，博士学位论文，吉林大学，2013。

[8] 罗沙：《我国极地考察即将进入陆海空立体时代》，《光明日报》2014年2月4日，第1版。

［9］潘晓珍：《理论、制度与现实：全球治理时代中国国家能力建设的三维审视》，博士学位论文，苏州大学，2015。

［10］《人民日报整版探讨全球治理中国方案的世界意义》，人民网，http://cq.people.com.cn/n2/2017/1105/c367697-30888624.html，2017-11-05/2020-04-02。

［11］上海外国语大学加拿大研究中心：《加拿大研究中心北极特刊》（第8期），http://www.sirpa.shisu.edu.cn/aa/af/c4632a109231/page.htm，2018-06-26/2020-04-02。

［12］《我国开展第九次北极科学考察》，新华网，http://www.xinhuanet.com/science/2018-07/19/c_137335670.htm，2018-07-19/2020-04-02。

［13］《"一带一路"建设海上合作设想》，新华网，http://www.xinhuanet.com/politics/2017-06/20/c_1121176798.htm，2017-06-20/2020-04-02。

［14］张禄禄：《中国和主要极地国家极地科技体制研究及其启示》，博士学位论文，中国科学技术大学，2017。

［15］《中国-北欧北极研究中心成立》，科学网，http://news.sciencenet.cn/sbhtmlnews/2013/12/281131.shtm，2013-12-11/2020-04-02。

［16］《中俄科研机构"牵手"共建北极联合研究中心》，央广网，http://news.cnr.cn/native/city/20190412/t20190412_524575386.shtml，2019-04-12/2020-04-02。

［17］《中国高校极地联合研究中心成立》，新华网，http://www.xinhuanet.com/politics/2018-04/22/c_1122723084.htm，2018-04-22/2020-04-02。

［18］《中国共产党第十九届中央委员会第四次全体会议公报》，新华网，http://www.xinhuanet.com/politics/2019-10/31/c_1125178024.htm，2019-10-31/2020-04-02。

［19］《中华人民共和国国家安全法》，中国人大网，http://www.npc.gov.cn/wxzl/gongbao/1993-02/22/content_1481246.htm，2020-04-02。

［20］《中华人民共和国国民经济和社会发展第十三个五年规划纲要》，新

华网，http://www.xinhuanet.com/politics/2016lh/2016 - 03/17/c_11 18366322.htm，2016-03-17/2020-04-02。

[21] Alice Hill, "Arctic Security Poses Icy Chess Game with Russia, China," May 19, 2017, https://thehill.com/blogs/pundits-blog/energy-environment/334253-arctic-security-poses-icy-chess-game-with-russia-china.

[22] Alison McFarland, "Arctic Options: Why America Should Invest in a Future with China," Oct. 1, 2018, https://www.stimson.org/content/arctic-options-why-america-should-invest-future-china.

[23] Anne-Marie Brady, "China in the Arctic," Aug. 18, 2017, https://www.wilsoncenter.org/article/china-t he-arctic.

[24] Center for Strategic and International Studies, "U.S.-Sino Relations in the Arctic: A Roadmap for Future Cooperation," Jan. 3, 2017, https://csis-prod.s3.amazonaws.com/s3fs-public/publication/170127_Conley_USSinoRelationsArctic_Web.pdf.

[25] "China Buying Stake in Novatek's Arctic LNG 2," Apr. 26, 2019, https://worldmaritimenews.com/archives/275766/china-buying-stake-in-novateks-arctic-lng-2/.

[26] Damien Sharkov, "Russian Navy Has Fired Hundreds of Rockets in Northern Fleet's Arctic Drills," Apr. 1, 2018, http://www.newsweek.com/russian-navy-has-fired-hundreds-rockets-northern-fleets-arctic-drills-770632.

[27] Department of Defense, "Department of Defense Arctic Strategy 2016," 2016, https://dod.defense.gov/Portals/1/Documents/pubs/2016-Arctic-Strategy-UNCLAS-cleared-for-release.pdf.

[28] Department of Defense, "Department of Defense Arctic Strategy 2013," Nov. 22, 2013, https://dod.defense.gov/Portals/1/Documents/pubs/2013_Arctic_Strategy.pdf.

[29] Department of Defense, "The 2019 Department of Defense (DOD) Arctic Strategy," Jun. 6, 2019, https://media.defense.gov/2019/Jun/06/2002141657/-1/-1/1/2019-DOD-ARCTIC-STRATEGY.PDF.

[30] Elizabeth Buchanan, "Subsea Cables in a Thawing Arctic," Feb. 2, 2018,

https://www.maritime-executive.com/editorials/subsea-cables-in-a-thawing-arctic.

[31] "Finland Fancies Future 'Arctic Link' to China via Northern Sea Route," Mar. 13, 2018, https://sputniknews.com/europe/201803131062480342-finland-norway-arctic-link/.

[32] Guy Faulconbridge, "Russian Navy Boss Warna of China's Race for Arctic," Oct. 4, 2010, http://www.reuters.com/arctic/russia—arctic—idAFLDE6931GL20101004#rhHOVtl71T2TY5br.97.

[33] Heather A. Conley, "China's Arctic Dream," Feb. 26, 2018, https://csis-prod.s3.amazonaws.com/s3fs-public/publication/180402_Conley_ChinasArcticDream_Web.pdf.

[34] Helga Haftendorn, "Zaungast in der Arktis," Jul. 1, 2011, https://internationalepolitik.de/de/zaungast-der-arktis.

[35] Heljar Havnes, Johan Martin Seland, "The Increasing Security Focus in China's Arctic Policy," Jul. 16, 2019, https://www.thearcticinstitute.org/increasing-security-focus-china-arctic-policy/.

[36] Henry Holloway, "Coldest War Ever? US Arming Icebreakers with Missiles for Arctic Showdown with Russia," Jan. 19, 2018, https://www.dailystar.co.uk/news/world-news/russia-arctic-war-icebreakers-cruise-16840774.

[37] "IARC Biennial Report 2014–2015," Feb. 2, 2015, https://publications.iarc.fr/Book-And-Report-Series/Iarc-Biennial-Reports/IARC-Biennial-Report-2014-2015.

[38] Jack Durkee, "China: The New 'Near-Arctic State'," Feb. 6, 2018, https://www.wilsoncenter.org/article/china-the-new-near-arctic-state.

[39] Jane Nakano, William Li, "China Launches the Polar Silk Road," Feb. 2, 2018, https://www.csis.org/analysis/china-launches-polar-silk-road.

[40] "Japan's New Sea Policy to Include Issues of North Korean Missiles, Arctic Shipping Lanes," Mar. 25, 2018, https://www.straitstimes.com/asia/east-asia/japans-new-sea-policy-to-include-issues-of-north-korean-missiles-arctic-shipping.

[41] "Japan-U. S. Arctic Science Collaboration 2019," Jun. 13, 2019, https://uaf-iarc. org/event/japan-us-arctic-science-collaboration-2019/.

[42] J. McGnn, "2017 Global Go to Think Tanks Index Report, Think Tanks and Civil Societies Program, University of Pennsylvania," Feb. 1, 2018, https://repository. upenn. edu/think_tanks/13/.

[43] J. R. Sullivan, "The Senate's Sly Plan to Begin Drilling in Arctic Refuge," Mar. 27, 2020, https://www. mensjournal. com/adventure/the-senates-sly-plan-to-begin-drilling-in-arctic-refuge-w510202.

[44] Keith Johnson, Reid Standish, "Putin and Xi Are Dreaming of a Polar Silk Road," Mar. 8, 2018, http://foreignpolicy. com/2018/03/08/putin-and-xi-are-dreaming-of-a-polar-silk-road-arctic-northern-sea-route-yamal/.

[45] Malte Humpert, "Chinese Shipping Company COSCO to Send Record Number of Ships Through Arctic," Jun. 13, 2019, https://www. highnorthnews. com/en/chinese-shipping-company-cosco-send-record-number-ships-through-arctic.

[46] Marisa R. Lino, "Understanding China's Arctic Activities," Feb. 25, 2020, https://www. iiss. org/blogs/analysis/2020/02/china-arctic.

[47] Mark E. Rosen, "Unconstrained Foreign Direct Investment: An Emerging Challenge to Arctic Security," Nov. 1, 2017, https://www. cna. org/cna_files/pdf/COP-2017-U-015944-1Rev. pdf.

[48] Mike Scrafton, "China Is Planning a 'Polar Silk Road'," Apr. 27, 2018, https://www. maritime-executive. com/editorials/china-is-planning-a-polar-silk-road.

[49] National Security Council, "National Security Decision Memorandum 144," Dec. 22, 1971, http://www. fas. org/irp/offdocs/nsdm-nixon/nsdm-144. pdf.

[50] "Osnovy gosudarstvennoi politiki Rossiiskoi Federatsii v Arktike na period do 2020 goda i dal'neyshuyu perspektivu," Sept. 18, 2008, http://static. government. ru/media/files/A4qP6brLNJ175I40U0K46x4SsKRHGfUO. pdf.

[51] Paul Stronski, Nicole Ng, "Cooperation and Competition: Russia and Chi-

na in Central Asia, the Russian Far East, and the Arctic," Feb. 28, 2018, https://carnegieendowment.org/2018/02/28/cooperation-and-competition-russia-and-china-in-central-asia-russian-far-east-and-arctic-pub-75673.

[52] Polar Research and Policy Initiative, "Final Report and Implementation Plan of The Alaska Arctic Policy Commission (January 2015)," May 10, 2016, http://polarconnection.org/final-report-implementation-plan-alaska-arctic-policy-commission-january-2015/.

[53] Robert Adm, Jr. J. Papp, "America Is an Arctic Nation," Dec. 2, 2014, https://obamawhitehouse.archives.gov/blog/2014/12/02/america-arctic-nation.

[54] Shady Grove Oliver, "Resolution Pushes for Arctic Port, Coast Guard Base," Mar. 9, 2018, http://www.thearcticsounder.com/article/1810 resolution_pushes_for_arctic_port_coast_guard.

[55] "Sixth International Symposium on Arctic Research (ISAR-6)," Sept. 26, 2019, https://www.arcus.org/events/arctic-calendar/29103.

[56] Stephanie Pezard, "The New Geopolitics of the Arctic: Russia's and China's Evolving Role in the Region," Nov. 26, 2018, https://www.rand.org/content/dam/rand/pubs/testimonies/CT500/CT500/RAND_CT500.pdf.

[57] The Federal Government, "Germany's Arctic Policy Guidelines: Assuming Responsibility, Creating Trust, Shaping the Future," Aug. 21, 2019, https://www.auswaertiges-amt.de/blob/2240002/eb0b681be9415118ca87bc8e215c0cf4/arktisleitlinien-data.pdf.

[58] The Stimson Center, "Chinese Activities in the Arctic: The Regional Perceptions," Jun. 19, 2018, https://www.stimson.org/event/chinese-activities-in-the-arctic-the-regional-perceptions/.

[59] The White House, "America Is an Arctic Nation," Dec. 2, 2014, https://www.whitehouse.gov/blog/2014/12/02/america-arctic-nation.

[60] The White House, "Arctic Research Plan FY2017-2021," Dec. 9, 2016, https://www.iarpccollaborations.org/uploads/cms/documents/iarpc_arctic_research_plan_2017-2021.pdf.

[61] The White House, "Arctic Research Plan FY2013-2017," Feb. 1, 2013,

http://www.whitehouse.gov/sites/default/files/microsites/ostp/2013_arctic_research_plan.pdf.

[62] The White House, "National Security Decision Directive 90," Apr. 14, 1983, https://www.reaganlibrary.gov/sites/default/files/archives/reference/scanned-nsdds/nsdd90.pdf.

[63] The White House, "National Strategy for the Arctic Region," May 10, 2013, https://obamawhitehouse.archives.gov/sites/default/files/docs/nat_arctic_strategy.pdf.

[64] The White House, "NSPD-66/HSPD-25 on Arctic Region Policy," Jan. 9, 2009, https://fas.org/irp/offdocs/nspd/nspd-66.htm.

[65] The White House, "Presidential Decision Directive/NSC-26," Jun. 9, 1994, https://fas.org/irp/offdocs/pdd/pdd-26.pdf.

[66] The White House, "United States Hosts First-Ever Arctic Science Ministerial to Advance International Research Efforts," Sept. 28, 2016, https://www.whitehouse.gov/the-press-office/2016/09/28/fact-sheet-united-states-hosts-first-ever-arctic-science-ministerial.

[67] The White House, "U.S.-Canada Joint Statement on Climate, Energy, and Arctic Leadership," Mar. 10, 2016, https://www.whitehouse.gov/the-press-office/2016/03/10/us-canada-joint-statement-climate-energy-and-arctic-leadership.

[68] The White House, "U.S.-Nordic Leaders' Summit Joint Statement," May 13, 2016, https://www.whitehouse.gov/the-press-office/2016/05/13/us-nordic-leaders-summit-joint-statement.

[69] The Wilson Center, "The Polar Silk Road: China's Arctic Ambitions," Feb. 1, 2018, https://www.wilsoncenter.org/event/the-polar-silk-road-chinas-arctic-ambitions.

[70] "Treaty Between Norway, The United States of America, Denmark, France, Italy, Japan, the Netherlands, Great Britain and Ireland and the British Overseas Dominions and Sweden Concerning Spitsbergen Signed in Paris 9th February 1920," Feb. 9, 1920, http://library.arcticportal.org/

1909/1/The_Svalbard_Treaty_9ssFy. pdf.

[71] USCG, "Arctic Strategic Outlook 2019," Apr. 21, 2019, https://www. uscg. mil/Portals/0/Images/arctic/Arctic _ Strategic _ Outlook _ APR _ 2019. pdf.

[72] USCG, "Arctic Strategic Outlook 2013," May 21, 2013, https:// www. uscg. mil/Portals/0/Strategy/cg_arctic_strategy. pdf.

[73] USCG, "Arctic Strategy Implementation Plan," Aug. 25, 2017, https:// www. dco. uscg. mil/Portals/9/DCO%20Documents/5pw/Arctic%20Policy/ CGAS%20IPlan%20Final%20Signed. pdf? ver = 2017 – 08 – 25 – 075935 –927.

[74] U. S. Department of State, "Chairmanship Projects," Oct. 29, 2015, https://2009–2017. state. gov/e/oes/ocns/opa/arc/uschair/248957. htm.

[75] Western Alaska Landscape Conservation Cooperative, "Climate Change: In the Bering Strait Region," Mar. 31, 2015, https://www. sciencebase. gov/catalog/item/5a0aec78e4b09af898cb6311.

[76] Yun Sun, "China in the Arctic: An Identity Struggle," Feb. 27, 2018, https://www. chinausfocus. com/foreign-policy/china-in-the-arctic-an-identity-struggle.

[77] Yun Sun, "The Intricacy of China's Arctic Policy," Aug. 27, 2018, https://www. stimson. org/2018/intricacy-chinas-arctic-policy/.

[78] Yun Sun, "The Northern Sea Route: The Myth of Sino-Russian Cooperation," Nov. 27, 2018, https://www. stimson. org/wp-content/files/file-attachments/Stimson%20 –%20The%20Northern%20Sea%20Route%20 –%20The%20Myth%20of%20Sino-Russian%20Cooperation. pdf.

[79] Zero Hedge, "China's mysterious Arctic Silk Road," Nov. 15, 2017, https://oilprice. com/Geopolitics/International/Chinas-Mysterious-Arctic-Silk-Road. html.

附　录

附录一　《中国的北极政策》[*]

《中国的北极政策》

前　言

近年来，全球气候变暖，北极冰雪融化加速。在经济全球化、区域一体化不断深入发展的背景下，北极在战略、经济、科研、环保、航道、资源等方面的价值不断提升，受到国际社会的普遍关注。北极问题已超出北极国家间问题和区域问题的范畴，涉及北极域外国家的利益和国际社会的整体利益，攸关人类生存与发展的共同命运，具有全球意义和国际影响。

中国倡导构建人类命运共同体，是北极事务的积极参与者、建设者和贡献者，努力为北极发展贡献中国智慧和中国力量。为了阐明中国在北极问题上的基本立场，阐释中国参与北极事务的政策目标、基本原则和主要政策主张，指导中国相关部门和机构开展北极活动和北极合作，推动有关

---

[*] 2018年1月26日，国务院新闻办公室发表《中国的北极政策》白皮书，这是中国首次就北极政策发表白皮书。白皮书全文约9000字，除前言、结束语外，共包括四个部分，分别为北极的形势与变化、中国与北极的关系、中国的北极政策目标和基本原则、中国参与北极事务的主要政策主张。参见中央人民政府官网，https://www.gov.cn/zhengce/2018-01/26/content_5260891.htm，最后访问时间：2023年6月27日。

各方更好参与北极治理,与国际社会一道共同维护和促进北极的和平、稳定和可持续发展,中国政府发表本白皮书。

一　北极的形势与变化

北极具有特殊的地理位置。地理上的北极通常指北极圈(约北纬66度34分)以北的陆海兼备的区域,总面积约2100万平方公里。在国际法语境下,北极包括欧洲、亚洲和北美洲的毗邻北冰洋的北方大陆和相关岛屿,以及北冰洋中的国家管辖范围内海域、公海和国际海底区域。北极事务没有统一适用的单一国际条约,它由《联合国宪章》《联合国海洋法公约》《斯匹次卑尔根群岛条约》等国际条约和一般国际法予以规范。

北极的大陆和岛屿面积约800万平方公里,有关大陆和岛屿的领土主权分别属于加拿大、丹麦、芬兰、冰岛、挪威、俄罗斯、瑞典、美国八个北极国家。北冰洋海域的面积超过1200万平方公里,相关海洋权益根据国际法由沿岸国和各国分享。北冰洋沿岸国拥有内水、领海、毗连区、专属经济区和大陆架等管辖海域,北冰洋中还有公海和国际海底区域。

北极域外国家在北极不享有领土主权,但依据《联合国海洋法公约》等国际条约和一般国际法在北冰洋公海等海域享有科研、航行、飞越、捕鱼、铺设海底电缆和管道等权利,在国际海底区域享有资源勘探和开发等权利。此外,《斯匹次卑尔根群岛条约》缔约国有权自由进出北极特定区域,并依法在该特定区域内平等享有开展科研以及从事生产和商业活动的权利,包括狩猎、捕鱼、采矿等。

北极具有独特的自然环境和丰富的资源,大部分海域常年被冰层覆盖。当前,北极自然环境正经历快速变化。过去30多年间,北极地区温度上升,使北极夏季海冰持续减少。据科学家预测,北极海域可能在本世纪中叶甚至更早出现季节性无冰现象。一方面,北极冰雪融化不仅导致北极自然环境变化,而且可能引发气候变暖加速、海平面上升、极端天气现象增多、生物多样性受损等全球性问题。另一方面,北极冰雪融化可能逐步改变北极开发利用的条件,为各国商业利用北极航道和开发北极资源提供机遇。北极的商业开发利用不仅将对全球航运、国际贸易和世界能源供应格局产生重要影响,对北极的经济社会发展带来巨大变化,对北极居民和土著人的生产和生活方式产生重要影响，还可能对北极生态环境造成潜在威胁。在处理涉北极全球性问题方面，国际社会命运与共。

二　中国与北极的关系

中国是北极事务的重要利益攸关方。中国在地缘上是"近北极国家"，是陆上最接近北极圈的国家之一。北极的自然状况及其变化对中国的气候系统和生态环境有着直接的影响，进而关系到中国在农业、林业、渔业、海洋等领域的经济利益。

同时，中国与北极的跨区域和全球性问题息息相关，特别是北极的气候变化、环境、科研、航道利用、资源勘探与开发、安全、国际治理等问题，关系到世界各国和人类的共同生存与发展，与包括中国在内的北极域外国家的利益密不可分。中国在北冰洋公海、国际海底区域等海域和特定区域享有《联合国海洋法公约》《斯匹次卑尔根群岛条约》等国际条约和一般国际法所规定的科研、航行、飞越、捕鱼、铺设海底电缆和管道、资源勘探与开发等自由或权利。中国是联合国安理会常任理事国，肩负着共同维护北极和平与安全的重要使命。中国是世界贸易大国和能源消费大国，北极的航道和资源开发利用可能对中国的能源战略和经济发展产生巨大影响。中国的资金、技术、市场、知识和经验在拓展北极航道网络和促进航道沿岸国经济社会发展方面可望发挥重要作用。中国在北极与北极国家利益相融合，与世界各国休戚与共。

中国参与北极事务由来已久。1925 年，中国加入《斯匹次卑尔根群岛条约》，正式开启参与北极事务的进程。此后，中国关于北极的探索不断深入，实践不断增加，活动不断扩展，合作不断深化。1996 年，中国成为国际北极科学委员会成员国，中国的北极科研活动日趋活跃。从 1999 年起，中国以"雪龙"号科考船为平台，成功进行了多次北极科学考察。2004 年，中国在斯匹次卑尔根群岛的新奥尔松地区建成"中国北极黄河站"。截至 2017 年年底，中国在北极地区已成功开展了八次北冰洋科学考察和 14 个年度的黄河站站基科学考察。借助船站平台，中国在北极地区逐步建立起海洋、冰雪、大气、生物、地质等多学科观测体系。2005 年，中国成功承办了涉北极事务高级别会议的北极科学高峰周活动，开亚洲国家承办之先河。2013年，中国成为北极理事会正式观察员。近年来，中国企业开始积极探索北极航道的商业利用。中国的北极活动已由单纯的科学研究拓展至北极事务的诸多方面，涉及全球治理、区域合作、多边和双边机制等多个层面，涵盖科学研究、生态环境、气候变化、经济开发和人文交流等多个领域。作为国际社会的重要成员，中国对北极国际规则的制定和北极治理机制的构建发挥了积极作用。中国发起共建"丝绸之路经济带"和"21世纪海上丝绸之路"（"一带一路"）重要合作倡议，与各方共建"冰上丝绸之路"，为促进北极地区互联互通和经济社会可持续发展带来合作机遇。

三　中国的北极政策目标和基本原则

中国的北极政策目标是：认识北极、保护北极、利用北极和参与治理北极，维护各国和国际社会在北极的共同利益，推动北极的可持续发展。

认识北极就是要提高北极的科学研究水平和能力，不断深化对北极的科学认知和了解，探索北极变化和发展的客观规律，为增强人类保护、利用和治理北极的能力创造有利条件。

保护北极就是要积极应对北极气候变化，保护北极独特的自然环境和生态系统，不断提升北极自身的气候、环境和生态适应力，尊重多样化的社会文化以及土著人的历史传统。

利用北极就是要不断提高北极技术的应用水平和能力，不断加强在技术创新、环境保护、资源利用、航道开发等领域的北极活动，促进北极的经济社会发展和改善当地居民的生活条件，实现共同发展。

参与治理北极就是要依据规则、通过机制对北极事务和活动进行规范和管理。对外，中国坚持依据包括《联合国宪章》《联合国海洋法公约》和气候变化、环境等领域的国际条约以及国际海事组织有关规则在内的现有国际法框架，通过全球、区域、多边和双边机制应对各类传统与非传统安全挑战，构建和维护公正、合理、有序的北极治理体系。对内，中国坚持依法规范和管理国内北极事务和活动，稳步增强认识、保护和利用北极的能力，积极参与北极事务国际合作。

通过认识北极、保护北极、利用北极和参与治理北极，中国致力于同各国一道，在北极领域推动构建人类命运共同体。中国在追求本国利益时，将顾及他国利益和国际社会整体利益，兼顾北极保护与发展，平衡北极当前利益与长远利益，以推动北极的可持续发展。

为了实现上述政策目标，中国本着"尊重、合作、共赢、可持续"的基本原则参与北极事务。

尊重是中国参与北极事务的重要基础。尊重就是要相互尊重，包括各国都应遵循《联合国宪章》《联合国海洋法公约》等国际条约和一般国际法，尊重北极国家在北极享有的主权、主权权利和管辖权，尊重北极土著人的传统和文化，也包括尊重北极域外国家依法在北极开展活动的权利和自由，尊重国际社会在北极的整体利益。

合作是中国参与北极事务的有效途径。合作就是要在北极建立多层次、全方位、宽领域的合作关系。通过全球、区域、多边和双边等多层次的合作形式，推动北极域内外国家、政府间国际组织、非国家实体等众多利益攸关方共同参与，在气候变化、科研、环保、航道、资源、人文等领域进行全方位的合作。

共赢是中国参与北极事务的价值追求。共赢就是要在北极事务各利益攸关方之间追求互利互惠，以及在各活动领域之间追求和谐共进。不仅要实现各参与方之间的共赢，确保北极国家、域外国家和非国家实体的普惠，并顾及北极居民和土著人群体的利益，而且要实现北极各领域活动的协调发展，确保北极的自然保护和社会发展相统一。

可持续是中国参与北极事务的根本目标。可持续就是要在北极推动环境保护、资源开发利用和人类活动的可持续性，致力于北极的永续发展。实现北极人与自然的和谐共存，实现生态环境保护与经济社会发展的有机协调，实现开发利用与管理保护的平衡兼顾，实现当代人利益与后代人利益的代际公平。

四　中国参与北极事务的主要政策主张

中国参与北极事务坚持科研先导，强调保护环境、主张合理利用、倡导依法治理和国际合作，并致力于维护和平、安全、稳定的北极秩序。

（一）不断深化对北极的探索和认知

北极具有重要的科研价值。探索和认知北极是中国北极活动的优先方向和重点领域。

中国积极推动北极科学考察和研究。中国尊重北极国家对其国家管辖范围内北极科考活动的专属管辖权，主张通过合作依法在北极国家管辖区域内开展北极科考活动，坚持各国在北冰洋公海享有科研自由。中国积极开展北极地质、地理、冰雪、水文、气象、海冰、生物、生态、地球物理、海洋化学等领域的多学科科学考察；积极参与北极气候与环境变化的监测和评估，通过建立北极多要素协同观测体系，合作建设科学考察或观测站、建设和参与北极观测网络，对大气、海洋、海冰、冰川、土壤、生物生态、环境质量等要素进行多层次和多领域的连续观测。中国致力于提高北极科学考察和研究的能力建设，加强北极科考站点和科考船只等保障平台的建设与维护并提升其功能，推进极地科学考察破冰船的建造工作等。

中国支持和鼓励北极科研活动，不断加大北极科研投入的力度，支持构建现代化的北极科研平台，努力提高北极科研能力和水平。大力开展北极自然科学研究，加强北极气候变化和生态环境研究，进一步推动物理、化学、生命、地球等基础学科的发展。不断加强北极社会科学研究，包括北极政治、经济、法律、社会、历史、文化以及北极活动管理等方面，促进北极自然科学和社会科学研究的协同创新。加强北极人才培养和科普教育，支持高校和科研机构培养北极自然和社会科学领域的专业人才，建立北极科普教育基地，出版北极相关文化产品，提高公民的北极意识。积极推进北极科研国际合作，推动建立开放包容的国际北极环境监测网络，支持通过国际北极科学委员会等平台开展务实合作，鼓励中国科学家开展北极国际学术交流与合作，推动中国高校和科研机构加盟"北极大学"协作网络。

技术装备是认知、利用和保护北极的基础。中国鼓励发展注重生态环境保护的极地技术装备，积极参与北极开发的基础设施建设，推动深海远洋考察、冰区勘探、大气和生物观测等领域的装备升级，促进在北极海域石油与天然气钻采、可再生能源开发、冰区航行和监测以及新型冰级船舶建造等方面的技术创新。

(二) 保护北极生态环境和应对气候变化

中国坚持依据国际法保护北极自然环境，保护北极生态系统，养护北极生物资源，积极参与应对北极环境和气候变化的挑战。

1. 保护环境

中国始终把解决全球性环境问题放在首要地位，认真履行有关国际条约的义务，承担环境保护责任。中国积极参加北极环境治理，加强北极活动的环境影响研究和环境背景调查，尊重北极国家的相关环保法规，强化环境管理并推动环境合作。

海洋环境是北极环境保护的重点领域。中国支持北冰洋沿岸国依照国际条约减少北极海域陆源污染物的努力，致力于提高公民和企业的环境责任意识，与各国一道加强对船舶排放、海洋倾废、大气污染等各类海洋环境污染源的管控，切实保护北极海洋环境。

2. 保护生态

北极是全球多种濒危野生动植物的重要分布区域。中国重视北极可持续发展和生物多样性保护，开展全球变化与人类活动对北极生态系统影响的科学评估，加强对北极候鸟及其栖息地的保护，开展北极候鸟迁徙规律研究，提升北极生态系统的适应能力和自我恢复能力，推进在北极物种保护方面的国际合作。

3. 应对气候变化

应对北极气候变化是全球气候治理的重要环节。中国一贯高度重视气候变化问题，已将落实"国家自主贡献"等应对气候变化的措施列入国家整体发展议程和规划，为《巴黎协定》的缔结发挥了重要作用。中国的减排措施对北极的气候生态环境具有积极影响。中国致力于研究北极物质能量交换过程及其机理，评估北极与全球气候变化的相互作用，预测未来气候变化对北极自然资源和生态环境的潜在风险，推动北极冰冻圈科学的发展。加强应对气候变化的宣传、教育，提高公众对气候变化问题的认知水平，促进应对北极气候变化的国际合作。

(三) 依法合理利用北极资源

北极资源丰富，但生态环境脆弱。中国倡导保护和合理利用北极，鼓励企业利用自身的资金、技术和国内市场优势,通过国际合作开发利用北极资源。中国一贯主张,开发利用北极的活动应遵循《联合国海洋法公约》《斯匹次卑尔根群岛条约》等国际条约和一般国际法,尊重北极国家的相关法律,并在保护北极生态环境、尊重北极土著人的利益和关切的前提下,以可持续的方式进行。

1. 参与北极航道开发利用

北极航道包括东北航道、西北航道和中央航道。全球变暖使北极航道有望成为国际贸易的重要运输干线。中国尊重北极国家依法对其国家管辖范围内海域行使立法权、执法权和司法权,主张根据《联合国海洋法公约》等国际条约和一般国际法管理北极航道,保障各国依法享有的航行自由以及利用北极航道的权利。中国主张有关国家应依据国际法妥善解决北极航道有关争议。

中国愿依托北极航道的开发利用,与各方共建"冰上丝绸之路"。中国鼓励企业参与北极航道基础设施建设,依法开展商业试航,稳步推进北极航道的商业化利用和常态化运行。中国重视北极航道的航行安全,积极开展北极航道研究,不断加强航运水文调查,提高北极航行、安全和后勤保障能力。切实遵守《极地水域船舶航行安全规则》,支持国际海事组织在北极航运规则制定方面发挥积极作用。主张在北极航道基础设施建设和运营方面加强国际合作。

2. 参与油气和矿产等非生物资源的开发利用

中国尊重北极国家根据国际法对其国家管辖范围内油气和矿产资源享有的主权权利,尊重北极地区居民的利益和关切,要求企业遵守相关国家的法律并开展资源开发风险评估,支持企业通过各种合作形式,在保护北极生态环境的前提下参与北极油气和矿产资源开发。

北极富含地热、风能等清洁能源。中国致力于加强与北极国家的清洁能源合作,推动与北极国家在清洁能源开发的技术、人才和经验方面开展交流,探索清洁能源的供应和替代利用,实现低碳发展。

3. 参与渔业等生物资源的养护和利用

鱼类资源受气候变化等因素影响出现向北迁移趋势,北冰洋未来可能成为新渔场。中国在北冰洋公海渔业问题上一贯坚持科学养护、合理利用的立场，主张各国依法享有在北冰洋公海从事渔业资源研究和开发利用活动的权利，同时承担养护渔业资源和保护生态系统的义务。

中国支持就北冰洋公海渔业管理制定有法律拘束力的国际协定，支持基于《联合国海洋法公约》建立北冰洋公海渔业管理组织或出台有关制度安排。中国致力于加强对北冰洋公海渔业资源的调查与研究，适时开展探捕活动，建设性地参与北冰洋公海渔业治理。中国愿加强与北冰洋沿岸国合作研究、养护和开发渔业资源。中国坚持保护北极生物多样性，倡导透明合理地勘探和使用北极遗传资源，公平公正地分享和利用遗传资源产生的惠益。

4. 参与旅游资源开发

北极旅游是新兴的北极活动，中国是北极游客的来源国之一。中国支持和鼓励企业与北极国家合作开发北极旅游资源，主张不断完善北极旅游安全、保险保障和救援保障体系，切实保障各国游客的安全。坚持对北极旅游从业机构与人员进行培训和监管，致力于提高中国游客的北极环保意识，积极倡导北极的低碳旅游、生态旅游和负责任旅游，推动北极旅游业可持续发展。

中国坚持在尊重北极地区居民和土著人的传统和文化，保护其独特的生活方式和价值观，以及尊重北极国家为加强北极地区居民能力建设、促进经济社会发展、提高教育和医疗水平所作努力的前提下，参与北极资源开发利用，使北极地区居民和土著人成为北极开发的真正受益者。

（四）积极参与北极治理和国际合作

中国主张构建和完善北极治理机制。坚持依法规范、管理和监督中国公民、法人或者其他组织的北极活动，努力确保相关活动符合国际法并尊重有关国家在环境保护、资源养护和可持续利用方面的国内法，切实加强中国北极对外政策和事务的统筹协调。在此基础上，中国积极参与北极国际治理，坚持维护以《联合国宪章》和《联合国海洋法公约》为核心的现行北极国际治理体系，努力在北极国际规则的制定、解释、适用和发展中发挥建设性作用，维护各国和国际社会的共同利益。

中国主张稳步推进北极国际合作。加强共建"一带一路"倡议框架下关于北极领域的国际合作，坚持共商、共建、共享原则，重点开展以政策沟通、设施联通、贸易畅通、资金融通、民心相通为主要内容的务实合作，包括加强与北极国家发展战略对接、积极推动共建经北冰洋连接欧洲的蓝色经济通道、积极促进北极数字互联互通和逐步构建国际性基础设施网络等。中方愿与各方以北极为纽带增进共同福祉、发展共同利益。

在全球层面，中国积极参与全球环境、气候变化、国际海事、公海渔业管理等领域的规则制定，依法全面履行相关国际义务。中国不断加强与各国和国际组织的环保合作，大力推进节能减排和绿色低碳发展，积极推动全球应对气候变化进程与合作，坚持公平、共同但有区别的责任原则和各自能力原则，推动发达国家履行在《联合国气候变化框架公约》《京都议定书》《巴黎协定》中作出的承诺，为发展中国家应对气候变化提供支持。中国建设性地参与国际海事组织事务，积极履行保障海上航行安全、防止船舶对海洋环境造成污染等国际责任。中国主张加强国际海事技术合作，在国际海事组织框架内寻求全球协调一致的海运温室气体减排解决方案。中国积极参与北冰洋公海渔业管理问题相关谈判，主张通过制定有法律拘束力的国际协定管理北冰洋公海渔业资源，允许在北冰洋公海开展渔业科学研究和探捕活动，各国依据国际法享有的公海自由不受影响。

在区域层面，中国积极参与政府间北极区域性机制。中国是北极理事会正式观察员，高度重视北极理事会在北极事务中发挥的积极作用，认可北极理事会是关于北极环境与可持续发展等问题的主要政府间论坛。中国信守申请成为北极理事会观察员时所作各项承诺，全力支持北极理事会工作，委派专家参与北极理事会及其工作组和特别任务组的活动，尊重北极理事会通过的《北极海空搜救合作协定》《北极海洋油污预防与反应合作协定》《加强北极国际科学合作协定》。中国支持通过北极科技部长会议等平台开展国际合作。

在多边和双边层面，中国积极推动在北极各领域的务实合作，特别是大力开展在气候变化、科考、环保、生态、航道和资源开发、海底光缆建设、人文交流和人才培养等领域的沟通与合作。中国主张在北极国家与域外国家之间建立合作伙伴关系，已与所有北极国家开展北极事务双边磋商。2010年，中美建立了海洋法和极地事务年度对话机制。自2013年起，中俄持续举行北极事务对话。2012年，中国与冰岛签署《中华人民共和国政府与冰岛共和国政府关于北极合作的框架协议》，这是中国与北极国家缔结的首份北极领域专门协议。中国重视发展与其他北极域外国家之间的合作，已同英国、法国开展双边海洋法和极地事务对话。2016年，中国、日本、韩国启动北极事务高级别对话，推动三国在加强北极国际合作、开展科学研究和探索商业合作等方面交流分享相关政策、实践和经验。

中国支持各利益攸关方共同参与北极治理和国际合作。支持"北极-对话区域"、北极圈论坛、"北极前沿"、中国-北欧北极研究中心等平台在促进各利益攸关方交流合作方面发挥作用。支持科研机构和企业发挥自身优势参与北极治理，鼓励科研机构与外国智库、学术机构开展交流和对话，支持企业依法有序参与北极商业开发和利用。

（五）促进北极和平与稳定

北极的和平与稳定是各国开展各类北极活动的重要保障，符合包括中国在内的世界各国的根本利益。中国主张和平利用北极，致力于维护和促进北极的和平与稳定，保护北极地区人员和财产安全，保障海上贸易、海上作业和运输安全。中国支持有关各方依据《联合国宪章》《联合国海洋法公约》等国际条约和一般国际法，通过和平方式解决涉北极领土和海洋权益争议，支持有关各方维护北极安全稳定的努力。中国致力于加强与北极国家在海空搜救、海上预警、应急反应、情报交流等方面的国际合作，妥善应对海上事故、环境污染、海上犯罪等安全挑战。

结束语

北极的未来关乎北极国家的利益，关乎北极域外国家和全人类的福祉，北极治理需要各利益攸关方的参与和贡献。作为负责任的大国，中国愿本着"尊重、合作、共赢、可持续"的基本原则，与有关各方一道，抓住北极发展的历史性机遇，积极应对北极变化带来的挑战，共同认识北极、保护北极、利用北极和参与治理北极，积极推动共建"一带一路"倡议涉北极合作，积极推动构建人类命运共同体，为北极的和平稳定和可持续发展作出贡献。

附录二 《中国极地考察数据管理办法》*

第一章 总　则

第一条 为进一步加强和规范我国极地考察数据的管理，保障数据安全，提高开放共享水平，充分发挥极地数据作用，促进我国极地考察业务化工作和科学研究水平不断提高，依据《中华人民共和国国务院第 412 号令》《北极考察活动行政许可管理规定》和《南极考察活动行政许可管理规定》，制定本办法。

第二条 由国家财政支持的极地考察活动获取数据的汇交、保管、公开、共享、使用服务等，适用本办法。由社会资金支持的极地考察活动获取的数据参照本办法执行。

本办法所称极地考察数据（以下简称"数据"），是指我国科研、技术或管理人员在极地考察活动中产生的原始数据和成果数据，包括现场观测数据、样品采集与分析数据以及相关成果数据及元数据等。

第三条 国家海洋局是数据管理的主管部门，负责数据的宏观管理、监督检查和评价考核。

国家海洋信息中心负责数据集中管理和技术指导。

中国极地研究中心负责数据的接收、整理与保管、共享与使用以及国际交流合作。

参加极地考察的单位是数据的生产者和汇交者，负责数据的采集、加工整理和汇交。

第二章　数据采集与汇交

第四条 数据生产者负责数据的采集生产，按照相关的标准规范开展加工整理，形成便于使用的数据。中国极地研究中心负责组织建立数据全生命周期质量控制体系。

第五条 数据汇交包括原始数据、成果数据和元数据的汇交。

---

* 参见国家海洋局极地考察办公室官网，https://chinare.mnr.gov.cn/catalog/policy，最后访问时间：2023 年 6 月 27 日。

（一）原始数据是指极地考察过程中产生的现场记录（包括手工记录、照片和视频等）、仪器自记录原始数据、配置文件，采集样品的实验室分析测试数据以及国际合作与购置数据。

（二）成果数据是指在原始数据基础上加工形成的数据集、数据产品、图件产品和相关报告等。

（三）元数据是指原始数据和成果数据的说明信息，包括数据的获取、处理、仪器设备的检定校准和质量控制等背景信息。

第六条　数据按照以下时限进行汇交：

（一）极地考察过程产生的原始数据在极地考察任务结束后汇交，采集样品的实验室分析测试数据在极地考察任务限定期限内汇交；

（二）极地成果数据在极地考察任务验收前2个月内汇交。

第七条　数据采用集中或者单独报送的方式进行汇交，报送应是电子介质和纸介质的复制件。对于具备网络条件的，优先采用网络传输。

第八条　数据按照以下程序进行汇交：

（一）数据准备与交接。汇交单位按照相应的技术标准规范，完成需汇交数据的整理和内部审查。汇交单位与中国极地研究中心进行数据交接，由中国极地研究中心开具数据交接凭证。

（二）技术查验。中国极地研究中心负责组织对接收的数据从齐全性、完整性、规范性、可读性、安全性及数据质量等方面开展技术查验，并将发现的问题及时反馈汇交单位。

汇交单位须在接到反馈后的20个工作日内完成对问题的处理，并完成补交。

（三）汇交证明。数据汇交全部完成并符合要求后，中国极地研究中心在5个工作日内开具数据汇交证明。

第三章　数据整理与保管

第九条　中国极地研究中心承担数据的整理和保管，对各类数据进行分类管理，并将数据同步汇交到国家海洋信息中心。

第十条　中国极地研究中心负责建立数据的接收、整理、保管和保密、安全等方面的管理制度，建立数据集成和应用平台。国家海洋信息中心建立整合库和综合应用平台。

第十一条　数据完成汇交后原则上应在 30 日之内公开，需要保护的，由汇交者在汇交时办理保护登记手续，自办理手续之日起计算，保护期不超过 2 年。

特殊情况下确需延长保护期的数据，由汇交者向中国极地研究中心提出书面申请，经批准后可延长 1 次，延长期不得超过原保护期。

第十二条　汇交者享有数据的优先使用权。他人申请使用保护期内数据的，经汇交者书面同意后，中国极地研究中心方可向申请人提供。因国家安全和公共利益需要，国家海洋局或由其指定的相关业务支撑单位可以无偿利用保护期内的数据。

第四章　数据共享与使用

第十三条　除国家法律法规及有关政策规定之外，由国家财政支持形成的数据原则上应全部向社会开放共享，共享政策与国际接轨。

第十四条　国家海洋局是数据共享和使用的监管部门。中国极地研究中心负责提供数据和相关技术服务。

第十五条　中国极地研究中心负责建立和维护数据共享平台，并与国家海洋数据共享平台衔接与集成，面向社会公布数据目录清单和公开数据，供公众用户无偿下载。

第十六条　需要申请使用非公开数据的单位或者个人，应当向中国极地研究中心提交申请书，内容包括身份证明、申请数据内容、用途等。

中国极地研究中心应当在受理申请后的 15 个工作日内作出答复。对不予提供的，应当以书面形式作出答复，并说明不提供的理由。对予以提供的，应当在查验结束后的 10 个工作日内完成资料交付。

第十七条　国家海洋局负责对数据进行统筹共享。公众用户使用数据应当遵守法律法规及数据使用协议的规定，充分保障数据权利人的发表权、署名权等各项权利。

第五章　监督管理

第十八条　建立数据汇交通报制度，对数据汇交成绩突出的，按照有关规定予以表彰；数据汇交存在严重问题且不予解决的，不得申请使用数据。

第十九条　未能妥善保管资料造成损失或严重影响的，视情节轻重，追究保管单位相关管理人员和直接责任人责任。

第二十条 使用数据的单位或者个人有弄虚作假骗取数据、改变数据使用用途和擅自提供给第三方使用等行为的，取消其使用数据的资格。

第六章 附 则

第二十一条 涉密数据的汇交、保管与申请使用，执行国家保密相关管理规定。

第二十二条 本办法由国家海洋局负责解释。

第二十三条 本办法自发布之日起实施。

附录三 《北极考察活动行政许可管理规定》

北极考察活动行政许可管理规定[*]

各有关单位：

《北极考察活动行政许可管理规定》已经国家海洋局局长办公会审议通过，现予公布，请遵照执行。

附件：北极考察活动行政许可管理规定

国家海洋局

2017 年 8 月 30 日

（此件主动公开）

第一章 总 则

第一条 为规范我国北极考察活动行政许可行为，保障北极考察活动有序开展，依据《中华人民共和国国家安全法》、《中华人民共和国行政许可法》、《国务院对确需保留的行政审批项目设定行政许可的决定》等规

---

[*] 参见国家海洋局极地考察办公室官网，https://chinare.mnr.gov.cn/catalog/detail?id = 1d5039a207a5402bab8d7d877fa1d7e5&from = zcfggnglgd&currentIndex = 3，最后访问时间：2023 年 6 月 27 日。

定，参照《联合国海洋法公约》、《斯匹次卑尔根群岛条约》等国际条约，制定本规定。

第二条　本规定所称北极考察活动，指在北极地区开展的以探索和认知自然和人文要素为目的的探险、调查、勘察、观测、监测、研究及其保障等形式的活动。

本规定所称北极地区是指北极理事会通过的《加强北极国际科学合作协定》中所认定的地理区域（附录一）。

第三条　公民、法人或者其他组织组织开展涉及以下所列事项的北极考察活动时，应当向国务院海洋主管部门提出申请：

（一）利用国家财政经费组织开展的北极考察活动；

（二）公民、法人或者其他组织开展的其他北极考察活动，主要包括：

1. 在《斯匹次卑尔根群岛条约》适用区域设立固定（临时或长期）考察站、考察装置或进行重大北极考察活动；

2. 在北极的公海及其深海海底区域和上空进行的北极考察活动；

3. 为北极观测需要进行的在北极区域内选址等相关活动；

4. 除前3项情形外，其他需进入我国考察站或接触考察装置等对国家组织的北极考察活动产生直接影响的活动。

第四条　在中华人民共和国境内组织前往北极开展本规定第三条所列北极考察活动的申请、受理、审查、批准和监督管理等事务，适用本规定。

第五条　国家鼓励和支持公民、法人或者其他组织有序开展北极科学考察活动。

对北极考察活动的审批，应当遵循公开、公平、公正、便民、高效的原则。

第六条　公民、法人或者其他组织对本规定第三条所列北极考察活动的行政许可享有陈述权、申辩权；有权依法申请行政复议或者提起行政诉讼。

第七条　公民、法人或者其他组织开展北极考察活动，应当保护北极环境与生态系统，不得违反相关国际条约、中国有关法律法规的规定，并应遵守当地国法律，尊重当地的风俗习惯。

第八条　任何单位和个人对违反本规定的行为有权进行举报，主管部门应当及时核实、处理，在20个工作日内将相关情况反馈举报人。

第二章 申请与受理

第九条 国务院海洋主管部门负责北极考察活动的审批。

第十条 国务院海洋主管部门应当在部门政府网站公示下列与办理北极考察活动相关的行政许可内容：

（一）北极考察活动的行政许可事项、依据和程序；

（二）申请者需要提交的全部材料目录；

（三）受理北极考察活动审批的部门、通信地址、联系电话和监督电话。

国务院海洋主管部门应当根据申请者的要求，对公示的内容予以说明和解释。

第十一条 公民、法人或者其他组织赴北极开展本规定第三条第（一）项、第（二）项的1、2种考察活动前，应当向国务院海洋主管部门提交申请书，并对内容的真实性负责，承担相应的法律责任。申请书包括以下内容：

（一）活动名称；

（二）申请者信息；

（三）活动方案（包括活动目的、意义、活动周期、活动路线、活动区域、活动内容、交通工具和现场后勤支撑能力等）；

（四）中英文环境影响评估文件；

（五）突发事件应急预案；

（六）活动者名单、身份证明材料及身体健康证明材料；

（七）自营船舶或航空器开展活动的，需提供船舶或航空器证书及相应保险合同复印件；租用船舶或航空器开展活动的，需提供租赁合同或者承诺证明；

（八）活动所在国家对活动的要求及履行这些要求的情况。如果活动所在国家要求就考察活动取得批准，应提供考察活动所在国家的批准文件原件及复印件，或者说明取得批准的进度。

第十二条 国家建立北极观测网。国务院海洋主管部门统一规划和管理北极科学观测活动，实现资源优化配置及共享。

公民、法人或者其他组织为开展北极科学观测进行的在北极区域内选址等活动，应当向国务院海洋主管部门提交申请书，并对内容的真实性负责，承担相应的法律责任。申请书包括以下内容：

（一）申请者信息；

（二）选址论证报告；

（三）中英文环境影响评估文件；

（四）观测选址在北极国家管辖范围内的，应当提交选址所在国家对观测活动的要求及履行这些要求的情况。如果观测选址所在国家要求就观测活动取得批准，应提供观测选址所在国家的批准文件原件及复印件，或者说明取得批准的进度。

如活动同时符合本规定第十一条情形的，申请书中还应当包含第十一条所列第（一）、（三）、（五）、（六）、（七）、（八）项内容。

第十三条 公民、法人或者其他组织在北极区域内开展本规定第三条第（二）项中的第4种考察活动前，应当向国务院海洋主管部门提交申请书，并对内容的真实性负责，承担相应的法律责任。申请书包括以下内容：

（一）申请者信息；

（二）对国家组织的北极考察活动产生直接影响的活动内容及必要性说明；

（三）中英文环境影响评估文件，需包含活动对考察站、设备及国家组织的北极考察活动产生的影响评估；

（四）参与活动的人员名单及身份证明材料。

第十四条 国务院海洋主管部门根据北极考察活动对环境的影响程度，对考察活动的环境影响评估实行分类管理。公民、法人或者其他组织应当根据考察活动对北极环境的影响程度，分别组织编制中英文环境影响评估表或者环境影响评估报告书。

第十五条 对北极环境产生轻微或短暂影响的北极考察活动，应当编制环境影响评估表。环境影响评估表应当包括以下内容：

（一）在北极的活动时间、区域、路线、活动概况等；

（二）活动的替代方案及影响；

（三）活动对北极环境可能产生的直接和累积影响分析；

（四）预防和减缓措施及技术可行性分析；

（五）是否符合当地环境生态保护规定及标准；

（六）结论。

第十六条 对北极环境产生较大及重大影响的北极考察活动，应当编制环境影响评估报告书。环境影响评估报告书应当包括以下内容：

（一）在北极的活动时间、区域、路线、活动概况等；

（二）活动的替代方案及影响（包含不开展考察活动的替代方案）；

（三）考察活动区域的环境现状描述与分析；

（四）活动对北极环境可能产生的直接、间接和累积影响预测与分析；

（五）预防和减缓措施及技术可行性分析；

（六）长期环境监测方案及环境管理计划；

（七）是否符合当地环境生态保护规定及标准；

（八）结论。

第十七条 国务院海洋主管部门对申请者提出的申请，应当根据下列情况分别做出处理：

（一）申请事项依本规定不需要审批的，应当即时告知申请者不予受理；

（二）申请事项依法不属于国务院海洋主管部门职权范围的，应当即时做出不予受理的决定，并告知申请者向国家有关行政主管部门提交申请；

（三）申请材料存在可以当场更正错误的，应当允许申请者当场更正并重新提交，但申请材料中涉及技术性的实质内容除外；

（四）申请材料不齐全或者不符合法定形式的，应当当场或者在5日内一次告知申请者需要补正的全部内容，逾期不告知的，自收到申请材料之日起即为受理；补正的申请材料应当在告知之后5日内补交，仍然不符合有关要求的，国务院海洋主管部门可以要求继续补正；

（五）申请材料齐全、符合法定形式，或者申请者按照要求提交全部补正申请材料的，应当受理申请。

第十八条 国务院海洋主管部门受理或者不予受理活动申请的，应当出具加盖国务院海洋主管部门专用印章和注明日期的书面凭证。

第十九条　活动申请受理之后至行政许可决定做出前，申请者书面要求撤回申请的，国务院海洋主管部门终止办理，并通知申请者。

第二十条　变更下列内容之一的，申请者应当向国务院海洋主管部门提交变更申请：

（一）活动周期；

（二）活动者名单及基本情况。

第二十一条　有下列情况之一的，应当重新申请：

（一）改变活动的目的、内容及预期目标；

（二）超过批准的有效期限进行活动的；

（三）其他重大事项的改变。

第三章　审查与决定

第二十二条　国务院海洋主管部门在受理申请后，应当对活动的安全性、科学性、可行性、规划性、环保性等进行审查。

第二十三条　国务院海洋主管部门自受理申请之日起二十个工作日内作出行政许可决定。二十个工作日内不能作出决定的，经国务院海洋主管部门负责人批准，可以延长十个工作日。

第二十四条　国务院海洋主管部门在审查申请时，可以组织专家进行评审，并由专家出具评审建议。

专家评审所需时间不计算在审批期限内。

第二十五条　批准本规定所列活动的，应当颁发许可证；不予批准的，应当以书面形式将理由告知申请者。

第二十六条　许可证应当载明下列内容：

（一）申请者信息；

（二）准许活动的内容；

（三）应履行的义务；

（四）有效期限；

（五）批准机关、批准日期和批准编号。

开展本规定第三条第（一）项、第（二）项的1、2种考察活动的，取得许可证后，应当根据国家北极考察计划安排开展活动。

活动者在开展考察活动时，应携带许可证。

第二十七条　有下列情形之一的，国务院海洋主管部门应当做出不予批准的决定：

（一）申请者为无民事行为能力人、限制民事行为能力人，或者由无民事行为能力人、限制民事行为能力人担任法定代表人的法人或者其他组织；

（二）拟开展的北极考察活动违反有关国际条约的；

（三）不符合国家北极规划的；

（四）对北极环境或生态系统可能造成重大损害的；

（五）因违法被限制再次开展北极考察活动的；

（六）考察活动可能损害我国国家利益的；

（七）隐瞒有关情况或者提供虚假材料的；

（八）考察活动发生突发事件的可能性较大，应制定应急预案的申请者未能制定或者不具备能力实施的；

（九）对国家组织的考察活动可能造成较大负面影响的；

（十）有其他法律、法规禁止的情形的。

第四章　监督管理

第二十八条　公民、法人或者其他组织开展本规定第三条所列考察活动的，活动结束后应当填写报告书，并在30日内提交国务院海洋主管部门。

报告书包括以下内容：

（一）活动概况；

（二）对国家北极考察计划的执行情况；

（三）活动对当地环境的影响及减缓措施；

（四）其他应当报告的事项。

第二十九条　开展本规定第三条第（一）项、第（二）项的1、2种考察活动的活动者应将北极考察活动所获得的数据、资料、样品和成果妥善保存，按国家档案管理要求及时归档，并按国务院海洋主管部门的有关样品和数据的管理办法交汇和共享。

第三十条　国务院海洋主管部门发现本部门工作人员违反规定准予北极考察活动行政许可的，应当立即予以纠正。

第三十一条 国务院海洋主管部门对考察活动行政许可的实施情况进行监督检查。被检查者应当配合监督检查工作。

国务院海洋主管部门现场履行监督检查职责时，可以采取以下措施：

（一）要求被检查者出示许可证；

（二）要求被检查者就执行许可证的情况做出说明；

（三）对被检查者在许可证允许范围内在北极使用的设施、装备、车辆、船舶、航空器、保存的记录以及与北极环境和生态系统保护相关的事项进行检查；

（四）要求被检查者停止违反本规定或超出行政许可授权的行为，履行法定义务。

第三十二条 未取得行政许可开展本规定第三条所列北极考察活动的，国务院海洋主管部门应当记录其违规情节，可以不予批准其再次开展北极考察活动；情节严重的，通报有关主管部门进行行政处罚；构成犯罪的，依法追究刑事责任。

申请者隐瞒有关情况或者提供虚假材料申请许可证，国务院海洋主管部门不予受理或者不予行政许可，并给予警告。

申请者以欺骗、贿赂等不正当手段取得许可证的，或未按照许可证批准范围开展本规定第三条所列北极考察活动的，国务院海洋主管部门应当撤销许可证，记录其违规情节，可以不予批准其再次开展北极考察活动；情节严重的，由有关主管部门依法进行处罚；构成犯罪的，依法追究刑事责任。

违反本规定第二十八、二十九条规定，或不配合监督检查工作的，国务院海洋主管部门应当记录其违规情节，可以不予批准其再次开展北极考察活动；情节严重的，通报有关主管部门进行行政处罚。

第五章 附 则

第三十三条 本规定由国务院海洋主管部门负责解释，自颁布之日起实施。

附录 《加强北极国际科学合作协定》认定的地理区域

为本协定目的而认定的地理区域由下列每一缔约国各自描述，包括本协定缔约国政府行使主权、主权权利或管辖权的区域，其中包括这些区域内的陆地、内水和符合国际法的邻接的领海、专属经济区和大陆架。认定的地理区域还包括北纬62度以北公海上的国家管辖范围以外区域。

缔约国同意，认定的地理区域仅为本协定的目的而描述。本协定的任何条款不影响任何海洋法定权利的存在或界定，或国家之间依据国际法所划定的任何边界。

加拿大：加拿大育空地区、西北地区和努纳武特地区的领土及邻接的加拿大海域。

丹麦王国：丹麦王国领土，包括格陵兰岛和法罗群岛以及格陵兰岛专属经济区和法罗群岛渔业区最南端以北的海域。

芬兰：芬兰领土及其海域。

冰岛：冰岛领土及其海域。

挪威：北纬62度以北海域和北极圈（北纬66.6度）以北的陆地。

俄罗斯联邦：

1. 摩尔曼斯克地区的领土；

2. 涅涅茨自治区的领土；

3. 楚科奇自治区的领土；

4. 亚马尔-涅涅茨自治区的领土；

5. "沃尔库塔"自治区的领土（科米自治共和国）；

6. 阿莱科霍夫区、阿纳巴尔民族（多尔干-埃文克）区、布伦区、尼日涅科列姆斯克区、乌斯季延区（萨哈自治共和国（雅库特））的领土；

7. 诺里尔斯克市区、泰梅尔多尔干-涅涅茨自治区、图鲁汉斯克区（克拉斯诺亚尔斯克地区）的领土；

8. "阿尔汉格尔斯克市"、"梅津自治区"、"新地岛"、"新德文斯克市"、"奥涅加自治区"、"普里莫尔斯基自治区"、"北德文斯克（阿尔汉格尔斯克地区）"的领土；

9. 苏联中央执行委员会常务委员会1926年4月15日"关于宣布苏维埃社会主义共和国联盟在北冰洋的陆地和岛屿上的领土的公告"的决议以及苏联其他法律中确认的北冰洋上的陆地和岛屿；

及其邻接的海域。

注：上述 5-8 项中所列的自治区的领土以 2014 年 4 月 1 日的划界为准。

瑞典：北纬 60.5 度以北的瑞典领土及其海域。

美利坚合众国：北极圈以北和波丘派恩河、育空河与卡斯科奎姆河构成的边界以北和以西的所有美国领土；阿留申岛链；及其北冰洋和波福特海、白令海和楚科奇海上的邻接海域。

附录四 《中华人民共和国国务院令（第 412 号）》^{*}

现公布《国务院对确需保留的行政审批项目设定行政许可的决定》，自 2004 年 7 月 1 日起施行。

总理　温家宝
二〇〇四年六月二十九日

国务院对确需保留的行政审批项目设定行政许可的决定

依照《中华人民共和国行政许可法》和行政审批制度改革的有关规定，国务院对所属各部门的行政审批项目进行了全面清理。由法律、行政法规设定的行政许可项目，依法继续实施；对法律、行政法规以外的规范性文件设定，但确需保留且符合《中华人民共和国行政许可法》第十二条规定事项的行政审批项目，根据《中华人民共和国行政许可法》第十四条第二款的规定，现决定予以保留并设定行政许可，共 500 项。

为保证本决定设定的行政许可依法、公开、公平、公正实施，国务院有关部门应当对实施本决定所列各项行政许可的条件等作出具体规定，并予以公布。有关实施行政许可的程序和期限依照《中华人民共和国行政许可法》的有关规定执行。

---

* 参见国家海洋局极地考察办公室官网，https://chinare.mnr.gov.cn/catalog/detail?id=aec0b83a214b4fc5a8dba85d767b36ab&from=zcfggnglgd&currentIndex=3，最后访问时间：2023 年 6 月 27 日。

附件：国务院决定对确需保留的行政审批项目设定行政许可的目录

序号	项目名称	实施机关
447	南、北极考察活动审批	国家海洋局

备注：

1. 鉴于投资体制改革正在进行，涉及固定资产投资项目的行政许可仍按国务院现行规定办理。

2. 按规定应当由国务院决定的事项，按照规定程序办理。

3. 按规定应当由其他部门决定或者应经其他部门审核的事项，按照现行规定办理。

附录五 《中国的南极事业》[*]

2017年5月22日，中国政府首次发布白皮书性质的南极事业发展报告——《中国的南极事业》，全面回顾中国南极事业30多年以来的发展成就。

前 言

南极对全球气候变化和人类生存发展具有重要影响。探索南极未知，增进科学知识，保护南极环境，促进人类社会可持续发展，是全人类的共同使命。

经过30多年的发展，中国的南极事业从无到有，由小到大，取得了举世瞩目的辉煌成就。中国是国际南极治理机制的参与者、维护者和建设者。作为南极条约协商国，中国坚定维护《南极条约》宗旨，保护南极环境，和平利用南极，倡导科学研究，推进国际合作，努力为人类知识增长、社会文明进步和可持续发展作出应有的贡献。

---

[*] 参见中央人民政府官网，https://www.gov.cn/xinwen/2017-05/23/content_5196076.htm，最后访问时间：2023年6月27日。

适逢第40届南极条约协商会议召开之际，中国政府愿借此机会介绍中国南极事业的发展，以加强了解、增进互信、深化合作，与国际社会一道共同推进南极事业的可持续发展。

一　中国发展南极事业的基本理念

南极地处荒寒之隅，四面环海，环境独特，是探求地球演变和宇宙奥秘的天然实验室，对全球气候变化具有关键影响。南极作为全球环境和资源的新空间，对人类发展进程具有十分重要的意义。

以《南极条约》为核心的南极条约体系是国际社会处理南极事务的法律基石。《南极条约》对于主权的处理，体现了人类文明发展和治理智慧的进步。南极条约体系保证了和平利用，保障了科学自由，促进了国际合作，对保护南极环境和生态系统做出了重大贡献。

中国一贯支持《南极条约》的宗旨和精神，秉持和平、科学、绿色、普惠、共治的基本理念，致力于维护南极条约体系的稳定，坚持和平利用南极，保护南极环境和生态系统，愿为国际治理提供更加有效的公共产品和服务，推动南极治理朝着更加公正、合理的方向发展，努力构建南极"人类命运共同体"。

中国致力于提升南极科学认知。中国鼓励开展南极考察和科学研究，加大科学投入，加强南极科学探索和技术创新，增强南极科技支撑能力，普及南极科学知识，增进南极认知积累，不断提升国际社会应对全球气候变化的能力。

中国致力于加强南极环境保护。中国主张南极事业发展以环境保护为重要方面，倡导绿色考察，提倡环境保护依托科技进步，保护南极自然环境，维护南极生态平衡，实现可持续发展。

中国致力于维护南极和平利用。中国秉持"相互尊重、开放包容、平等协商、合作共赢"的理念，维护南极和平稳定的国际环境，遵守南极条约体系的基本目标和原则，坚持以和平、科学和可持续的方式利用南极。

二 南极考察历程

中国南极考察以探索未知、增进认知与和平利用为目的，坚持把考察作为保护南极、利用南极的基础，围绕国际南极前沿科学和环境问题开展考察。

中国南极考察始于1980年前后，经历了准备初创阶段（1980年至2000年）和发展壮大阶段（2001年至2015年）。1979年5月，中国成立国家南极考察委员会。1979年12月至1980年3月，中国首次派出两名科学家参加澳大利亚国家南极考察队。1984年11月，中国派出首次南极考察队。30多年来，已初步形成国家南极观测网，建立了以政府机构、研究院所、高等院校等组成的南极基础科学考察和研究体系。中国组织开展了33次南极考察活动，开展了地球科学、生命科学、天文学等多学科考察。先后完成10次内陆冰盖综合考察、2次东南极内陆冰盖大范围航空地球物理调查、7次环南大洋综合海洋调查。建设南北极北斗卫星导航系统基准站，建立南极区域大地基准体系。测绘和编制了覆盖南极近30万平方公里的各类地图400多幅，命名了300余条南极地名，出版了《南北极地图集》。在南极共回收陨石12017块，拥有量位居世界第三，为中国月球和火星等深空探测发挥了重要作用。

经过多年发展，中国在南极综合保障、能力建设、文化宣传和科普教育等方面取得了长足进步。

（一）南极考察基础设施体系初步建成

秉持与国家经济发展规模和速度相匹配的原则，适应科研能力不断增强的趋势，逐步建设和完善南极考察与科学研究的基础设施，满足不断增长的科研需求。1985年在西南极乔治王岛建立首个常年考察站——长城站；1986年，"极地号"抗冰船首航南极。1989年在东南极拉斯曼丘陵建立第二个常年考察站——中山站。1994年，"雪龙"号考察船投入使用。1996年，组建内陆考察车队。2007年，在上海建成极地考察国内基地。2009年，在南极内陆冰盖最高点冰穹A上建立首个内陆考察站——昆仑站。2014年，建立具有中继站功能的泰山站（营地）。2015年，首架固定翼飞机"雪鹰601"正式投入南极考察运行。目前，已经初步建成涵盖空基、岸基、船基、海基、冰基、海床基的国家南极观测网，基本满足南极考察活动的综合保障需求。

（二）南极考察活动范围和领域不断拓展

以1984年对西南极南设得兰群岛区域的考察为起点，中国每年都派出考察队开展多学科综合考察。1989年，首次开展东南极拉斯曼丘陵和普里兹湾区域考察。1996年，首次对南极内陆进行考察，成为国际上有能力开展南极内陆考察的8个国家之一。2005年，到达南极冰盖最高点冰穹A地区展开考察，成为首个从陆路到达该区域的国家。在2007年至2008年的国际极地年期间，组织实施普里兹湾—埃默里冰架—冰穹A的综合大断面考察计划（英文简称"PANDA计划"）。2012年，启动实施国家"南北极环境综合考察与评估"专项。自1986年起先后7次完成环南大洋考察。2012年加入南大洋观测系统（SOOS）。

（三）南极文化宣传和科普教育成果丰硕

中国坚持推动南极知识普及和文化传播。目前已在国内11个城市建立1个极地科普馆和10个极地科普基地，开展公众开放、科普展览、知识竞赛、专题讲座等经常性极地科普宣传活动。举办了9届包含南极知识在内的全国大中学生海洋知识竞赛，并将南极知识写入中小学教材，增进社会公众，尤其是青少年对南极的科学认知。

三 南极科学研究

中国将南极科学研究作为认识南极、保护南极、利用南极的重要途径，持续加大南极基础科学研究力度，积极开展国际南极科学前沿问题研究，在南极冰川学、空间科学、气候变化科学等领域取得一批突破性成果。依托南极考察活动，组织全国科研力量和资源参与南极科学研究，初步建立一支门类齐全、体系完备、基本稳定的科研队伍，组建涵盖南极海洋、测绘遥感、大气化学等领域的重点实验室，推动南极科学研究由单一学科研究向跨学科综合研究发展。

南极科学研究水平稳定上升。中国科学家在南极科研领域发表的《科学引文索引》（SCI）论文数量从1999年的19篇上升到2016年的157篇，目前全球位居前 10 位。先后在《自然》（Nature）、《科学》（Science）等国际顶级杂志发表论文 3 篇，实现了中国在南极科研领域的重要突破。中国南极科研覆盖了太空、大气、海洋、冰川、地体所有的南极垂直圈层。国家自然科学基金和国家科技计划不断加大对南极研究的投入。据不完全统计，2001 年至 2016 年的科研项目投入达 3.1 亿元人民币，是 1985 年至 2000 年的 18 倍。

在海洋科学调查与研究领域，在船基平台基础上，发展潜标、浮标等多种原位观测技术，形成多学科海洋观测系统平台，在物理海洋学、生物海洋学、海洋化学、海洋气象学、海洋生物学等方面取得显著进展。

在南极冰川学观测与研究领域，完成中山站至昆仑站断面综合观测研究，安装多套自动气象站，获得系统的冰川化学、冰川物理学、气象气候学综合数据和冰下地形数据。完成冰穹 A 冰厚分布及其冰盖下甘布尔采夫山脉地形的详细勘测，在国际上首次揭示该山脉核心区域高山纵谷的原貌地形，在南极冰盖起源与演化研究方面取得重大突破。在昆仑站所在的南极内陆冰穹 A 区域建立深冰芯钻探系统，钻取深度已达 800 米，可为反演十万年乃至百万年时间尺度气候变化提供信息。

在固体地球科学观测与研究领域，建立菲尔德斯半岛区域地层序列，测定火山地层年代，在普里兹湾识别出泛非期构造热事件，突破传统南极大陆形成模式。开展格罗夫山区域的地质调查与研究，详细描述了上新世早期以来东南极冰盖进退演化历史过程，丰富了科学界对全球海平面升降变化的认识。开展埃默里冰架东缘-普里兹湾沿岸地区地质调查，编制普里兹造山带 1∶50 万地质图，确认了南极泛非期普里兹构造带为碰撞造山带。利用自主遥感卫星数据，完成查尔斯王子山、格罗夫山等地区 1∶5 万比例尺地形图测绘。调查东南极西福尔丘陵东南侧带状冰碛物，确定该区域存在年龄达 35 亿年的古太古代地块，说明物源区的岩石组成相对较为单一。在南极内陆成功布设 10 台南极内陆天然地震计，初步具备对格罗夫山和拉斯曼丘陵天然地震的连续监测能力，获得南极板块高精度地壳与岩石圈结构。开展南极航空摄影测量工作，获得拉斯曼丘陵、菲尔德斯半岛地区航空影像图和航测地形图。完成南极遥感参数的现场采集和标定等工作，开展遥感测图、冰流速和冰雪变化等研究。

在大气科学观测与研究领域，在南极建立长城气象站和中山气象台，纳入南极基本天气站网（ABSN）和南极基本气候站网（ABCN），并加入世界气象组织的观测网。长城站和中山站的气象资料已有30年，成为研究南极气候变化的重要基础。2002年以来，先后在南极冰盖上安装6套自动气象站，获取的数据填补了中山站到冰穹A观测资料的空白。在极区大气边界层结构和能量平衡、大气环境、海冰变化规律、海—冰—气相互作用及对我国气候影响的遥相关机制等方面取得重要成果。

在气候变化研究领域，南极普里兹湾73°E的多学科监测断面被纳入国际气候变化及预报（CLIVAR）长期监测断面及监测系统。开展南大洋海冰自身变化规律研究及海冰变化与地球气候系统特别是与中国气候的关系研究。发现南大洋水团对全球变化的不同响应趋势，并揭示该区域主要生源要素生物地球化学的作用特征和行为方式，建立了南大洋碳循环和碳通量估算的技术和方法。在南极绕极流、南大洋的锋面和涡旋、普里兹湾的环流、海洋-冰架相互作用等领域取得重要进展。

在空间科学观测与研究领域，利用南极中山站特殊地理位置，建立极区高空大气物理观测系统，并纳入"东半球空间环境地基综合监测子午链"国家重大科技基础设施项目（"子午工程"），到2010年，建成南北极共轭观测对，观测要素涵盖极光、极区电离层和地磁。利用观测数据对极隙区电离层特征进行了系统研究，并在国际上首次观测到极区等离子体云块的完整演化过程。

在南极天文观测与研究领域，在昆仑站安装3套南极天文保障平台，完成南极冰穹A地面视宁度的实测，获得极夜期间天光背景亮度、大气消光、极光影响等实测数据。开展对大气边界层高度和大气湍流强度的监测，对太赫兹波段透过率进行了连续监测，借助2台南极巡天望远镜（有效通光口径50cm）和1台南极亮星巡天望远镜（有效通光口径30cm）获得了大量巡天数据，为我国太空观测从北半天拓展到南半天奠定了基础。

在生命科学观测与研究领域，实施菲尔德斯半岛陆地、淡水、潮间带和浅海生态系统的考察研究，定量分析各亚生态系统的关键成分和主要特征，建立生态系统相互作用模型。从2012年起，在南极长城站开展生态环境本底考察，初步确立长城站区域生态环境观测站点、观测要素与观测方法体系。开展极端环境下的医学研究，对考察队员进行系统生理和心理适应性研究，获得不同环境、考察时间和任务的生理心理适应模式，探讨了南极特殊环境下生命科学的基础问题。

在开展南极基础科学研究的同时，中国还十分重视南极科研成果的应用与服务，探索建立南极科研应用服务体系和制度机制，逐步扩大服务领域。依托国家"863"计划、"973"计划和国家科技支撑计划，开展冰盖稳定性、海—冰（冰架）—气相互作用、海洋酸化等国际重大科技前沿问题专项研究，对政府间气候变化专门委员会（IPCC）的全球气候变化科学评估工作做出重要贡献。建立南极海冰和大气数值预报系统，每天定时提供南极地区数值天气和海冰预报产品。加入国际南极数据共享平台，建立中国极地科学数据共享网和标本资源共享平台，促进南极数据和样品全球共享。着眼南极科技发展对资源可持续利用的关键作用，设立南极海洋生物资源开发与利用项目，开展南极磷虾科学调查、探捕评估工作。开展南极海冰密集度遥感数据分析，为在极区航行的中外船舶提供航线规划参考和冰区航行导航服务。

四 南极保护与利用

中国将保护南极作为关乎全人类可持续发展的重要方面，主张在南极条约体系框架下，保护南极环境和生态系统，和平利用南极，促进可持续发展。

（一）法规制度建设

中国依据南极条约体系的要求，制定国内法规和规范性文件，在和平利用南极的同时，规范管理南极活动，有效保护南极环境和生态系统。2004年，中国国务院颁布第412号令，对南、北极考察活动实行审批制度。2014年，中国国家海洋局发布《南极考察活动行政许可管理规定》，对可能给南极环境和生态系统带来较大影响的6类活动进行许可管理，将环境影响评估文件作为申请南极考察获得许可的必要材料之一。中国还持之以恒推进南极立法，致力于将南极环境保护与利用工作纳入更高层级的法制化轨道。此外，中国国家海洋局还颁布了《极地考察要素分类代码和图式图例》（HY/T221-2017）等 3 项海洋行业标准，推进极地考察工作规范化发展。

（二）环境保护措施

中国南极考察形成了"以南极条约体系的相关规定为核心，以法规制度为主线，以现场措施及设备配置为实践"的环境保护和管理体系，将南极环境保护工作的重心由事中向事前转移，形成"事前管控、事中严控、事后巡控"的环保管理格局。中国要求所有南极考察项目必须首先进行环境影响评估；对赴南极现场工作的人员进行有针对性的教育和培训；在考察站区建立先进的废物、污水处理系统，实行垃圾分类管理措施，尽可能减少产生废物的总量并尽可能将废弃物带回国内处理；对"雪龙"号考察船燃油和动力系统进行升级改造，使用更加环保的轻油作为燃料，与正在新建的极地考察破冰船一起，切实遵守南极条约体系有关防止海洋污染的规定以及国际海事组织（IMO）制定的极地航行规则。在历次南极考察中设置环境督导官员，负责环境保护督导工作。近年来，中国更是将考察站区的环境整治作为重点任务之一，以实际行动遵守南极环保要求，履行国际义务。针对中国南极游客不断增多的趋势，要求国内从事南极旅游的经营者熟悉国际规则和操作模式，切实做好南极环境保护和游客安全等工作。

（三）参与南极区域保护和管理

中国重视有特殊价值南极区域的保护和管理工作，依据《关于环境保护的〈南极条约〉议定书》确立的区域保护和管理机制，单独或联合设立了多个南极特别保护区和南极特别管理区。2008 年，中国首次主动、单独提议设立了格罗夫山哈丁山南极特别保护区。中国还与澳大利亚、俄罗斯、印度等国联合提议设立了阿曼达湾南极特别保护区、斯托尼斯半岛南极特别保护区和拉斯曼丘陵南极特别管理区，确保这些区域的环境得到有效保护，促进了有关各方的交流合作。目前，中国正积极推动设立冰穹 A 昆仑站南极特别管理区，以保护冰穹 A 区域特殊的科学和环境价值。中国还在南极长城站站区设立了两个历史遗址和纪念物，以纪念作为国际南极考察活动重要组成部分的中国南极考察工作。

（四）生物资源研究与利用

中国注重对南极海洋生物资源的合理利用，严格根据南极海洋生物资源养护委员会制定的养护措施，参与磷虾资源和生态系统的科研评估，可持续开发利用南极磷虾资源。从 2009 年开展南极磷虾捕捞作业以来，截至 2016 年 11 月底，年均磷虾产量约 3 万吨。

中国还稳步开展南极生物勘探工作，在鱼类基因组及其进化、微生物多样性与新型酶和活性次级代谢物研究等重要方面形成了众多新认识。中国在南极微生物菌株资源储备和研究方面取得重要进展，微生物培养技术、微生物多样性的非培养技术得到大幅提升。极地微生物的保藏储备在5000 株以上，已经鉴定并在《国际系统与进化微生物学》（IJSEM）等国际刊物上发表新属 5 个、新种 28 个。

五 参与南极全球治理

中国是南极条约体系的坚定维护者，认为南极条约体系是维护南极地区和平、稳定、合作的基石。中国鼓励国际合作，保护南极环境和生态系统，合理利用南极海洋生物资源。中国主张各国南极活动应遵守《南极条约》等国际公约、条约和协定，在国际南极事务中平等协商、一致决定，致力于人类更好地认识南极、保护南极、利用南极。中国积极参与南极全球治理，将南极视为打造人类命运共同体的最佳实践区，努力为人类和平利用南极提出中国理念，贡献中国智慧。

1983 年，中国批准加入《南极条约》。1985 年，中国成为南极条约协商国。1994 年，中国批准《关于环境保护的〈南极条约〉议定书》，之后又陆续批准了该议定书的 5 个附件，并在南极活动中予以严格执行。2006年，中国批准加入《南极海洋生物资源养护公约》，并成为南极海洋生物资源养护委员会成员国，开始全面参与南极海洋生物资源的养护和合理利用。1986 年，中国成为南极研究科学委员会的正式成员国。1988 年，中国成为国家南极局局长理事会的创始成员国。

1985 年以来，中国作为南极条约协商国派团出席了历届南极条约协商会议，积极参与相关管理规则的讨论和制定，先后单独或联合提交了 74 份工作文件和信息文件。2007 年以来，中国每年派团参加南极海洋生物资源养护委员会和科学委员会会议，积极参与科学研究监测与评估、养护措施的制定与执行工作和决策。中国重视南极区域保护和管理工作，倡导以保护科学价值和环境价值等为目标，合理开展南极区域保护。中国致力于务实建立罗斯海保护区、强调保护和利用双重目标之间的平衡。中国积极主张的合理利用、科研自由、建立本底数据和标准化的科研监测计划以及日落条款等观点，被纳入国际社会设立的罗斯海保护区的养护措施。中国认为，罗斯海保护区的建立是所有成员国多年共同努力的结果，科学依据是实现保护区设立目标的基础，各方应以保护区建立为起点，加强委员会在保护区科研和监测等方面的合作，为有效实现保护区的养护目标做出贡献。中国积极参加南极条约协商会议等会间工作组工作，对推进相关议题讨论、规则制定发挥了重要作用。

中国认真行使《南极条约》赋予的权利，重视开展南极视察工作，确保南极的和平利用与环境保护。1990年、2015年，分别对南极乔治王岛地区部分考察站进行视察，并向南极条约协商会议提交视察报告。

中国认真履行《南极条约》各项国际义务，积极开展信息交换。中国在2008年、2013年、2014年南极条约协商会议上分别提交中国南极昆仑站、泰山站（营地）、罗斯海维多利亚地新建站的初步或综合环境影响评估报告。积极参与电子信息交换系统的建设完善，按时提交季前、年度及基础信息。

中国重视支持南极国际组织的管理和运行工作，选派人员参与日常工作，推荐专家担任重要职务。先后有多人担任南极海洋生物资源养护公约科学委员会、国家南极局局长理事会、南极研究科学委员会的副主席。中国注重参与南极研究科学委员会和国家南极局局长理事会的各项工作，履行相关义务，推动国际科研项目的协调和科学成果的交流，促进南极后勤保障和考察站运行管理的国际合作。

中国认为，南极治理与全球治理紧密关联，主张秉持《南极条约》的有关宗旨和精神，不断加强科学研究和国际合作，积极应对海洋保护和可持续利用以及气候变化等全球性挑战，注重船舶在极地水域的航行安全和环境保护。

中国一贯重视极地科学数据的管理和共享，积极为国际南极治理提供公共产品和服务。1999年，中国建立极地科学数据库系统。2003年，中国成立国家南北极数据中心，并加入南极研究科学委员会（SCAR）下属的南极数据管理委员会（SCADM）。2013年，中国成为南大洋观测系统数据委员会（SOOS-DMSC）成员，正式参与南大洋观测系统的数据管理与共享工作。中国正在申请成为世界数据系统（WDS）的正式成员，积极参与可持续北极观测网（SAON）和北极数据委员会（ADC）的数据政策与共享机制讨论。中国为100余项国际科研项目提供了信息数据服务，用户来自美国、俄罗斯、印度、日本、英国等10多个国家和地区。中国还向国际社会发布极地生物、极地冰雪、极地岩矿、极地陨石和极地沉积物5大类标本信息。

六　国际交流与合作

中国认为，南极国际交流与合作是开展和拓展南极事业的最重要内容之一。中国秉持《南极条约》的国际合作精神，积极拓展国际合作领域，加大国际合作力度，努力推动多边、双边和区域国际合作，打造南极合作伙伴关系网络。

（一）多边交流与合作

多边国际合作是中国积极开展南极国际交流与合作的最重要平台。中国加入了《南极条约》《关于环境保护的南极条约议定书》《南极海洋生物资源养护公约》等，并在其中发挥了重要乃至引领作用。中国积极参与国际重大科研项目合作。2007年，中国首次参与第四次国际极地年活动组织和策划，制定了"国际极地年中国行动计划"，在南极执行中国"PANDA计划"、国际合作计划和数据共享与公众宣传计划。2014年，中国参与国际南极科技发展规划的"南极和南大洋地平线扫描"及技术保障规划"南极路线图挑战"的研讨及制定。中国参与国际南大洋观测系统（SOOS），组织该系统亚洲研讨会，加入南大洋观测系统数据管理委员会。

（二）双边交流与合作

双边科研合作是中国积极开展南极国际交流与合作的最重要途径。在南极考察与科学研究领域，中国积极开展与相关国家的双边合作，打造南极合作伙伴关系网络。中国和美国在南极科学研究中开展多项合作，南极合作已纳入中美战略与经济对话成果清单。中国和俄罗斯持续加强南极合作，科研合作已纳入两国政府间海洋领域合作协议框架，并在后勤设施共享方面开展务实合作。中国和挪威在极地领域交流顺畅，两国关系实现正常化后，双方正商讨于2017年签署部门间南北极合作的谅解备忘录。中国与比利时、德国、法国、意大利、英国和欧盟等在南极研究、保障、科普等领域也开展广泛合作，高校和研究机构之间的交流互访频繁，还签署了多个政府间或研究机构间合作协议。

中国和大洋洲、南美洲国家在南极考察领域的合作源远流长，在现场考察、合作研究等方面开展了深入合作。2014年，中国和澳大利亚签署《关于南极与南大洋合作的谅解备忘录》和《南极门户合作执行计划》。1999年，中国和新西兰签署了南极合作的声明。2014年，两国又签署《关于南极合作的安排》。中国与智利在南极领域一直保持良好合作关系，两国在南极半岛地区共同开展3次联合航次考察。2010年，两国还签署了所际间极地研究合作协议。2016年，中国与乌拉圭签署《关于南极领域合作的谅解备忘录》。中国与秘鲁、巴西等南美国家的有关南极事务的合作和交流也在不断深化。

中国在亚洲国家南极考察和研究合作中发挥了建设性作用，为区域内国家开展南极考察提供了有效的支撑保障平台。中国与日本、韩国在南极考察和研究中的交流与合作由来已久，研究机构之间签订双边合作协议，在现场考察中加强互助和协调。中国推动区域国家加强南极交流与合作，与日本、韩国倡导发起成立了"极地科学亚洲论坛"。该论坛是亚洲唯一的区域性极地科学合作组织，目的在于加强亚洲国家之间的协调，鼓励和推进亚洲国家在极地科学研究方面的合作与发展，目前共有5个正式成员国和4个观察员国。2013年和2016年，中国和泰国分别签署了所际间《南极合作谅解备忘录》和《极地科学研究合作谅解备忘录》，支持泰方科学家参与中国南极考察。

（三）其他交流与合作

中国南极事业的发展离不开国际合作与支持，在考察站建设、运行和救援等方面与澳大利亚、俄罗斯、美国、新西兰、智利等国开展了相互协作。随着南极活动能力的持续提升，中国秉承《南极条约》的合作精神，互惠互助，积极开展后勤、人员培训、搜救等方面的国际合作。中国长城站与周边智利、俄罗斯、乌拉圭、韩国、阿根廷等站点，中山站与周边俄罗斯、印度、澳大利亚站点，在交通运输、物资支持、医疗援助等后勤工作方面保持经常性的互助合作。

"雪龙"号考察船和"雪鹰601"固定翼飞机发扬国际人道主义精神，多次参与南极救助行动。2013年至2014年，"雪龙"号考察船与澳大利亚"南极光"号考察船通力合作，成功救援俄罗斯"绍卡利斯基院士"号船。2016年，"雪龙"号考察船参与澳大利亚的"南极光"号破冰船在莫森站搁浅的事故救援。2015年至2016年，"雪鹰601"固定翼飞机参与澳大利亚戴维斯站飞行员遇险事故的救助。

中国重视和其他南极事务的利益攸关方加强对话和交流。

七　愿景与行动

南极关乎人类生存和可持续发展的未来，建设一个和平稳定、环境友好、治理公正的南极，符合全人类共同利益。作为南极条约协商国，中国将坚定不移地走和平利用南极之路，坚决维护南极条约体系稳定，加大南极事业投入，提升南极基础设施和综合保障能力，提高南极科学考察和研究水平，增强南极环境保护能力，推动南极国际交流与合作，在南极全球治理中发挥更加积极的建设性作用，提供更加有效的公共产品和服务，加强南极知识和文化的宣传教育，提升社会公众南极意识。

2016年，中国发布《国民经济和社会发展第十三个五年规划纲要》，提出要实施"雪龙探极"重大工程。"十三五"是中国全面推进海洋强国建设的关键时期，通过新建南极考察站、新建先进破冰船、提升南极航空能力、初步构建南极区域的陆—海—空观测平台、研发适用于南极环境的探测技术装备、建立南极环境与资源潜力信息和业务化应用服务平台等措施，中国希望在深入推进极地科学认知的基础上，大力增强保护南极、利用南极以及参与南极治理的能力，推动中国南极事业迈上新台阶。

未来，中国愿意与国际社会一道，共同认识南极、保护南极、利用南极，推动建立更加公正合理的国际南极治理机制，携手迈进，打造南极"人类命运共同体"，为南极乃至世界和平稳定与可持续发展做出新的更大的贡献。

后　记

本书是以我的博士学位论文为基础修改完善而来的。

从 2014 年我开始接触北极问题至今，不知不觉已有十个年头，光阴荏苒，感慨万千。2014 年 9 月，我成为中国海洋大学国际关系专业硕士研究生，开启了对北极问题的求知之路。孙凯教授是我的硕士生导师，更是我从事北极学术研究的领路人，引导我对美国北极问题进行学术探索。孙老师手把手地教我学术写作，在发给我的论文修改稿中，常是密密麻麻的修改意见，并附有解释和说明，让我快速地掌握写作的基本要求和技巧。在孙老师的指导下，我尝试运用国际关系的基本理论方法对冷战后历届美国政府北极政策文件展开分析，并发表了 6 篇相关论文，这极大地鼓舞了我继续从事北极问题研究。在海大求学期间，我还有幸得到了刘惠荣教授、郭培清教授、白佳玉教授、董跃教授、陈奕彤教授等极地领域知名专家的指导与帮助，这开阔了我对北极问题的研究视野和研究思路。

我还要感谢马建英副教授，马老师专业功底深厚，学术思维活跃，在学术方向选择、学术论文写作等方面给予了我诸多指导。我时常就当下国际热点问题，特别是美国政治与外交问题向他请教，马老师总是能够给我一种新颖独到的分析思路或写作视角，让我豁然开朗，感叹国际问题研究竟如此有趣。在他的影响下，我在硕士阶段就将美国对华战略确立为我的研究兴趣之一，并坚持至今。

2017 年 9 月，我有幸进入我的博士生导师丁煌教授领衔的国家领土主权与海洋权益协同创新中心中国极地政策与极地权益研究创新团队，开始了对中国参与北极事务问题的跨学科研究。丁老师鼓励我从公共治理的视角去解读中国参与北极问题，将其作为公共事务治理的重要对象进行分析,为中国参与北极事务提供理据。在丁老师的指导下,我关注到极地科技发展对中国参与北极治理的战略意义,并将博士学位论文的方向聚焦于此,探讨提升中国参与北极治理能力的科技发展路径。2020年初,武汉疫情肆虐,当时的我滞留在家中无法返校,心中满是焦虑。丁老师身在疫区却不忘关心和鼓励我,让我保重身体,不要紧张,安心写作。在丁老师的关心指导下,我最终顺利毕业,获得博士学位,也因此倍加感谢丁老师的关心和帮助。

我还要感谢武汉大学阮建平教授。读博期间我对美国北极问题,特别是特朗普政府的北极政策保持动态关注,时常就相关问题请教阮老师,阮老师在百忙之中抽出时间就相关学术问题与我进行讨论,其间,还热心地向我分享他在大学时期读书的心得,勉励我求学期间多读书,不断提升理论素养。与阮老师的每一次交流,都让我觉得收获满满。

此外,武汉大学胡德坤教授、匡增军教授、关培凤教授、章成副教授等,也对本书的修改、完善提出了宝贵的意见,在此表示感谢!

2022年2月,俄乌冲突爆发,俄罗斯与美西方的地缘战略博弈逐步延伸至北极地区,北极事务"安全化""政治化"趋势不断增强,中国参与北极事务的国际环境随之恶化,这对中国参与北极治理能力的提升提出了更加迫切的要求。在学院领导的关心和支持下,书稿的修改、完善工作进一步提速,并有幸获得了学院学术专著出版经费的资助。唐土红教授对本书的修改、完善和出版给予了诸多帮助,在此表示衷心感谢!另外,学院2022级研究生纪梓荣、程晴、王温、王澳然和2023级研究生陈柳深五位同学协助我完成了书稿后期的校对工作,他们认真、严谨、细致的学术态度,给我留下了深刻的印象。

我还要感谢家人对我学术研究道路的坚定支持。我的妻子黄雯博士既是我的人生伴侣,又是我的事业合作伙伴,在生活和事业上给予我双重支持。黄雯博士关注美国外交、极地海洋战略问题,与我的研究方向有交叉,这为我们讨论相关问题提供了有利条件。她总是非常认真、严谨地审视我的研究思路,批判性地提出不同意见供我参考,帮助我完善学术作品。在学术事业发展道路上,能有如此人生伴侣,乃一大幸事。

感谢社会科学文献出版社高明秀编辑、齐栾玉编辑,她们为本书的出

后　记

版做了大量的编辑、校对工作,她们细致、严谨的工作态度令人敬佩。

我在研习北极问题期间,直观地感受到北极问题越来越受到国际社会的关注和重视,在域内外国家政策议程中的地位不断提高。与之相呼应,国内外从事北极问题研究的学者快速增加,研究议题不断丰富和拓展,研究成果持续涌现,令人深受鼓舞。不过,当前学界关于中国参与北极治理能力的研究还比较薄弱,尚不深入,本书试图起到抛砖引玉的作用,进一步推动中国参与北极治理能力研究。由于本人水平有限,书中难免存在不足之处,敬请学界专家批评指正！也衷心希望国际关系、国际法学、公共管理学、世界史等相关学科的专家就中国参与北极治理能力的框架体系、发展规律、能力建设等相关问题,进一步地进行理论分析和实证研究,推动相关研究走向深入。

正当本书即将出版之际,我的孩子出生了,他的到来,不仅是我人生中的"幸福时刻",也让本书的出版更加具有纪念意义。希望他长大后有一天翻阅这本书读到这段文字的时候,能够感受到爸爸妈妈对他的爱,也体会到我对极地事业的坚守和热爱。

本书的出版既是对我过往十年学术研究的阶段性总结,更是本人未来科研事业发展的重要基石。面向未来,我会以更加努力、更加昂扬、更加拼搏的精神投入我所热爱的科学研究事业中去,为推动中国极地事业和构建人类命运共同体积极贡献自己的力量。

杨松霖

2024 年 11 月于广州

图书在版编目(CIP)数据

中国参与北极治理的能力研究：基于极地科技发展的思考 / 杨松霖著. --北京：社会科学文献出版社，2024.12. --ISBN 978-7-5228-4384-1

Ⅰ.D822；P941.62

中国国家版本馆 CIP 数据核字第 2024AU6954 号

中国参与北极治理的能力研究
——基于极地科技发展的思考

著　　者 / 杨松霖

出 版 人 / 冀祥德
责任编辑 / 高明秀
文稿编辑 / 齐栾玉
责任印制 / 王京美

出　　版 / 社会科学文献出版社·区域国别学分社（010）59367078
　　　　　地址：北京市北三环中路甲29号院华龙大厦　邮编：100029
　　　　　网址：www.ssap.com.cn
发　　行 / 社会科学文献出版社（010）59367028
印　　装 / 三河市龙林印务有限公司

规　　格 / 开　本：787mm×1092mm　1/16
　　　　　印　张：17　字　数：271 千字
版　　次 / 2024 年 12 月第 1 版　2024 年 12 月第 1 次印刷
书　　号 / ISBN 978-7-5228-4384-1
定　　价 / 99.00 元

读者服务电话：4008918866

版权所有 翻印必究